为"明"而耕·向"理"而耘

WEI "MING" ER GENG · XIANG "LI" ER YUN

王晓斌 主编

中国出版集团 现代出版社

图书在版编目（CIP）数据

为"明"而耕·向"理"而耘／王晓斌主编.
-- 北京：现代出版社，2024.9. -- ISBN 978-7-5231
-1091-1

Ⅰ. G451.2

中国国家版本馆CIP数据核字第2024Z68L70号

为"明"而耕·向"理"而耘
WEI "MING" ER GENG · XIANG "LI" ER YUN

主　　编　王晓斌

责任编辑　袁　涛
责任印制　贾子珍
出版发行　现代出版社
地　　址　北京市安定门外安华里504号
邮政编码　100011
电　　话　（010）64267325
传　　真　（010）64245264
网　　址　www.1980xd.com
印　　刷　成都现代印务有限公司
开　　本　787mm×1092mm　1/16
印　　张　23
字　　数　395千字
版　　次　2024年9月第1版　2024年9月第1次印刷
书　　号　ISBN 978-7-5231-1091-1
定　　价　98.00元

《为明而耕，向理而耘》编委会

序 言

因写而明，以写促明

为全面推进区域教育高质量发展，成都市青白江区启动了旨在培养名师、名校长及培育名校的"三名"工程。我有幸参与这一工程，并与校长、老师们进行了深入交流。在"三名"工程启动的开班课上，我分享了关于"名师之明"的一些见解和建议："成名师先要成'明师'：作为结果，明师是心里明白的教师，他知道自己是谁，自己在干什么，知道自己生活的目的和意义，也知道自己的成长和进步；作为过程，明师在不断研究自己——'人啊，认识你自己''知人者智，知己者明'，他在努力争取认识和理解自己、改造和完善自己，在研究和改造自身中赢得自身认同和自身完整。""成为明师，要讲好学习和成长的故事，讲好自己的研究故事，讲好自己的改变故事，讲好自己的影响故事。"

写作是讲述和传播故事的一种极好方式。我认为，教师的教育写作具有以下意义和价值：

写作可以梳理和砥砺自己的思想。法国启蒙思想家帕斯卡尔说"人是一根能思想的苇草""我们要努力好好地思想；这就是道德的原则"，写作是梳理和砥砺自己思想的一种途径，它可以促进我们的思想，帮助我们好好地思想。一方面，写作将内心的言说转化为外显的语词，需要接受语言的规范和逻辑的约束，写作的过程既是内在思想条理化、深刻化、系统化的过程，也是表达规范化和精致化的过程。另一方面，写作和言说将缄默知识明会化，使个体的思想成为可以传递和分享、可以讨论和批评的公共知识，并且能在传递和讨论过程中生长、改造，使其更加丰富和成熟。

写作可以反思和批判自己的实践。教师对其专业活动的认识、理解和信念，主要通过内部建构而非外部获得，这一建构过程通常通过多种反思形式来实现。通过对自身教育实践的反思，教师可以对自己、自己专业活动甚至相关的事物有更深入的认识和理解，并在认识和理解中发现其中的意义，用所获得的意义去重新规划和设计自己的未来行为。

写作可以交流和传播自己的经验。教育实践的改善和教育科学的繁荣都需要广大一线教师的成功案例和经验，教师应该主动地总结和传播自己的成功经验。正如孟子所言："穷则独善其身，达则兼善天下。"好东西是应该贡献出来大家分享的，把好东西贡献出来让更多人受益，这是教师职业的一种应有品质。

写作可以记录和留下生命的痕迹。写作就是陈述在各种生命事物身上已发生或正在发生的事情，它是人们将各种经验组织成有现实意义的事件的基本方式，基于教师生活的写作具有叙事性。就叙事性写作，美国作家娜塔莉·戈德堡说："作家有两条命。他们平时过着平常的日子。在蔬菜杂货店里、过马路和早上更衣准备上班时，手脚都不比别人慢。然而作家还有受过训练的另一部分，这一部分让他们得以再活一次。那就是坐下来，再次审视自己的生命，复习一遍，端详生命的肌理和细节。"教师生命叙事的专业写作，其深刻意义在于审视自己的生命，让自己的生命再次经历，从而留下具有"立言"性质和"不朽"价值的生命"痕迹"。

学起来，做起来，写起来，在见证过青白江名师学员的热情和努力，感受了他们的成长和进步后，现在又有了他们在"明师""名师"道路上的《为"明"而耕·向"理"而耘》，内心充满喜悦和感动，这里要向学员们表示祝贺，同时要向参与编辑的伙伴们表示感谢。

成为自觉自明的老师，走在有理想、有理性实践的道路上。这是学员们的学习、思考和研究成果的集大成，它记录了名师学员的成长历程、教学实践、研究成果以及教学主张的形成与彰显。

"以成长追求超越"深刻体现了教师专业发展的不懈追求。从师德修养与品质的自我提升，到专业精神与思想的不断深化，12篇教育故事的作者以自己的教育实践为例，讲述了如何在教育的道路上不断前行，实现自我超越，展现了教育的温情与温暖，多元和丰富，专业与成长。

　　"以变革改造实践"聚焦于课程、教学的创新。在这里，我们看到了不同教育阶段教师如何通过具体的教学设计与实践，将新的教育理念融入课堂，如何通过微课、项目化学习等新型教学模式，激发学生的学习兴趣，培养他们的综合能力。

　　"以研究实现突破"揭示了教师作为研究者和教师的研究性实践。作者通过教育论文、科研案例的撰写，分享了教育实践中遇到的问题与解决策略，不仅分享了自己的研究成果，而且为教育改革提供了较为宝贵的理论探索与实践案例。

　　"以主张彰显特色"则是对作者个性化教学理念的分享和展示。实践深处有主张，教师需要根据自己的教学实践和理性思考，形成独特的教学风格，表达自己的教学主张，特色鲜明的教学实践与主张，为青白江教育的多样性与丰富性提供了生动的注脚。

　　阅读本书，有助于读者朋友认识和理解教育与自己，增加教育实践智慧和自我成长营养，获得高质量的教育实践和自我发展启示。在此还要向本书的作者们致以敬意。愿你们和读者朋友们在教育的道路上不断探索、不断前行，为培养新时代的创新拔尖儿人才贡献力量。

　　是为序。

陈大伟

2024年5月24日

目 录

—— ◦ ○ ◦ ——

第 二 章
以 变 革 改 造 实 践

第 三 章
以 研 究 实 现 突 破

◆ **第二节　科研案例**

第 四 章
以主张彰显特色

◆ **第一节　教学主张形成**

◆ **第二节　教学特色彰显**

第一章

以成长追求超越

>>>

　　在人类的历史长河中，教育始终是塑造个体和社会的重要力量。它既是知识的传递，更是智慧的积累；是价值观的形成，也是文明的传承。教育不仅仅是书本上的知识，更是生活中的实践，是人与人之间的互动，是心灵与心灵的碰撞。阳光普照世间万物时，它并不在意每朵花是否都散发出幽香与芬芳；它所在意的是，光线的每一个细微的部分，是不是都给了花瓣最温暖的触摸。教育就如普照世间的阳光，关注每一个个体，让每一个个体成为最好的自己，是教育人的初心和使命。

　　每一个一线教师，都怀揣教书育人之梦想，孜孜以求，犹如夸父逐日，在日复一日的教育教学漫漫征途上奔跑。许多故事在奔跑中产生，在"记录—反思—行动"这样的循环研究中，在避开浮华的冷静里，我们通过故事记录着自己的工作，也发展着自己的思想，每一个教育故事，都蕴含着独特的价值和意义。它们或许平凡，却蕴含着深刻的道理；它们或许简单，却能够引起我们深深的共鸣。这些故事，就像一颗颗种子，播撒在每个人的心田，生根发芽，开出美丽的花朵。

　　本章节收录了12篇教育故事，既有传统教育的智慧，也有现代教育的创新；既有师德修养与品质的彰显，也有专业艺术与能力的体现。这些故事，来自小学、初中、高中、幼教、职教教师的一线实践，他们以不同的视角，展现了教育的温情与温暖，多元和丰富，专业与成长，也为我们提供了宝贵的启示和参考。

　　教育家朱永新说："享受教育，你就多了一份快乐的心情，你会把每一个挫折看成考验，你会把每一种困难看成磨炼；享受教育，你就多了一股创造的激情，你会把每一堂课精彩地演绎，你会把每一句话精心地锻造，你会把校园变成追求卓越的教育梦工场；享受教育，你就多了一种生活的诗意，你能从平凡中品味出伟大，从失败中咀嚼出辉煌。"阅读这些故事，我们不仅能够感受到教育的魅力和力量，更能够从中汲取智慧，提升自我。让我们一起走进这些故事，用心去感受，用心去体会，让教育的力量在我们的生活中绽放出更加绚丽的光彩。让我们共同期待，这些故事能够在每个人的心中生根发芽，开出属于我们自己的教育之花。

第 一 节

＞＞＞

师德修养与品质

山区学子的引路人

成都市青白区姚渡学校　林清全

2018年为响应"区管校聘"改革号召，我主动申请到成都市青白江区最偏远的山区学校——人和学校交流支教。初到人和学校，孩子们一脸好奇地打量着我，望着他们一双双天真无邪、灿若星辰的眼眸，内心却如同针扎一般，山区里的孩子们都渴望走出山区，想到我们刚刚从城区走进来都那么难，更何况他们要走出去呢？深知山区孩子们走出去和把知识带进来都有一定的不容易，所以只有在这所人和山区的中学里带给他们更多的关爱，带给他们温暖和希望。

时间回到2018年12月，这是我到人和学校支教的第一个冬季，寒风凛凛，人和山区居然下起了小雪。南方的雪天是不常见的。吃完午饭，在教师办公室打盹儿，突然，咚咚咚，沉闷的敲门声把我吵醒了，抬头一看，一个腼腆、头发凌乱的女孩子伸着个脑袋怯生生低声问道："林老师，我可以和你聊聊吗？"我说："可以呀！"坐下来后，孩子给我说："我叫袁梦，是七年级3班的学生。我现在有个事儿，很苦恼！不知道怎么办。""你尽管说，我会尽力帮助你的。"袁梦小声说道："我很纠结，还要不要继续读书。"听到这个话我吃了一惊。回答道：你才初一啊！九年义务教育是每一个公民应该履行的义务呀！她说："家里经济负担太重了，家里还有个弟弟也在读书。即使我读完初中，也没钱上高中和大学。还不如现在就不读了。"我鼓励她说道：你是一个懂事的孩子，知道体谅父母的艰辛。你的成绩在班上还是中等偏上，通过努力肯定能考上高中和大学。紧接着问道：你不想读了，是你自己的想法还是父母的想法？当我说到这句话的时候，她变得沉默了，看见她不说话了，我暗暗猜想难道是因为家长重男轻女的观念吗？为了缓解尴尬，我换了一个话题，你能给我说说你有什么特长吗？当我说到她的特长的时候，她突然变得很兴奋说道："我特别擅长跑步，尤其是中长跑，我还获得过市级中长跑的第一名呢。"我鼓励她说道："你的这个特长一定要坚持锻炼下去，对你未来发展有很重要的意义。我们区的很多高中都会招收有一定艺术或体育特长的同学。你可以发挥自己这个特长，上专门的体育大学，读体育专业。"袁梦说道："我的体育老师也给我说过这个建议。""你觉得我们老师这个建议怎么样呢？""挺好的，但是我父母说练体育，未来没有什么前途，反对我走这条路。"我对袁梦说道："这样吧，明天下午放学后，我去你家家访。"她高兴地点了点头，仿佛看见了希望！

　　周五放学后，我和袁梦一起开车到她家家访。当把车开到一小半，我就后悔了！山区的乡村的小道非常狭窄，只能过一辆车，遇到会车非常麻烦。有的路上还有很多没有融化的雪。对于一个才拿驾照1年多的新手来说，开车走这样的山路确实是一个很大的挑战。我对袁梦说道："林老师很少开这样的山路，要不我们把车放在附近农家的院子的空坝里，我们走路去你家算了。"接下来，她说的话让我接受了教育："老师没事儿，遇到狭窄的地方，我下去给你看着就行了。有了这次经历，以后你就不怕开乡下的小路了。人生的路上既有宽敞的大路，也有崎岖蜿蜒的小路。好看的风景往往在险峰。"听了这个话，我顿时愣了一下，突然在脑海中冒出一个词：教学相长。在弯弯曲曲的乡里小路上行驶了四十多分钟，终于到她家了。映入我眼帘的是一个几间低矮破旧的长着些杂草的青瓦房。袁梦家人看见老师把孩子送回家，安排我坐下，给我用碗倒了一碗热水。在聊天的时候，不经意间看见旁边桌子上放着许多杂乱的药瓶，加之妈妈憔悴的神情，我感觉自己之前的猜想好像错了。通过与妈妈沟通了解到孩子家的情况：她长期生病，没有工作，家里还有两个老人要赡养，全家靠袁梦爸爸在外打工维持家庭开支。他们也希望袁梦多读点书，但隔壁家的姐姐初中毕业之后没有上高中，在外面打工，给家里减轻不少负担。我给家长分析了袁梦中长跑的特长以及我们国家未来健身康养产业的发展对人才的需求。家长似乎明白了一些道理，但还是没有坚定支持孩子继续上学的决心。在我一个人开车回学校后，不断反思这次家访谈话的不足。突然间，想起家里摆放的药瓶，我恍然明白问题的症结所在。我和班主任老师把袁梦的基本情况做了梳理，把这个资料传给一直支持人和学校发展的云南爱心企业的毛总。很快得到毛总的回复，他表示支持在资助学校的基金里面拨出部分资金支持类似袁梦这样的家庭。我把这个消息通过电话告诉了袁梦妈妈，她非常激动，不断地说："一定要支持两个孩子好好读书。"通过这个事情，我发现发展乡村教育不仅仅是靠学校和老师，还需要家校社会协调合作共同努力。乡村教育发展需要家校之间，通过各种方式加强交流和沟通，减少误会。乡村学生需要加强职业生涯规划引导，这样可以激发孩子们学习的内驱力，调动孩子们的学习积极性和主动性。于是，我组织人和学校的部分老师申请了乡村初级中学生涯规划教育实践研究的区级课题，致力引导山区的留守儿童开眼看世界，反思自我、规划未来。

　　习近平总书记在思想政治理论课教师座谈会上提出："青少年阶段是人生的'拔节孕穗期'，最需要精心引导和栽培。"2022年9月经区教育党组织任命，我又到了乡村学校工作，作为乡村学校的管理者和思想政治课教师，我将把"做新时代的'大先生'"作为工作理想，积极担负起塑造乡间灵魂、生命的重任，为缩小我区城乡教育差距，促进我区教育均衡发展继续贡献自己的绵薄之力。

悦享书香路 与生共成长

——农村小学生爱上阅读之路

福洪小学 卿少琳

终有一天，你读过的书会滋养你，丰盈你的整个世界。

——题记

2003年7月，大学毕业的我，站上了神圣的三尺讲台，成为青白江区清泉学校的一名小学语文老师。清泉学校位于毗河之南，属于青白江比较偏远的小镇。四年级2班是我带的第一个班，接到这个班，发现班上的孩子不爱读书，语文综合能力较弱，作为语文老师的我，怎能允许这样的事情发生呢？

苏联教育家苏霍姆林斯基曾说过这样一句话："让学生变聪明的方法，不是补课，不是增加作业量，是阅读、阅读、再阅读。"激发学生的阅读兴趣，培养学生的阅读习惯，提升学生的综合素养，培养学生核心素养，是学好语文的关键，于是我和我的学生一起开启了爱上阅读的探索之路。

阅读1.0——班级图书馆，让孩子有书读

农村的孩子为什么没有读书的习惯呢？究其原因是他们连最起码的阅读书本都是缺乏的，没有书可读，没有好书可读。于是，我发动学生每人带2本书到学校，当我把书收起来，还是让我傻了眼，大多数书都是类似于漫画的书，上面有很多动画人物拼凑在一起，以打斗为主，文字只有"呀""啊""呜"。学生读这样的书，能有营养吗？我把书进行了筛选，选出了10多本可以用的。然后我在我的书架上淘了一些学生可读的，又自费买了一些。终于一个拥有70本书的小型图书馆建立了。我和同学们一起制作了标签，选出了图书管理员，制定了班级借书规则。同学们对于新生事物是超级感兴趣的，因此图书馆的"生意"一度良好，让图书管理员忙得不亦乐乎！就这样慢慢地培养了一部分学生的阅读兴趣。

阅读2.0——共读一本书，让孩子乐读书

2007年，由于工作原因，我调到了另一所农村学校——城厢学校。在那个时候，你会发现，在每一所农村学校，大多数家长对于看书这件事都有一个共性，都觉得读书就是应该读课本，只有每天捧着课本的孩子，才是认真读书的好孩子。因此，改变家长对阅读的认知，让家长了解阅读的重要性，让家长支持孩子阅读，是我首先要解决的问题。我在每一次家长会上都会针对阅读习惯的培养与家长做交流，家长也在慢慢接受。

家长的问题解决了，但我的困惑却越来越多。学生如何正确选择适合自己阅读的书目？怎样的方式可以节约学生的阅读成本？没有兴趣的加持，学生能坚持多久？只是一味地让孩子读课外书，没有阅读的分享，学生能理解多少？问题越来越多，于是，在三年级这个班级，我开始了新的尝试。

于是在家长的支持下，我们班开始了6人共读一本书的活动。我结合学生学情，在开学前，给出10本适合四年级阅读的书目（最开始是计划两周读一本），书本由家长在网上购买，每种书目购买6本（班级学习方式为小组学习，每组6人），全班一起使用。期末让学生选择自己最喜欢的书籍带回家，阅读明星可多选择一本。要求：同一小组阅读同一本书，每天阅读30分钟，做简单的阅读记录，第二天中午午会课时间（15分钟）在小组内交流阅读的情况：交流阅读进度，交流书中的人物，交流阅读的感悟。就像下课聊天一样，氛围很轻松，学生都很喜欢。组内评选阅读明星，班级评选优秀阅读小组。有了小组内6人的共读，孩子们从"要我读"到"我要读"，慢慢养成了阅读的习惯。这个班一直坚持到了毕业。家长反馈：出门带书成了孩子的标配！

尝到阅读甜头的我，重新带一年级了，我不断总结这些年培养孩子阅读的经验，早早制订了小学阶段的阅读计划，对于这个班阅读习惯的培养，我信心十足。

阅读3.0——多彩阅读活动，让读书成为习惯

随着时代的进步，家长对阅读的重要性也越来越清楚，不用老师说，家长也会给孩子买很多书。电子产品横行的时代，孩子愿意读吗？能坚持读吗？一年级第一次家长会，我就和家长孩子约定好，在小学阶段就要让阅读成为我们每天必做之事，而且是喜欢之事。一年级上学期，孩子的识字量少，提倡每天亲子共读30分钟，以绘本为主。一年级下学期开始，就可以让学生借助拼音独立阅读了。"兴趣是最好的老师。"怎样激发孩子的兴趣，让孩子在独立阅读的路上开好头？选择一本好书是关键，那是孩子一读就喜欢，舍不得放下的书。我先阅读了很多

低年龄段孩子喜欢的书，再三斟酌后，决定选择北猫的《米小圈上学记（一年级）》。这本书讲述了发生在一年级小学生中的故事，里面有漂亮的语文老师，有帅气搞笑的体育老师，有性格各异的同学……我拿着书在里面选择一段读给孩子们听，孩子们被其中搞笑的情节惹得哈哈大笑，感觉讲的就是自己的故事，迫不及待地想自己读下去！我班孩子的独立阅读正式开始，"班级阅读银行"正式开业！

1. 同读一本书

听了很多的整本书阅读指导课，让我知道，一味让学生读书，而没有指导，这种阅读是缺乏灵魂的。因此，在阅读之前，我会带着孩子一起阅读封面，阅读目录，激发出学生阅读的兴趣，并且教给孩子阅读的方法。同时采用"同读一本书"的方法，要求孩子每天回家阅读30分钟，每天中午15分钟午读时间讲讲自己的阅读进度和阅读感受。

2. 故事分享会

每周三下午第一节课，是我班雷打不动的读书分享会（放假除外）。每次分享，每组出一个人（轮流，人人上台），介绍所读书的书名、作者、自己最喜欢的地方。可以读给大家听，也可以说说自己喜欢的原因。要求很简单，对每个孩子都很友好。同时，我还鼓励可以请组内同学先帮他听听，提意见。

3. 评选阅读明星

为了让孩子们坚持阅读，每个月都会评选一次阅读明星。阅读明星没有名额限制，只要坚持认真阅读，就可以获奖！每个月我都会在教室的大屏幕上做好漂亮的背景，打上"'阅读明星'颁奖仪式"，让获奖的孩子站在讲台上手持奖状拍照留念，把仪式感拉满。在"阅读明星"的激励下，我班孩子从每月领奖十多人，到每月领奖四十多人。（共45人）家长也欣喜地发现：孩子每天都主动要求读书。

4. 多彩阅读活动

除了以上3个规定动作外，我还会设计一些好玩儿的阅读活动。例如，画画自己喜欢的故事人物，给卷毛老师设计名片，故事大王争霸赛，故事表演节、阅读模仿秀……有了一系列活动，孩子们真的是慢慢喜欢上了阅读！目前这个班的孩子已经进入三年级学习，家长反馈：每天回家阅读30分钟成了像吃饭睡觉一样的事，我真的很欣慰！

作家梅子涵说："读书长大的孩子就像是一朵听着音乐盛开的花，就像一棵晒着太阳长大的树。"这样的孩子一定会是一个热爱生活、善于思考、内心美好的人，一定会是一个乐观向上、睿智坚强的人。我想，作为老师，如果你爱你的学生，一定要把他们领进阅读的大门。

在爱上阅读这条路上，我与学生一起进步，共同成长，书写我们的阅读故事。当然，我与孩子们的阅读故事还在继续……

分式之歌：一位农村教师的教育之旅

成都市青白江区姚渡学校　滕雪梅

一、序曲——挑战与希望的开始

我叫滕老师，一位执着于教育理想的数学教师。我的故事发生在位于田野间的一所农村学校，这里的孩子们朴实无华，但学习之路却坎坷不平。2016年的秋天，我迎来了我的新班级——一个没有学霸，反而学困生扎堆的群体。他们的行为举止时常让我头疼，其中一个是李成，是一个皮肤黝黑、瘦高且眼神中带着一丝调皮的男孩。

每当放学的钟声响起，我总是选择留下，希望能用我的耐心和热情点燃孩子们对数学的兴趣。然而，李成对此似乎并不买账，他更喜欢的是电子游戏中的刺激，而非枯燥的数学公式。他的家庭情况让我多了几分同情——单亲家庭，母亲辛勤劳作支撑着整个家。

记得那是一个周五下午，我像往常一样在教室里准备给学困生开小灶。分式的概念对孩子们来说是个大难题，他们的基础知识薄弱，连简单的分数计算都显得吃力。我在心里默默下定决心，无论如何都要帮助他们跨过这道坎。

就在这时，李成带着他的作业本走向我，他的眼神中透露出一丝挑衅。他将作业本重重地扔在我面前，冷冷地说："滕老师，你信不信，要是在外面，我都打你了。"他的话语像一把锋利的刀子刺向我，我的心瞬间沉了下来。面对他那张充满挑衅的脸，我深吸了一口气，努力压抑住内心的委屈和愤怒，强笑着回应："要是在外面，求大爷管你！"那一刻，我看到了他眼中闪过一丝惊讶。

那天之后，我依然没有放弃李成，每天中午和下午都会耐心地辅导他。我知道，每个孩子的心中都有一根弦，等待着被正确地拨动。而我，正是那位愿意不断尝试的琴师。

二、冲突——不期而遇的挑战

尽管李成的挑衅让我感到了前所未有的挫败，但我并没有放弃对他的辅导。

每天，我都会在午休和课后的时间里，坐在教室的讲台上，等待着学生们的到来。李成总是最后一个走进教室，他的步伐拖沓，眼神中透露出不情愿。他坐在最后一排，尽可能地远离我，仿佛这样就能逃避数学的困扰。然而，我总能在他低头做题时捕捉到他眉头紧锁的瞬间，那是他在与难题搏斗的痕迹。

有一天下午，我决定改变策略。我走到李成的桌前，轻声问他："李成，你有没有什么特别想了解的问题？"他抬起头，眼神中闪过一丝惊讶，随即又恢复了平静。他没有回答，只是默默地点了点头。我弯腰在他旁边，开始针对他的错误逐一进行讲解。我能感觉到他的防备慢慢松弛，他开始认真地听我说，偶尔还会提出一两个问题。

随着时间的推移，我发现李成在课堂上的表现有了些许改变。他不再是那个总是想要逃避的孩子，而是会主动举手发言，即使答案有时还不正确，但他的努力是显而易见的。我开始意识到，这个孩子的内心其实比任何人都渴望被理解和认可。

有一次，我在讲解一个分式题目时，李成突然站了起来，他的声音有些颤抖："滕老师，我能不能试着解这道题？"我点了点头，鼓励他大胆尝试。他走上讲台，拿起粉笔，开始笨拙地在黑板上写着。他的每一步计算都显得异常谨慎，我能看到他额头上的汗水，以及他手中粉笔的颤抖。当他最终得出正确答案时，全班爆发出热烈的掌声。李成的脸上露出了久违的笑容，那一刻，我知道我们之间的关系有了微妙的变化。

三、发展——师生关系的微妙变化

随着时间的流逝，我和李成之间的关系悄然发生了变化。他开始主动参与到课堂讨论中，虽然有时仍显得腼腆，但那份积极参与的态度让我感到欣慰。我注意到，他不再像以前那样躲避我的目光，反而会在课后悄悄留下来，似乎有什么话想说。

终于在一个周末的晚上，李成鼓起勇气加了我的微信。他的第一条消息简单而直接："滕老师，您在干什么？"我回复他我正在准备公开课，他用"您"字称呼我，让我感到一种前所未有的尊重。他关心地提醒我早点休息，那一刻，我感到了一种不同于师生的情感——这是一种被理解和尊重的温暖。

又是一个周末的中午，李成再次发来消息，问我："滕老师，您在忙什么？"我说："我在学校值班，顺便备课。"他说："滕老师，来我家吃饭。周末学校没有吃的，我家就在街上，离学校很近。"我开心地回答："谢谢你的邀请！值班不能离开学校。我准备了方便面，饿不着的。"他说："方便面没有营养。要不，我给您送饭过来。"我虽然婉拒了他的好意，但他的关心让我感动不已。他说要给我送饭过来，这份心意让我更加坚定了帮助他的决心。

　　不久，李成开始和我分享他在数学上的进步。他告诉我，他已经能够熟练地完成1/2加减1/3这类分数的计算，甚至开始尝试解决更复杂的分式问题。我看着他的解题过程，心中涌起一股难以言喻的喜悦。我知道，这不仅仅是他在数学上的进步，更是我们师生关系中信任和理解的胜利。我更加坚信，每个孩子都值得被耐心对待，都有能力绽放出属于自己的光彩。

　　在我们的相处中，李成逐渐认可了我。他知道，我对他的关心和关爱是真挚的。每当他在数学上遇到难题时，我总是耐心地帮助他，直到他完全理解为止。而他也用真心回报了我，不仅在学业上努力，还在生活中给了我许多温暖的瞬间。

　　如今，当我回想起这段经历时，我感到无比的欣慰。李成的成功不仅仅是数学上的脱困，更是他人生观念的转变。他明白了，学习不只是为了考试，而是为了解决问题，为了成为一个更好的人。而我，作为他的老师，也在这个过程中学到了很多。我学会了如何更好地引导学生，如何在教学中传递爱与关怀。

　　这就是我和李成之间的故事，一个关于数学、成长和相互认可的故事。我相信，这个故事不仅仅属于我们两个人，它也是每一个教育工作者和学生之间共同的记忆。在教育的道路上，我们不仅是传授知识，更是用心去感受每一个学生的成长，用爱去引导他们前行。

和学生、课堂、课程共成长

成都市青白江区玉虹小学　张胜清

　　感谢领航名师培训，让自己有机会在匆忙的行进中审视走过的道路，也让自己在成长的路口重新发现活力与机会。回首在教学道路上的22年，跌跌撞撞、步履蹒跚，所有的心得和成就都与学生、课堂和课程相关。

　　如何管住学生基本上是初任老师的最大难题，自己却是一个例外。刚上班时，学校安排我教语文，接手的第一个班是从村小整体搬迁过来的，学生不多，比较胆怯，也比较乖，印象中一年都没有打骂过一次学生，唯一一次全班批评只是因为自习的时候，有学生说了一点小话。那段时间自己的全部精力都用在了如何创造有趣的课堂上，拼命地锻炼自己的演讲的同时，搜索所有可以用在课堂上的有趣的材料。记得讲《囚歌》这篇课文的时候，信息技术还不普及，自己就从《可爱的中国》《长征日记》《红岩》等书籍中收集和新中国建立相关的材料，上课时直接从教室外高声朗诵进入教室，学生惊讶得想笑，但听到后面，学生被深深地触动、感染，全班一起高声朗诵。时隔多年，当我参加这群孩子的同学会时，他们几乎每个人都记得这节课，也记得我在六一儿童节给他们写的诗。回想自己新入职的教师经历，不了解教材，不专业，努力但找不准方法，这应该是所有对教育满怀理想的人的共同状态。

　　第二年，自己的语文老师的身份结束了，换成了双班数学，孩子更小更多了，教学任务更重了，第一年那种理想课堂也不见了。那一段时间，自己开始变得很严厉，也开始学习班主任的课堂管理方式，最重要的是开始通过作业设计、师父引领、教研培训等让自己的数学知识储备丰富起来。现在回想起来，那是一段很生硬的时光，仿佛一切都长在书本上，像一串公式一样，照着做了，就全面了。学生也变得理性，因为有很多规矩，都是从最权威的班主任那里学来，自己执行得也很严格。

　　经过几年的教学实践，自己对教材的知识点、体系和评价要点熟悉了，也觉得课堂流畅起来，仿佛一切都得心应手。直到参加市骨干培训，才发现其实自己离专业的课堂相去甚远，仅仅是眼睛里没有学生这一点就足以摧毁刚刚建立起的那么一点自信。这时候，如何靠教学技巧、信息技术和专业素养来打造每一节课成了自己常常思考的问题。在2008年以前，自己从来没有制作过PPT，比赛时也是请别人做或用别人的，但在以后的五六年里自己不仅熟练地制作PPT，还学会了微课、剪辑、说课等和课堂息息相关的信息技术。使用这些技术制作的作品不但获得了很多奖，更重要的是让自己对知识的理解更加深入、阐释更加多元，课堂也更有趣味了。以课题研究为永动机，探索优质课例形成的动力源泉。在正式做课题之前，就一直听师父说科研能最快地促进成长，苦于没有机会，只是懵懵地做了一些小课题研究。在做课题研究的过程中，由原来的为了数学，到为了年轻老师成长，到为了学校考核，到为了学生成长，自己对于科研的作用与责任也开始越来越明晰。最重要的是开始站在更宏观的角度来思考学校、学生、课程和课堂，对于学生在课堂上的力量越发觉得重要。以设计思维为着力点，发现教育理念的革新的科学支撑。如果说以上是教育的"术"，理念就是教育的"魂"。在那一时期（2016年左右），自己遇到了一个术语PBL，而且经常遇到，但我不懂，于是潜下心来认真搜索，终于发现了一个自己一直寻找而不可得的重要理念。项目式学习强调设计、强调真实、强调展示、强调复杂问题跨学科解决，最最重要的是它的每一步都是专业和可评价的，需要我们试探自己专业的盲区，这种挑战为自己教学带来了新的活力。

　　这么好的一个理念如何落实到课堂呢？我想到了我们年级组的老师，还在群里发了一个英雄帖，寻找尺度相同的人。"做一件看得见的事，学生看得见自己的成长，家长看得见老师的努力，最重要的是我们看得见自己曾经的足迹。"年级组的老师真的很给力，不管是《致敬劳动者》项目，还是《六一我们的节日》项目，大家都按照理想中的项目式学习进行，一年下来，学生越来越适应这种新型的学习方式，而当时这些孩子才刚刚三年级。为了让变革更加科学和普及，我们尝试用跨学科课题组的形式向学校层面展开，也取得了非常好的效果。美术组和劳动者开展的《水滴计划——为九龙县塔卡小学贫困孩子购买节日礼物》持续开展了一学期，从种花、施肥、摘心、入盆到拍卖，学生全部参与进来。特别是花盆设计环节，因为孩子制作的花盆太多太好看，学校组织了大型的花盆设计展，至今这些照片还作为学校宣传材料的封面，孩子们自己动手废物利用的事迹也入选了成都市劳动教育的典型案例。科学组和信息技术组开展的《汽车温馨提示器》完全从学生的想法开始，利用开源软件制作的作品实现了学生远程提醒自己开夜车的父亲不要疲劳驾驶的想法，案例本身已经出版。参与整个过程的小王老师刚刚毕业三年，案例出版那一天发了一个朋友圈："很遗憾，没能到新书发布现场；很庆幸，这段路一起走过。"这段时间至今回忆起来仍然激动人心，因为投入，因为课题让自己看到了学生和团队的力量。

　　回首自己走过的21年教育之路，每一份执着都成了日后发展的基石，每一个曲折都看到了教育更多的可能，兜兜转转，好像进步了很多，又好像一切又回到了教学的原点。一切都是为了有趣的教学、为了理想的课堂、为了真实的生长，不同的是我们现在有了很多的技术与理念而又不露痕迹。曾经教育环境如此艰难的时期，身边的教育人都没有放弃和退缩，现在，条件越来越好，老百姓对优质教育的需求越来越高，社会需要的技能越来越多样，更是教育发光发热的时候。

教育是一份责任，需要坚守；教育是一个事业，需要探索；教育更是一种理想，需要每一个身处其中的人恒久地坚定，而又一点一点地改变。

嘿，那个半坡上的中年教育者，加油！

有的放矢，与生共舞

——我的舞蹈教学之路

成都市实验小学新雅校区　肖兰南

我的故事，源于一场梦……

2018年，一个偶然的机会，我听到一个重磅消息：学校要我成立一个学生舞蹈社团，并且要排练出一个好的节目，参加区里的中小学生舞蹈比赛。当时我脑子里一片空白，还没来得及多想，第一反应就是该如何拒绝这件事情。虽然我是一名音乐老师，但我所学的专业和舞蹈几乎是没有关联的。或许是畏惧，也或许是无所适从，更或许是怕影响自己的日常教学工作……，各种思绪纠结在一起，心里充满了排斥感。

回到办公室，心里非常难受。面对舞蹈，自己还一窍不通呢，怎么去教学生呢？想了半天，还是无从下手。晚上回家看了好多舞蹈视频，最后都被一一否决了，因为动作太难，找不到突破口，最后只好关上电脑，无奈地睡去。也许是我看了太多的舞蹈视频，或者是潜意识的激发，那晚我做了一个奇怪的梦：在梦里，看见自己有生以来的第一支舞蹈，优美地旋转，轻轻地踮起脚尖，慢慢地伸展自己的身体，在音乐的带领下，我和孩子们一起完成了一出《丑小鸭变白天鹅》的舞剧，舞台下响起了热烈的掌声。醒来后，自己吓了一跳，梦里的场景深深地印在了我的脑海里，原来我也可以跳舞。

一番深思之后，我写了一份详细的计划书，并向学校领导递交了建立舞蹈教室的申请。校领导很有魄力，申请递交不到两个星期，学校就专门整理出了一间教室作为舞蹈室，并安装好了基本的训练设备。在梦想的引领下，我开始了学校舞蹈社团的创建工作。

可是正当我信心满满地准备开始迎接这场挑战时，由于没有这方面的经验，还是出现了很多没有预料到的问题。在舞蹈社团招募之前，我告诉孩子们只要自己愿意都可以来报名，结果孩子们的热情很高，一天下来就有上百人报名。如果劝退一些同学，他们的信心就会遭受打击；如果全部都参加，舞蹈比赛势必会受到影响。最后我把孩子们带进舞蹈教室，让他们上把杆练习，有一定舞蹈基础的孩子非常轻松地完成了训练，其他孩子就感觉非常痛苦了。通过这场被设计的训练，我初步完成了社团成员的选拔。从那以后，我再也不敢肆意地招募成员了，实践告诉我，选择要有针对性，提前做好准备工作非常重要。

训练开始了，由于自身舞蹈专业知识的匮乏，我和孩子们都很茫然，在训练的两个月时间里，我们几乎没有基本功的练习，手上的动作也只能算是基本到位。看到孩子们随着音乐整齐划一地表演时，我心里开始窃喜了，还以为舞蹈也就那样，没什么了不起。就这样，我们满怀信心参加了舞蹈比赛，但是比赛的结果却给了我当头一棒，虽然我们最终进入了决赛，但评委们给的点评也仅仅是：你们的舞蹈服装非常好看，动作很整齐。对比其他学校的精彩舞蹈，我知道了我们的不足，舞蹈是一门艺术，没有踏实的基本功是不行的，一招一式都必须赋予其思想的灵魂，才会有舞蹈的韵味。

舞蹈比赛虽然结束了，我却一点儿也轻松不起来，接下来面临的问题是：舞蹈社团还要不要继续，如果继续训练，该练什么？我反思这次舞蹈比赛的过程和结果，决定从自身开始转变。我找了一个专业的舞蹈老师，自己掏钱学习，回家后做了一个单人把杆，每天进行压腿、劈叉、下腰的练习，经常是浑身青一块紫一块的，第二天全身酸痛却又不得不继续练习。基本功练习解决了，舞蹈编排又是一个大问题，好在专业舞蹈老师的及时提醒让我茅塞顿开——给自己的舞蹈社团做一个准确的定位。这是我从来都不曾想过的问题，我们社团的孩子大都是留守在家的孩子，他们没有经济基础去外面学习自己喜欢的舞蹈。摸索了许久，突然想到了梦境中的舞剧《丑小鸭变白天鹅》，灵机一动，何不将社团的舞蹈向舞剧、音乐剧的方向发展呢？在舞蹈中融入故事情节，不仅增加了舞蹈的趣味性，还可以降低专业舞蹈动作的难度，整个舞台的效果也非常丰富。

带着这样的模式，我们开始了新的尝试。收集身边的素材，找孩子们最关心的话题，写成故事，再编成舞蹈动作。在舞蹈比赛上，我以留守儿童为背景，为孩子们创编了一台非常有意义的舞蹈节目。孩子们也都深有感触，他们边跳边想自己的爸爸妈妈，跳出了忘我的境界，情到浓时，潸然泪下。感动了评委，感动了自己，也感动了在场的所有人。

现在回想起训练中的点点滴滴，我依然记忆犹新：孩子们非常辛苦。在那寒冬的季节，她们的身体和心灵都在接受着磨炼和考验。有一个孩子在训练时默默地哭了，因为她的韧带被拉伤了，像被撕裂般的疼痛难忍。我一边安慰她，一边鼓励她，告诉她不要放弃。不知何时，她在舞蹈垫子上刻了"坚持"两个字。当孩子们离开舞蹈教室后，我凝望着那两个歪歪斜斜的字，眼含着泪水久久不能离开。当得知我们进入决赛时，大家都很兴奋，然而此时我们又陷入了新的困境：我们排练的人数就没有达到比赛规定的要求，两个孩子因事退出了，决赛就在一个星期以后进行，因此我心里非常着急，时间紧、任务重，怎么办？情急之下，我跑到了其中一个学生家里，给家长做思想工作，最后在我软磨硬泡的劝解下，家长终于同意了孩子来参加比赛。另外一个孩子因为感冒发烧住进了医院，我带着我们舞蹈队的所有孩子去医院看望她，两天后，孩子非常勇敢地走进了舞蹈教室，所有的孩子都欢呼着和她紧紧拥抱在一起。是她们的努力使我明白：一切困难都是可以战胜的。就这样，小到一个轻微的表情，大到整个团队的配合，在音乐的环绕下，她们一遍又一遍地重复着每一个动作，直到天渐渐地黑了，学校里都变得非常安静了，孩子们才发现，不知不觉中时间已经很晚了。

我很庆幸自己可以坚持下来，也感谢孩子们给了我这些珍贵的记忆。在舞蹈教学的路上，我是一个初教者；在舞蹈学习的路上，我是一个初学者。我是孩子们的老师，也是一名刚刚在舞蹈路上探寻梦想的学生。回想自己刚开始的青涩、稚嫩，甚至一度出现抗拒的心理。现在看来，那是一种经历，也是一种磨炼，任何一件事情的成长都会经历挫折。

此刻，我仿佛看到：舞台上，一束灯光缓缓地升起，照耀着我们，我和孩子们一起翩翩起舞！

职教情怀的"三重奏"

——我与职教共成长

成都市工程职业技术学校 郭晓凤

春去秋来，花开花落。岁月流转中，我在这方三尺讲台已经默默耕耘了十七个春秋。这十七年的历程，如同一段教书育人的史诗，将我对教育事业的热爱与追求铭刻在时光的长河中。杏坛之上，我深深地热爱着从事的这份事业。这段成长的历程如同一场深情的"三重奏"，谱出我与职业教育生动感人的乐章。这里没有华丽的辞藻，只有踏实的脚步；没有浮夸的誓言，只有坚守的初心。

一、疑音——初识职教

2005年，我怀着对未知的憧憬，来到陌生的青白江。参加完教育局组织的新教师入职培训后，我就来到成都市前进职业高级中学（现成都市工程职业技术学校），迎来了教师生涯的第一批学生。

这是我第一次真正地接触到职业学校，职高、中专、技校这类学校，我仅仅是知道有它们的存在，却从未接触过，了解甚少。当我兴致勃勃地站到讲台开始我的第一节课时，我惊呆了……讲台下的学生与我以往接触过的同龄学生截然不同。首先，发型和穿着，大多数和普通学校的学生有区别，有漂染头发的，有"杀马特"发型的，有披头散发的。扫视过全班学生后，到了师生问好环节，值日生喊"起立"，全班30个人，站起来了几个人，在我犀利的眼光中，又站起来了几个人，有气无力地"老师好"后，我招招手示意他们坐下。我声音温和地说："重新来一次"，于是值日生又喊"起立"，可这第二次的结果是全体学生都站起来了，但是声音却是有气无力、此起彼伏。我声音洪亮地回"同学们好，请坐"。大家坐下来之后，我问学生："你们觉得你们30个人的声音和我一个人的声音相比，谁的大？"我听到下面有几个学生小声地说："你的大些。"我问他们："那下次上课的时候，你们的声音能不能超过我？""能。"有一个男生大声地回答。"好，那我们上课吧。"我说："今天是我们的第一节课，我们先相互认识一下吧……"我首先向学生们做了自我介绍。轮到学生们的时候，我提出了一个要求：每一位同学都要站上讲台来讲，时间至少2分钟。一听到2分钟，讲台下面一片寂静，我想这个时候，他们是怕我点名吧，因为谁都不想第一个上台去讲。我环视四周，说："由于我们相互不熟悉，就按照现在的座位，从门口第一个同学开始，以'S'形接龙，准备时间3分钟，3分钟后开始吧。"然后经过漫长的3分钟寂静，自我介绍开始。在整个自我介绍环节，没有一个学生说满了2分钟，统一的句型全部都是：大家好，我叫×××，来自×××学校。10秒钟后，基本就无话可说了，有稍微好一点的学生，能够说满30秒。本来预计好的自我介绍环节，也因为学生的无话可说而草草结束。课后，我思考：为什么在非正式的场合，他们可以说个没完，一到这种稍微正式点的时候，却无话可说了呢？2005年的时候，中职生毕业大多数是要走上工作岗位的，以他们现在的表现，面试那关都是过不了的吧？作为"话痨"班主任，我可以为他们做点什么呢？

二、和音——深探职教

首先，我得弄清楚，学生为什么不敢上台？为了更快地了解他们，我进行了一次调查统计，结果发现这些孩子大部分来自农村，他们的家庭月收入普遍都在3000元以下，父母的文化程度也不高，且大多为农民、个体商户，还有一部分无业。从他们的学习情况来看，基本是中考成绩离普高线比较远的学生。有的是因为家庭贫困，想早点学个一技之长来缓解家庭的经济状况；有的是因为学习状况实在太糟糕，家长不放心过早进入社会，放到学校等着长大。在小学、初中，一部分一直都是班级里的小透明，一部分是班级里的"刺儿头"。所以，他们中的大部分缺乏自信。

其次，好不容易上台了，却不知道说什么。那次自我介绍后，我下来问过学生：为什么除了说自己的名字、学校，就找不到说的了呢？他们的回答是：老师，以前我们进初中就是这样说的，所以现在也是这样说的。我说：那你们已经读完初中了呀，已经大了三岁了，哪能还和三年前一样呢？他们说：老师，我们站上去就头脑一片空白，原本心里打好了草稿要说啥的，都给忘了，就只能说自己名字那些了……我们能站上去都是给你面子了，你还嫌我们说得不好……我说，没有嫌你们说得不好，只是觉得可以再多说一点点。上台表现的机会较少，除了说名字，他们不知道还能说什么，没有知识储备，没有上台经验，自然也就"无话可说"了。

三、共振——积极应对

接下来的很长一段时间，通过学习职业教育的一些理论和专家的讲座，我对职业教育有了初步的了解。随着对职业教育的了解在慢慢加深，我似乎开始慢慢

"理解"学生的行为了。多数学生学习目标不够明确，对未来很迷茫。虽然有极少数学生是因自己的兴趣、爱好而选择所学专业，但统一缺乏职业生涯规划。有相当一部分学生对自己适合从事何种工作以及与自己专业对口的工作有哪些，缺乏具体的了解。大部分学生心态都比较消极，上课不听讲，听不进老师讲道理，违反学校的校规校纪，总之就是与学校、与老师"对着干"。

对职业教育与职业学校的学生有了一定的了解后，我的心态也发生了一些改变，心里暗暗下定决心，要让这些学生成长起来。

于是，我开始在日常的教学中留意每个学生的学习状态、与同学的相处以及在班级中的表现。通过这样的观察，渐渐熟悉了每个学生的性格、需求和潜在问题。这种观察并非仅仅停留在课堂上，更延伸到学生的家庭中。我保持与家长的沟通交流，发现学生在家庭中可能面临的困难，全面地了解了学生的个体差异和成长环境。平时一有时间，我就查阅职业学校班级管理的相关案例和具体做法，同时主动向老教师请教，学习他们的宝贵经验。

针对刚接班时遇到的学生不敢上台以及上台没话说的问题，我也有了应对之策。当时，我们学校每天下午的最后一节课是特创课，由班主任安排，上课内容和形式不限，我决定在学生在校的2年时间里好好利用这个特创课时间加以改变。

首先，让学生重拾自信。班级里的学生，部分来自离青白江城区较远的人和学校、清泉学校，另一部分来自青白江周围或者城区。缺乏自信的缘由也有区别，偏远地区的孩子是因为性格内向、胆怯从而缺乏自信；来自城区的孩子则是由于在以前的学习生涯中因为成绩不好，自卑从而缺乏自信。针对这样的情况，我利用特创课和主题班会课的时间加强对学生的职业生涯规划指导，帮助学生了解自己，依据自己的兴趣、特点和学习基础，制定符合自身实际的学习目标和职业发展规划。逐渐地让学生明白，职业教育和普通教育不同，学习成绩并不是衡量学生优秀与否的唯一标准，让他们能重新认识自我，尽早融入职高生活。

其次，我就宣布每周二的特创课我们进行口才训练。整个口才训练，预计了三学期的时间，第二学期鼓励学生上台讲故事，可以脱稿，也可以背下来，时间不少于2分钟；第三学期围绕设计好的主题上台发言，时间不能少于3分钟；第四学期进行模拟面试，面试时有自我介绍和回答面试官提问两个环节，面试官全部由学生担任。从最开始的不敢上台，到争先恐后地上台，花了一个学期的时间；从最开始的无话可说，到说满2分钟，也花了一个学期的时间；从上台后站姿歪斜乱动，到规范的站姿，也花了一个学期的时间。这样三学期的时间下来，班级里的每一个学生都能站在讲台上自信从容地说满2分钟以上了。这个口才训练活动坚持的时间很长，有的老师不理解我为什么要花那么长的时间在这一件事情上，我说：量变总会引起质变。事实证明，我是正确的，高二结束去实习面试时，班上的学生再也不像2年前进校时那样"无话可说"了。

最后，在我的职教生涯中，我始终坚信一个理念：教育不仅仅是传授专业知识，更是一种全面培养。因此，我还利用特创课的时间训练学生的书法、礼仪等看似"不务正业"的技能。虽然这些与专业技能并无太多关联，但我知道，说话也好，礼仪也罢，这些技能对学生未来的发展至关重要。

在未来的职业教育道路上，我将继续积极探索，为学生的全面发展而努力。我相信，在我们的共同努力下，这些学生一定能成为具有扎实专业技能、综合素质高、适应社会需求的人才，为国家的发展贡献自己的力量。

后记：

时间一晃而过，如今我已扎根职教18年。心怀对职业教育的热爱，在这漫长而又充实的时光里，悉心指导学生参加国家级、省市级技能大赛，荣获了20余项各类奖项；参加对口高考的学生，有百余名成功升入本科院校；而那些投身企业的学生，如今已崭露头角，成为技术骨干和中高层管理人员。

回首往事，每当我想起那段时光时，都会不由得心生感慨。如果他们当初放弃了学业，命运是否会有所不同呢？但我知道，每个学生都有自己的闪光点，或许不适合普通高中，也不适合走传统的高考道路，但他们可以通过职业学校的技能参加高考，依然有机会进入大学深造；或许他们对文化课缺乏兴趣，但在专业课上却展现出骄人的天赋，那他就有望成为技术领域的佼佼者。

在平凡的职业教育生涯中，我将不忘初心，砥砺前行。于我而言，教育不仅是传授知识，更是引导学生找到适合自己的光芒之路。

>>>

专业精神与思想

我的"小组合作学习"

清泉学校　郑　丽

　　四年级了，随着年级的增高，学生在学习上的差距逐渐拉开。部分学习较为吃力的孩子在课堂上越来越沉默，他们对课堂学习渐渐失去了兴趣。确实，对这些孩子来说，课堂上老师讲的，他们不一定能听懂；老师提问，也轮不到他们来回答。不知不觉中，课堂的精彩成了优等生的专利，自信、张扬、思维的碰撞也永远属于优等生。学习吃力的孩子成了课堂的旁观者，他们要么凝思神游九天之外，要么低头不知所谓……

　　造成孩子学习吃力的原因可能有很多，不会听讲，注意力不集中绝对是最大的原因。因为注意力不集中，学习更吃力；因为学习吃力，课堂注意力更分散。如何让学生主动参与到课堂学习中，成了我静心思考的问题。

一、遭遇挫折

　　学校在"体悟式"教学研究中，提出的"小组合作学习"方式，让我备受启发。改变教学方式，提高自己课堂教学对学生的吸引力，成了我尝试在课堂教学中使用小组合作学习方式的初衷。刚开始时，学生们也热情高涨，小组合作"自学—合作—展示—交流"的教学模式一套，课堂上的学生一下子"热闹"了起来。沾沾自喜过后，我才发现学生的参与度并不高：学习优秀的孩子自己解决了问题，也不屑于与学习吃力的孩子讨论。部分孩子讨论得激烈，却与学习任务无关——小组合作流于形式。灰心中，我又发现，学校小学高段、初中段（我们是一所乡村九年一贯制学校）实施"小组合作学习"的效果却很好。那么我课堂教学中的小组合作学习方式究竟在哪出了问题呢？是因为学生年纪还小，不适用这种学习方式吗？

二、反思、学习

　　带着问题，我开始重新审视我的课堂、我的学生。不久，便发现了症结之所在：

第一，四人小组是成立了，组长也有了，组长一人说了算，其他孩子不用参与思考，也能得到答案。我想提高课堂活动中学生的参与度，吸引孩子的注意力，适得其反。

第二，我一直认为合作学习是为了解决学习中有难度的问题，所以我布置的学习任务有一定的难度。结果，不少学生次次答不上，干脆不答了。

也就是说，在我的课堂上，合作学习过于形式化，小组组建也不太合理，组内没有明确的分工，小组成员的参与度自然也不高了。

小组合作的雷区，我踩了太多。问题是发现了，该怎么解决呢？读课标，上网查资料，听高段的老师们讲经验，向学校的课改能手学习，学习他们的经验、他们的具体操作方法。不断地学习，不断地请教之后，我终于明白了什么是合作学习：合作学习是小组或团队为了共同的任务，经历自主探索、动手实践、合作交流的过程，是有明确责任分工的互助性学习。它强调学生学习的亲历性、参与性、合作性，这是一种先进的学习方式。但是要把小组合作学习做好，就必须有组织、有分工，老师还要有强力的指导，不然课堂就会混乱，就会无序。

三、改变、实践

明白了这些，我也明白了，我的孩子们才小学四年级，他们有他们的年龄特点，我不可能要求他们像初中部的孩子一样，自己学习，解决问题。更不可能指望着"小组合作学习"能立竿见影地将班上所有的问题都解决。我首要想解决的问题是我的孩子们能都参与到课堂学习中，提高他们的课堂学习效率。明确自己的目的后，我开始重新定位自己要的"小组合作学习"：一步一步地来，先解决学生学习参与度问题，再谈培养学生的学习能力。

1. 基于学生现状，合理分组

我首先将小组合作学习的组员做了调整。每个小组，安排两个成绩较好的孩子，保证小组讨论时最少有两个人可以交流。再安排两个学习较弱的孩子。小组成员总体水平相当，让孩子们之间的相互学习变为了可能。为小组间的公平竞争打下基础。

同时做好小组成员的分工，学习组长负责小组讨论，书写漂亮的同学负责记录……

2. 评价引导学生积极参与学习

在小组合作学习时，我规定：完成学习任务汇报时，哪个小组举手的人多，就请哪个小组汇报，汇报得好，就可以得到奖励［小组每人加操行分，操行分作为评优获奖（书籍为主）的依据，每月结算］。为了争取发言权，很多小组人人举手（开始时，学习吃力的孩子是在组长的一再要求下才举手，算被动参与）。而我尽量请学习较弱的孩子汇报。于是，每个小组学习较好的孩子在讨论时，会特别注意帮助学习弱的孩子分析、理解、得到正确答案。身负"重任"，小组成员团结一致，学习积极性高涨。

这个评价机制，个人的成功建立在小组的共同努力上，个人评价与集体评价相结合，效果显著。

3. 设计合理内容，增强学习信心

小组合作学习刚开始的一段时间，我将一些较为简单的问题也作为学习任务交给小组讨论，让学习吃力的孩子自己找到答案，以便他们在小组讨论中树立自信心。一段时间后，学习较差的孩子就真正参与到了讨论中，哪怕是难题，他们有时也能发表自己的看法。当孩子有了参与感，在课堂中，他们就不再是旁观者，注意力自然也随之集中了。而在全班同学面前汇报交流，得到老师的肯定与表扬，也培养了学生的自信心。

4. 小组合作延伸课外

在课堂教学中，小组合作模式让小组成员间更团结一致。在此基础上，"小组合作"延向课外：作为班主任，我以小组整体的纪律、清洁、两操表现作为学生的评价标准，小组学生互相督促，班级面貌焕然一新。

四、收获惊喜

在班上实行"小组合作学习"，根据班级学生情况及时调整方式、方法。学生们轮流发表自己的想法，分工合作，用恰当的评价方式激发学生的学习动机。当学生们乐于参与到学习活动中时，学习能力的提升也显而易见了。

课堂上，一点点小小的改变，让课堂有了鲜活的生命力，也让我思索：教师该如何去钻研、感悟，与孩子们一起成长？

与爱同行

成都市川化中学　杨　倩

在这个充满变革与挑战的时代，作为一名英语教师，我深知教育是一项充满挑战和成就感的工作，正是这份使命感让我与英语教育结下了不解之缘，与爱同行，共同书写我的英语育人故事。作为一名英语教育者，在过去的教学实践中，我遇到了许多有趣的学生，他们每个人都有自己的特点和需求。作为一名负责任的教师，我一直在探索适合他们的教学方法，帮助他们克服学习英语的困难，提高英语水平。

在我的英语教育生涯中，我曾遇到过一个极具挑战性的学生，名叫小华。他的出现，让我对教育有了更深刻的理解，也让我更加坚定地相信，每一个学生都有他们独特的价值和潜能。

小华是一个典型的"问题少年"，他的学习成绩一直徘徊在及格线上，他的行为举止也时常引起同学和老师的不满。他总是喜欢在课堂上插话，或者突然离开座位，让课堂秩序变得混乱。他也常常不完成作业，甚至有时候还会和同学发生冲突。

然而，我并没有因为小华的问题行为而对他失去信心。相反，我决定更深入地了解他，找出他行为背后的原因。我发现，小华其实是一个非常有创造力和想象力的孩子，只是他的这些优点并没有被老师和同学所认可。他的插话和突然离开座位，其实是因为他总是在思考一些有趣的问题，而他的不完成作业，则是因为他觉得作业太枯燥无味，无法激发他的兴趣。

了解到这些情况后，我决定采取一些措施来帮助小华。首先，我尽量在课堂上给他更多的机会来表达自己的想法，让他感受到自己的价值。同时，我也尝试设计一些更有趣的作业，让他在学习中找到乐趣。此外，我还经常和他进行"一对一"的辅导，帮助他解决学习中遇到的困难。

经过一段时间的努力，小华的行为有了明显的改善，他的学习成绩也有了显著的提高。最让我感到欣慰的是，他开始对学习产生了兴趣，他的脸上也常常洋溢着自信和快乐的笑容。

小华的改变让我深深地体会到，每一个学生都是独一无二的，他们都值得我们用心去理解和关爱。作为一名教师，我们应该用耐心和爱心去包容学生的不足，去发掘他们的优点，帮助他们找到自己的价值和方向。这就是我在教育这条长途跋涉的道路中学到的最重要的道理。

在这个过程中，我意识到要真正帮助小华，不能仅仅停留在表面，而要深入他的内心世界，了解他的需求和困扰。因此，我决定对他进行深度了解，以便找到将他从"落后者"转变为"进步者"的方法。

首先，我从小华的朋友和同学那里了解他的兴趣爱好、性格特点以及他在学校的表现。我发现，尽管小华在学习上有些落后，但他对绘画和音乐非常感兴趣，而且他的动手能力很强。这让我看到了他转变的可能性。

其次，我主动与小华的家长沟通，了解他们在教育小华过程中遇到的困难和问题。我建议他们尽量多陪伴小华，给他提供更多的关爱和支持。同时，我也告诉他们，要尊重小华的兴趣和爱好，鼓励他发展自己的特长。

最后，在此基础上，我开始尝试根据小华的特点进行个性化教学。我鼓励他积极参与课堂讨论，发挥自己的想象力和创造力。同时，我还在教学中融入音乐和绘画元素，让他在学习英语的过程中找到乐趣。

经过一段时间的努力，小华在学习上取得了明显的进步，他的英语成绩不断提高，性格也变得更加开朗。看到他的变化，我深感欣慰。这个经历让我深刻认识到，要真正帮助学生，我们必须深入了解他们，找到他们的需求和困扰，并有针对性地给予帮助和支持。每当他面临困境，我都会不厌其烦地给予帮助；每当他取得进步，我都会给予表扬和激励。我觉得只有这样，才能将他们从"落后者"转变为"进步者"。渐渐地，小华对我的态度发生了改变，他开始信任我，愿意向我敞开心扉。

自从与小华建立起良好的师生关系后，我开始更加关注他的学习状况。小华是一个聪明伶俐的孩子，但他的学习成绩在班上一直处于下游。为了帮助他提高成绩，我决定从以下几个方面入手。

首先，了解小华在学习中遇到的困难。我经常与小华进行沟通，询问他在学习中遇到的困难和问题。通过了解，我发现小华的基础知识掌握得不牢固，导致他在学习新知识时感到吃力。

其次，制订有针对性的学习计划。我根据小华的学习情况，为他制订了一个详细的学习计划。这个计划从基础知识入手，逐步引导他掌握英语的基本语法和常用词汇，为学习新知识打下坚实的基础。

再次，给予小华充分的关心和鼓励。在学习过程中，我时刻关注小华的学习进度，对他的每一个进步都给予充分的肯定和鼓励。同时，我还经常与小华分享一些英语学习的小技巧，帮助他提高学习效率。

最后，加强家校联系。为了确保小华在家庭环境中也能保持良好的学习状态，我主动与小华的家长沟通，共同关注小华的学习情况。通过家校共同努力，小华的成绩逐渐提高，自信心也得到了很大的提升。

经过一段时间的努力，小华终于从"落后者"转变为"优秀者"。这个过程中，我深刻体会到教育的真谛：关爱和耐心是引导孩子走向成功的法宝。作为一名教师，我要用心去关爱每一个学生，帮助他们找到适合自己的学习方法，为他们的成长助力。

目睹小华的转变，我深感欣慰。我明白，这是我用爱心和耐心感化他的成果。同时，我也认识到，作为一名教师，我们的职责不仅仅是传授知识，更重要的是传递关爱，让每一个学生都能感受到温暖和关怀。

面对后进学生，我们不仅要关注他们的学习成绩，更要关注他们的心理健康和情感需求。我们要用心去关爱每一个学生，发掘他们的潜能，帮助他们建立自信，克服困难，取得进步。只有这样，我们才能真正实现教育的目标和价值，为我们的国家和社会培养出更多优秀的人才。

作为一名教育者，我将继续努力，关注每一个学生的成长，用我的专业知识和教育热情，帮助他们实现自己的梦想。

在教育这条道路上，我深知自己还有许多需要学习和提高的地方。为了更好地履行我的教育使命，我将继续努力提升自己的教育水平和教学能力。

首先，我会加强自己的专业知识学习，不断更新教育观念和教学方法。随着科技的发展和社会的进步，教育领域也在发生着日新月异的变化。作为教师，我们要紧跟时代步伐，掌握最新的教育理念和教学技术，为学生提供更高质量的教育。

其次，我会加强自己的教育教学研究，积极参与学术交流和合作。与同行的交流和合作可以帮助我借鉴他人的优秀经验，丰富自己的教育方法，提高教育教学水平。

此外，我还会关注学生的心理健康和情感需求，努力成为他们的良师益友。在教育过程中，我们要尊重学生的人格，关心他们的成长，及时发现和解决他们的问题及困扰。只有这样，我们才能真正赢得学生的信任和尊重，为他们的成长提供有力的支持。

总之，作为一名教育者，我将继续为教育事业贡献自己的力量。在未来的教育生涯中，我会全力以赴，关注每一个学生的成长，用我的专业知识和教育热情，点燃他们心中的火焰，照亮他们前进的道路。这是我作为一名教师的使命和责任，也是我人生最大的价值和意义。

如今，小华已经顺利升学，开始了新的学习生活。虽然我们已经不再是师生关系，但我们的友谊仍在延续。在教育的道路上，我将继续与爱同行，为更多像小华这样的学生带去希望和力量。

始于热爱　做专业型科研教师

——记一名小学美术教师的教育故事

成都市青白江区玉虹小学　郭志刚

　　时光如梭，光阴转瞬即逝。2009年9月我走上了美术教师这个我热爱的岗位，一路走来，是快乐的，也是矛盾的；有过收获，也有过失落。走过十几年的教学生涯，回望当初的那份热爱，我勤恳而恬淡地做着小学美术教师的教育教学工作，望着孩子们那明亮的眼睛和稚趣的图画，欣赏孩子们图画上多变的色彩和魔幻的线条，我很感动。我庆幸我是一名美术老师，我将倾我所有，做专业型科研教师，怀揣着简单的热爱，让孩子们的世界美丽如画……

　　"教师是一个神圣的职业，肩负着为祖国培养下一代的历史重任。"这句话从儿时起就已经铭刻在心，也是这句话激励着我不断前行。著名儿童美术教育家杨景芝教授说过："孩子们具有丰富的创造力，每个孩子都具有丰富的创造力，每个孩子都各具特点，只要我们正确地加以引导，孩子们的潜能意识都能得到很好的发挥。"而美术教学是最具有创造性的活动，最能够体现素质教育的要求。带着这种要求，我十几年来完成了区级、市级、省级的科研课题，科研带着我不断地成长，促使我成为专业型的教师；带着我感受幸福的甜蜜，感受美术教师带给我的那份幸福感。

　　我最开始接触课题是在2018年，我接到了区教研员的电话，对方告诉我申请到了一个成都市的规划课题，大致的内容就是将青白江的本土资源与美术学科相融合，利用美术学科的特点去挖掘青白江的本土资源进课堂。并且根据我自身的专业特点（中国画）和总课题组的计划，准备吸纳我为市级课题的主研人员，同时自己也要单独主持一个子课题。凭着我对教师岗位的热爱，我爽快地答应了。

　　现在回忆起来，这个决定绝对是正确的。回到家我就主动地在互联网上查询各种关于做课题的资料，包括怎么写申请书，怎么去做调查，怎么去收集整理资料；等等。而更多的是在科研的过程中不断地实践，一个个鲜活的故事带着我真正地走进了科研的世界。在课堂上，我小心翼翼地呵护着每个孩子的创作灵感，只要发现孩子们身上有一点点艺术体现，我都会鼓励孩子们大胆地去表现出来。在教学过程中，学生可能有不同的心灵感悟，我尽量做到尊重每一个孩子的想法，对孩子们的反应和表现不妄加评判，让孩子们说出表现出自己心中不同的想法，同时和孩子们一起配合，在纸上表现出来。比如在学习人教版五年级下册《喜怒哀乐》一课中，有个叫肖文俊的男生，平时爱调皮捣蛋，美术表现能力也相对较弱，他选择了"怒"的表情来描绘，当在讲台上展示的时候被很多同学嘲笑了："老师你看啊，他画的好搞笑啊，他画的头发往天上去了，真难看。"我一看确实和其他同学画的不一样，我就想着从另外一个角度来评价这幅作品。我说："同学们，你们学过'怒发冲冠'这个词吗？文俊同学这幅作品非常形象地表现了出来，你们看，这个人生气得连头发都竖起来了，足以说明这个人生气的程度是非常深的！我建议我们用热烈的掌声来鼓励和祝贺文俊同学吧。"同学们马上对他另眼相看，他在意外地获得肯定后增强了自信心，积极地投入以后的美术学习中。在看到一些同学充满个性、洋溢着灵性色彩的作品时，我都会如获至宝，并把它悉心保存下来，当作科研和教学的借鉴资料。

要想成为专业型教师，必须明确科研的目的。为了更好地指导教育教学工作，高质量地解决教育教学中的问题，完成从实践到理论，由理论指导实践的辩证循环，所以我在教学上推崇个性化的教学。不拘泥于教材和教参，不拘泥于一家之言行，用超前的意识去打破原来的教学模式，将课堂赋予新意，设计出更多新颖的思路，也总结出了一些不同的经验。在教学设计中，用自己的个性去演绎每一节课，用自己的个性进行教学组织和课堂教学的再创造。在课堂中引导学生表达个性的话题，创作个性的作品，让课堂充满活力。在以教材为参考的同时，我会结合学生的实际情况，对教学内容做一些恰当的创生，更好地适应学生的能力水平和发展需求。在人教版五年级下册写意国画课时，我发现他们对中国画水墨运用技巧把握得还不错，但教材上安排的课时只有两三节，学生刚刚找到感觉就戛然而止，我有点不甘心。所以我做了一个大胆的取舍，教材上新的课型挪到以后上，原先接触过的绘画类的课型全部改为国画课，并连续安排在一起。教材内容由我结合国家课程进行创生，收集了一些中国画基础教程资料后，自己结合青白江本土文化编写了一些适合初学者学习的入门课程，比如城厢古镇的古建筑的画法，家珍公园的荷花、凤凰湖的樱花等的描绘，还有一些日常生活中常见的美食的表现，城厢古镇的面条、锅盔等。我总是强调大气大胆地表现，学习传统的方法但又不拘泥于传统，要求学生在掌握方法后自由自在、轻松自如地去表现自己的所思所想。在学期末时在美术教室讲台旁堆满了同学们虽然稚嫩但不失风格，清新且具有笔墨情趣的作品：有写意的现代卡通明星、有浓墨重彩的花卉、有滑稽可笑的人物画，还有男生利用白描的方式画的漫画，更令我惊喜的是还有同学画出了大师林风眠式的国画静物……我惊讶于孩子们独特的出人意料的创意，并对这些作品爱不释手。我激动不已，我不想让这些代表着孩子们闪光的思维的作品尘封在我的抽屉里，我要把它们展示出去！我把这些作品精心地装裱出来，悬挂在校园里。孩子们兴奋不已！他们挤在画前高声地谈论着，有的奔走相告谁谁谁的作品被展出了，有的在那默默地欣赏自己和同学的作品，有的指手画脚地评论着……画展是对孩子们阶段学习的肯定，也是科研阶段的检测，是一种课堂教学的延伸，它是孩子们的一份成功的喜悦，是对学生将来积极投入美术学习中的一种鼓励，也是我播撒耕耘后的一份甜蜜的收获！

为了做专业型的科研教师，不能仅仅是让孩子画好每一幅作品，更要上好每一节美术课，要充分体现出学生的主人翁精神，使严肃的课堂变得生动活泼，给学生的学习带来无穷的乐趣，让他们在游戏中玩、在游戏中乐、在游戏中学、在游戏中成长、在游戏中益智。我想这既尊重了学生的愿望、乐趣、情感，又激发了学习的热情，会给今后的课堂教学带来新的契机。

始于热爱，这是我不忘的初心；行于科研，这是我对专业型教师成长的行动。做课题没有捷径，只有坚持；做课题也没有终点，只有继续。虽然我现在已经完成了区级、市级、省级课题的结题工作，但在以后的工作中我依然还会继续开展更高、更多的课题研究，向着更高的专业教师队伍迈进。

以生为本　表达师爱

——培智学生行为问题的干预

成都市青白江区特殊教育学校　罗　玲

　　教师是辛勤的园丁，孩子们是待呵护与浇灌的幼苗。2018年以前，我觉得用爱心、耐心、责任心足以护航特殊孩子成长。加之一些荣誉的肯定，觉得自己已经很好地诠释了对职业身份和特殊孩子的爱，也算是一位好园丁了。怀着这种自以为是的想法，我放弃了原本带得很顺利的班级去申请当培智一年级的班主任。7月初，得知申请被通过后，我激动不已，暑假就开始设计班级名、班训，遇到困难时就反复邀请有经验的老师指导。

　　暑假就在做各种准备，所以8月31日迎接学生报名时的我满怀信心、淡定从容。可这种淡定不过1小时就被程程（化名）的到来给吞噬了。早上一来报到，家长说家远想让孩子住校，我说："先带孩子去看看宿舍，可以试住一下看看他各方面的表现。"全家人带着孩子前往宿舍参观，看到宿舍的床铺，生活老师说："以后你就睡这里，周五妈妈就来接你。"这一说可吓到程程了，由于不能进行语言表达，他就冲出寝室，叫着直往校门外跑。一听说这种情况，我只能告诉家长孩子不适合住校。父母拿孩子没办法，也就只能应了他。

　　第二天开始正式上课，一上课我就傻眼了。班上只有一位有幼儿园入学经历的女孩子能听懂指令，能慢慢地说几个字来表达，一位唐氏综合征的女孩儿能鹦鹉学舌式地说三五个字，其余学生都不能说话，也听不懂指令。不会说，能安坐在座位也好，可程程却让人应接不暇。程程过于好动，坐不了五分钟就要离开位置，要么跑上讲台抢老师手上的东西，要么拿玩具柜上的玩具。他一跑教室就炸开了锅，教室里的孩子要么跟着离开位置，要么拍桌子。主教忙着管理班级，助教全职监管他。一天下来，办公室每个老师都把程程的状告了一遍，不是不听招呼，就是多动乱下座位，甚至想咬老师，听得我是一个头两个大。

　　第一次，我因为学生的管理问题焦虑而失眠了。我想，接手新的班级不顺利是难免的，多到班上和学生接触，师生逐渐熟络起来可能就好了。第一周的后几天，从早上学生入校到放学，我几乎扎在班上。上课时，我和主教、助教协同管理班级常规，下课时就带着孩子如厕、喝水、玩玩具。随着对校园的熟悉和常规建立，学生因不会主动表达如厕尿裤子的现象渐渐减少了，对老师的指令也有了些许回应，可这些点滴进步都抵不过程程乱跑给人造成的困扰。学校大课间在户外进行，一出教室，程程就像脱缰的野马到处跑。老师从后操场把他带到前操场，可他根本不能站在自己的位置。他跑，几个老师拉住他的手意图限制他的行为，可他竟然躺到地上打滚儿，乱蹬乱踢挣脱老师。

看着程程这样，助教老师表达了请家长陪读的建议。班上现在已有两个重度残疾的孩子陪读，如果再有一个家长势必会影响班级管理。可程程一个学生就需要几个老师来干预的现实着实让老师筋疲力尽，于是我跟程程妈妈沟通了孩子在校的现实表现，希望她先来陪读，等孩子适应了课堂就慢慢撤除。以为有了家长程程的行为问题就解决了，可妈妈因肠道手术根本不敢用力拉程程，对他只有口头指令，唯一有效的是美食、玩具的哄骗。看着妈妈这样无能为力，再想想自己每天努力唱着鲜有回应的独角戏，我身心疲惫；可另一边又是"我们就是希望他能说话""他能学会喝水就好"等家长的殷切期望，开学第一周的我如坐针毡、夜夜难眠。焦虑，甚至后悔来当一年级的班主任，可我现在又不能撒手不管！辗转难眠，想着家长的嘱托，我心想：这些学生就像孩子一样等待着自己去孕育，好也是自己的，差也是自己的，当初自认"好园丁"的自信到哪里去了呢？痛定思痛，我坚定地告诉自己：不能再让焦虑麻痹思考了，我必须想方设法管理好班级，才能让家长重拾养育特殊孩子的希望，并愿意支持学校工作。

有了这个想法和目标，我尝试着以一个新妈妈的角色去面对学生在校的吃喝拉撒、学习玩耍，面对程程的行为问题也少了一些急躁，多了一分包容。同时，我也向有经验的班主任请教，阅读李镇西老师等名家的书籍学当班主任。在普通学校中，班主任充分尊重学生意愿，发挥学生的主观能动性来制定班规、管理班级。这一班级管理理念惊醒了我，让我意识到自己太急切让学生养成规则意识了，以致从老师管理的角度建立了各种行为常规，而基本没有了解特殊孩子刚入学的心理需求和个体差异。认识到自己的误区后，我调整思路：如果要让程程遵守班级规则，首先要尊重他的特殊需求，让他愿意接纳我们，再倾听规则。

为了让程程接纳我，我和妈妈沟通了解他的成长经历。在沟通中了解到程程"服软不服硬"，所以我们用"吼"的方式根本不管用。一次课间，副班主任说："你这样谁喜欢你啊？"妈妈略带悲伤地说："从小就没人喜欢他。"听了妈妈的一些讲述和对其行为的观察，我们认为程程"问题行为"背后的动机是：寻求关注，以及没有安全感的自我防御。基于这样的认识，班级老师转而积极关注和帮助程程，让他愿意相信并接纳我们。

程程语言能力欠佳，只会指着东西说"啥子"。为了支持他说话，当程程说"啥子"时我都及时回应，并用手势来引导他正确表达。程程动手能力较好，但因行事冲动经常出错，为了增加其体验成功的机会，我们就先示范再让他去做。只要他做好了，老师就及时强化他好的行为，这大大提高了他模仿学习的积极性。

程程"好管闲事"，但他力度较重，注意力不集中又容易导致拉同学时撞上物体，常常"好心办坏事"。为了发扬他助人为乐的品质，老师一方面肯定他的助人行为，另一方面引导他正确帮助同学。随着班级常规教学的持续开展，以及老师管理策略的调整，程程在妈妈的陪伴下渐渐能不离开座位了。接着，我们发挥他生活常识丰富的优势鼓励他在课堂中学习知识，并用食物或贴纸来给予强化。他在课堂学习中尝到了"甜头"，变得更爱参与，也更愿意坐在座位上听课了。一旦他坐在座位的时间延长，我们就会及时表扬他。就这样循序渐进地坚持着，最初妈妈坐在程程旁边，后来坐在教室后面，最后妈妈成功离开了教室。

程程的入学经历于我是一次难忘的挑战，他让我重新认识了园丁之爱。园丁如农夫育苗，面对特殊孩子更应以生为本，做到"特别的爱给特殊的你"！

开启语文课堂的思维之旅

成都市青白江区实验小学　陈晓霞

2022年4月，语文新课程标准颁发。新课标明确将思维能力作为语文核心素养之一，明确指出思维能力包括直觉思维、形象思维、逻辑思维、辩证思维和创造思维。而思维训练是语文课堂上最缺乏的，也是导致语文课"少、费、慢、差"的主要原因。缺乏思维训练的语文课堂，学生读得有气无力；缺乏思维训练的语文课堂，学生的语言空洞乏味；缺乏思维训练的语文课堂，学生的情感表达渐渐开始无病呻吟。

如何在语文课上更好地开启思维之旅，让学生入情入境地读，用鲜活的语言表达真情实感？看到新课标，我反思自己近年的语文教学，体会颇深。

一、紧抓一点，深入研究——为思维之旅蓄力

1. 用行动蓄力

2013年暑假，偶然的机会，我到重庆参加了树人研究院组织的第一届"群文阅读种子教师"研习营活动。

这次研习营活动，我接触到了台湾吴敏尔团队带来的群文阅读，一位中学老师从教学《木兰辞》《空城计》到启迪学生进行人生规划，让我们大开眼界。这节课从另一个视角告诉我们，阅读不仅仅是字词句，不仅仅是文章的结构与修辞，还有蕴藏于文本中的层次，蕴藏于文本与文本间的逻辑，蕴藏于文本与学生实际生活的关系。这些层次、逻辑和关系给予学生的，远比传统阅读教学要多。

原来，文本与文本勾连，可以阐释出新的意义；文本与人生联结，会焕发出新的活力。再次审视我的阅读教学，重新定位我的阅读教学，虽没有系统地思考，但行动由此开始。

2. 用阅读蓄力

在研究群文阅读教学的过程中，我深深地感受到群文阅读要求教师的阅读面要广，阅读量要大，因为文本的选择对于群文阅读尤为重要。

犹如干涸的土地享受着雨水的滋润般，阅读从此成为我每天的必修课。也因

为这每天的必修课，拿到一本适合孩子阅读的书，我都能快速让孩子有滋有味地读起来。阅读，开阔了我的视野；阅读，让我的教学有了更多的可能。

3. 用思考蓄力

大量阅读之后，我也思考，故事固然吸引人，读书固然有益，但书是读不完的，在孩子们课业负担繁重的当下，怎样能高效阅读呢？

2014年暑假，我参加了"远川教育"组织的整本书阅读，从儿童读物到儿童阅读理论知识；从王泉根的《儿童文学概论》到刘绪源《儿童文学的三大母题》，方近平的《思想的跋涉》，我完成了儿童文学的系列阅读。

儿童读物和儿童阅读理论一相逢，便胜却人间无数。于是，和陈萍老师讨论《母鸡萝丝去散步》绘本教学时，我们将佩特·哈群斯的《金老爷买钟》也放进课堂，引导学生发现一个作家的特点；和周剑老师讨论《中国古代神话故事》时，我们将《北欧神话故事》《希腊神话》作为孩子们的后续阅读，激起了孩子们对一类书的探究；上《城南旧事》一课，我更是将能找到的林海音相关资料一一甄选，巧妙地选取其中的几段融入课堂，让学生从"成长"这个角度审视人生。

不断思考，让我不断发现问题；不断发现问题，让我不断有了新的方法。在此过程中，我也不断发现文本内部、文本与文本之间存在的逻辑关系，厘清这些关系，我的思路也越来越清晰了。行动、阅读、思考，思考、阅读、行动，力量由此勃发。

二、紧扣课标，落地课堂——让思维之旅启程

1. 思维之旅在丰富的语言中开启

2016年，在于泽元教授的带领下，我校开始了为期一年的"群文阅读效能实验"。参加实验的三个班学生在两学期内，比平行班级多读了三十多组文本，百余篇文章。孩子们在丰富的语言中驰骋，三个实验班的老师不约而同地说，这是教学生涯中进步最大的一年，是真正看到学生思维飞速发展的一年。这次实验，我协助于泽元教授做了大量的文本分析，并跟踪三个班的课堂，写下了数万字的反思，我更清楚地认识到，零散的知识让学生零碎地学习，而结构化的思维，整合的方式，更能帮助学生形成有效的知识体系。

我们的思维之旅在大量的阅读中，在丰富的语言中开启。

2. 思维之旅在自主学习中提速

在进行群文阅读教学的时候，原西南大学教育学部副部长于泽元教授的一句话时时萦绕耳畔，我们应该思考的是，如何在我们的课堂上将群文阅读落实，让这种更具思维含量的课真正在我们的教学中实现，让学生在阅读中学会阅读，走向有思考的阅读是我们的方向。

　　这句话告诉我们，语文课堂的思维之旅一定是学生完成的。唯有学生读起来，"以学习者为中心"的学习方式才能真正实现；唯有学生动起来，课堂才能真正从教师的教转变为学生的学；唯有学生的自主学习，思维之旅才能真正提速。在《七律·长征》一课的教学中，我一改传统教学就诗教诗的方法，把与诗相关的《飞夺泸定桥》《巧渡金沙江》《金色的鱼钩》这三篇文章放进课堂，让学生在诗与文中徜徉，在历史与诗词中穿梭，让他们从一个一个故事中去感受精神，建构意义。这一课作为课内与课外结合的群文阅读模式，后来也被收录进于泽元教授编撰的《群文阅读的理论与实践》一书中，我也借这节课参加国家级赛课，获得了一等奖。

　　如果说课堂内大量文本的出现，决定了教师必须把课堂的时间交还给学生，那么，图示的出现，则标志着教师把思考的权利还给了学生。语文课上，我用思维导图、阅读地图、时间轴、阶梯图等各种图示让学生动起来，让学生的思维可视化，让学生更清楚地看到了文本中的逻辑关系，文本与文本间的联系。

　　唯有学生读起来，他们才能真正看到文本之间的联系；唯有学生动起来，他们才能深入研究这些联系，他们的思维之旅才能提速。

3. 思维之旅在整合的教材中冲刺

　　新课标正式颁布，语文核心素养的提出，让我看到了群文阅读与现行教材的紧密联系。2023年，我校申请的"任务群驱动的小学语文大单元教学实践研究"省级重点课题立项，我们思考着如何将单元中的人文主题与语文要素有机结合；我们思考在大的情境中，如何整合学习材料；我们思考如何在现有材料不足的情况下进行拓展……

　　"教学必须超越知识和技能，必须涵盖更有深度的、可迁移性的理解"，洛伊斯·兰宁的话让我坚定了方向；刘徽老师的"望远镜思维"帮助我们建立单元乃至整个语文教学的框架，而他的"放大镜思维"又让我们看到了向内挖掘的重要。

　　语文学科中，人文主题就是居上位的思想，而语文要素就是居于下位的策略与方法，人文主题为语言要素的学习创设了情境，让学生的学习得以真实发生。唯有真实的学习存在，学习才变得有意义。

　　厘清上述关系，我们更清楚地看到，学生，才是思维之旅的主人；课堂，是学生思维之旅的主阵地；而教师对教材的把握，是让学生的思维之旅冲刺的关键。只有我们清楚地厘清了教材，才能够做出适合学生的教学设计；只有在课堂使学生读起来、动起来，课堂上清晰的思维才能展现在学生面前，学生的思维才能更加清晰。

　　"路漫漫其修远兮，吾将上下而求索。"教学在，思考不会停止；思考在，逻辑就在；逻辑在，课堂就会越来越清晰。

　　不断阅读，不断将新的活力注入课堂；不断思考，不断让自己的教学行为有更清晰的逻辑；不断学习，不断为学生开辟更为广阔的学习天地。在阅读、思考、行动中，我的思维不断发展的同时，课堂的逻辑也越来越清晰，清晰的逻辑为学生的学习带来真实的思维之旅。这样的语文课堂，充满活力。

做与学生"平视"的班主任

四川省成都市川化中学　方　琳

班主任作为班级的管理者,是班级中的绝对权威。然而,在实际的班主任管理工作中,这样的绝对权威却并不一定能够换来学生的绝对服从。有时候,班主任也需要躬下身子,看看学生的世界,甚至让学生看一看你的世界。

我认识Y同学要远远早于他认识我。

"这已经是你这学期第几次迟到了?"初中部的走廊上,A老师愤怒的声音吸引了我的注意。在他对面,端正地站着一个男生,沉默不语,却一脸不屑。这便是我们初中部大名鼎鼎,让老师们又爱又恨的Y同学。Y同学思维敏捷,成绩优异,是一个学习的好苗子。然而,他也是一位非常有"性格"的同学。上学迟到是老毛病,不感兴趣的课坚决不听,顶撞老师是家常便饭……就是这样一个"刺儿头",马上就要升入本校高中,成为我的学生。得知这个消息的时候,我的内心是崩溃的。要怎样才能驯服这匹"烈马",让他服从我的管理呢?惴惴不安的我,一直思考着各种解决方案。

新学期开始,Y同学如期坐进了我班教室,校服穿戴整齐,发型虽然经过修剪,但离学校的规定,还有一点距离。刚开学的那段时光,尽管Y同学有这样那样的小问题,但都无伤大雅,还不至于和我兵戎相见。直到某天早读,Y同学没有按时出现在他座位上,我知道,考验我的时候到了。

大约10分钟后,Y同学背着书包,出现在了教室门口,依然趾高气扬,桀骜不驯,有那么一刹那我仿佛觉得迟到的是我,而不是他。我没有立即上前去,而是围着教室走了一圈,整理了一下自己的思绪,将Y同学带到了教室外的走廊。走廊迅速唤醒了之前的记忆,想起以前老师的经历,我知道,这"马儿"不能用一般的法子对付。"开学这么久,你一直都挺准时的,今天怎么回事呢?"我笑着问道。然而,我的友善询问,并没有换来Y同学的好言好语。"睡过头了!我自己知道罚站!"(按照班规,迟到的同学要站着完成早自习。)Y同学没好气地说。"哟,不错嘛,能记得班规!而且还能够勇敢地承认自己的错误,不给自己找借口,可以!是个男子汉的样子,我给你点赞!"我尽量让自己的语气缓和,让此时的气氛不那么剑拔弩张。

　　此时的Y同学依旧不语，只是脸上不屑的神情似乎少了几分。我瞄准时机继续说道："其实睡过头也不是什么大事，谁都有睡过头的时候，而且你还清楚地知道自己需要承担的后果，我也没什么好说的了。不过，有件事我得跟你说一下，你看，你迟到了，作为班主任，我需要对你进行批评教育，但是，你知不知道，你的班主任我，也是有人管的。如果你经常迟到，年级主任，甚至是校长可就要找我麻烦了。到时候你陪我一起到校长办公室罚站啊？我看你今天那么有担当的样子，以后可不能因为你的错误连累我挨骂哦。"这个时候，我看到了Y同学的嘴角有一丝上扬，我准备见好就收。"快回教室去吧，再跟你说下去，我就要错过食堂早饭了。"Y同学转身准备离开，我又朝他补了一句："下次如果迟到，可能你还要请我吃饭哦！"

　　去吃早饭的路上，我如释重负。跟Y同学的第一次交锋算是告捷。复盘刚才的对话，我庆幸自己没有站在班主任的制高点，将班规、校规对着Y同学一顿输出，跟他讲各种大道理，那样的后果和教育的效果是可想而知的。相反，这次的谈话，我选择了蹲下来，让孩子看到老师的世界，体会到老师也和学生一样，也是身处规则之中，是被管理者。正是这一层层的规则形成了学校的秩序。这样的秩序，需要大家共同遵守。

　　从食堂出来，我带了一份早餐，放到了Y同学的桌上。

　　后来，Y同学很少再迟到；后来，Y同学悄悄地剪短了他那不太合规的长发；再后来，他会到办公室来跟我吐槽某天的作业难到变态……

　　学会"平视"学生后，我发现自己更容易了解到学生内心深处的想法，从而能够快速准确地选准教育和管理学生的角度，班主任管理的工作也自然更加的得心应手。尝到"平视"学生甜头的我，在之后的班级管理中，常常会躬下身来向学生"示弱"。学生们也会想办法帮我解决我的问题。渐渐地，我发现我的班主任管理工作不再是孤掌难鸣了，有更多的学生愿意"帮助"我，和我一起将班级建设成我们想要的样子。只有当集体中的大多数人能够动起来，能够为他人换位思考，为班级建设贡献自己的力量，班级的制度也就自然形成了。我想，这样才是有效的班级管理。

　　班主任工作是一门艺术，有时候放下权威的身段也未尝不是一种选择。

第二章

以变革改造实践

>>>

在历史的长河中，教育如同一艘承载梦想的巨轮，名师们则是驾驭这艘巨轮的舵手。他们以卓越的智慧和深邃的见解，引领着学科的融合与创新，在知识的海洋中，教学设计是引领灵魂航行的灯塔，照亮了智慧之路。

本辑精心汇编的十四篇教学设计，宛如十四颗璀璨的星辰，跨越了不同学科的广阔天际，各展其辉，各具其彩。它们是思想的种子，情感的花朵，实践的果实，汇聚了教师们对教育之美、知识之光和成长之路的深切思考与无限憧憬。在这些篇章中，数学不再是枯燥的符号堆砌，而是逻辑的美丽舞蹈；语言不再是静止的文字，而是情感的流淌；历史不再是尘封的记忆，而是时空的对话；科学不再是遥不可及的概念，而是探索的乐趣；艺术不再是高冷的画廊，而是创造的火花。每一篇设计都是名师们对教育的深刻理解，对未来的无限憧憬，对学子成长的殷切期望。

这些设计背后，是名师们无数次的思考与实践，是对教育规律的洞察与尊重，是对每一个学习者的关怀与期待。他们用心灵去触摸学生的心灵，用知识去点燃学生的激情，用智慧去启迪学生的思维。在这个过程中，名师们也在不断成长，他们的教育理念在升华，教学技艺在磨砺，人格魅力在闪耀。

现在，当我们将这些教学设计的精华集结成册，它们就像一座座灯塔，照亮了教育的道路，指引着后来者前行。它们见证了名师们的成长与辉煌，也启示了未来教育的方向与希望。让我们一起翻开这一页页充满智慧的篇章，沉浸在这场思想的盛宴中，感受教学的魅力，共享知识的喜悦，携手在教育的田野上播种希望，收获梦想。

- >>>

幼儿园、小学及初中课程教学设计

《狐狸先生的商店》微课教学设计

成都市青白江区城厢中心幼儿园陆港分园　杨　欣

授课年级：幼儿园大班下学期

课时安排：10分钟

一、教学内容分析

《3—6岁儿童学习与发展指南》中科学领域数学认知部分——5—6岁幼儿"感知和理解数、量及数量关系"的发展目标："1. 借助实际情景和操作（如合并或拿取）理解'加'和'减'的实际意义；能够通过实物操作或者其他方法进行10以内的加减运算。"本次微课，利用孩子们喜爱的动画片《小猪佩奇》中的人物角色进行制作，通过创设小猪佩奇送礼物的故事情景，营造易于幼儿理解的故事情节，将"10的分解与组合"以游戏的方式巧妙蕴含其中，并在微课结束后为孩子准备配套的卡片进行操作练习，通过实物操作帮助幼儿进一步理解"10的分解与组合"，在操作与表达中进一步巩固促进幼儿对数的认知能力的发展。

二、学情分析

前期通过创设活动情境和实际操作，幼儿对"9及9以内的数的分解与组合"有一定经验，孩子们对此类活动很有兴趣。本次活动，幼儿将在自己喜闻乐见的动画片《小猪佩奇》情境中，通过帮助佩奇送礼物来学习和理解"10的分解与组合"，也是本次活动的重难点。

三、学习目标

1. 在故事情境中初步认识10的分解与组成。
2. 通过玩"凑10"的游戏，进一步巩固理解10的分解与组成。

四、学习重难点

理解10的分解与组成。

五、学习活动设计

环节一：

设计意图：通过创设"佩奇送礼物"的故事情景导入活动，激发幼儿的兴趣。

教师活动：出示狐狸商店的图片，提问：狐狸先生的商店是最受欢迎的商店，新年到了，狐狸先生想要为最早到店的10个客人送上新年礼物，有哪些幸运的小动物得到礼物呢？

环节二：

设计意图：通过佩奇分发礼物的故事情节，帮助小朋友初步理解10的分解和组成。

教师活动：出示佩奇数礼物的图片，并引导小朋友一起数礼物。"今天佩奇来负责给大家送礼物，首先，佩奇要从仓库里拿出10个礼物，我们和它一起数一数。"

幼儿活动：点数礼物数量。

环节三：

设计意图：通过送出去的礼物和剩下的礼物数量做对比，理解10分成两份的9种分法。

（1）感知理解10分成1和9。

教师活动1：出示佩奇给小羊苏西送礼物的图片，提问：佩奇给小羊苏西送出了第一份礼物，还剩下几个礼物呢？

幼儿活动1：幼儿点数剩下的礼物数量，并用连贯的话说出送出去的礼物数量和剩下的礼物数量。

 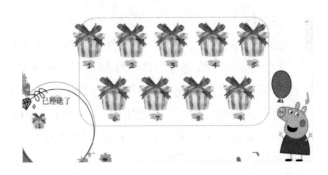

（2）感知理解10分成2和8。

教师活动2：出示佩奇给小兔瑞贝卡送礼物的图片，提问：佩奇给小兔瑞贝卡送出第二份礼物，还剩下几个礼物呢？

幼儿活动2：幼儿点数剩下的礼物数量，并用连贯的话说出送出去的礼物数量和剩下的礼物数量。

 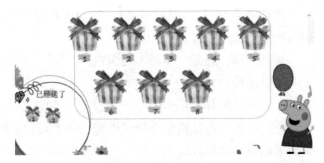

（3）通过继续给"羚羊夫人""大象艾米丽""狐狸弗雷迪""小狗丹尼""小兔理查德""长颈鹿杰拉德""猪爸爸""猪妈妈"分别送出礼物，感知理解10的分解与组成。

环节四：

设计意图：通过"凑10"的游戏，帮助幼儿练习和巩固10的分解与组成。

教师活动1：佩奇希望能继续留在狐狸先生的商店里工作，但是要留下来继续工作，需要通过狐狸先生的考验，他邀请佩奇和他一起玩"凑10"的游戏。

提问：狐狸先生开始讲解规则：这里有1—9的卡片，我从里面抽出一张卡片，你看看上面的数字，然后在剩下的卡片里抽出相应的一张，正好和我卡片上的数字凑成10。你准备好了吗？

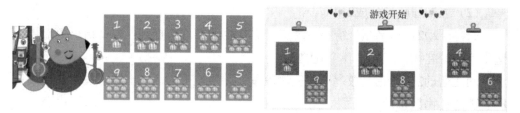

教师活动2：分别出示数字1、2、4等数字卡片，请小朋友说出对应的能凑成10的数字，进行练习。

幼儿活动：进行"凑10"的游戏。

活动延伸：

1. 请家长打印"凑10"的游戏卡片，和幼儿在家玩"凑10"的游戏（如果幼儿经验未达到，可以将数字降低难度，比如玩"凑8"的游戏，也可以通过增加玩家数来增加游戏的难度。）

2. 家长和幼儿一起完成配套的练习。

六、学习评价设计

活动名称	《狐狸先生的商店》	活动领域	科学领域——数学
活动对象	大班幼儿	授课时长	10分钟
类型	作业要求		玩法
练习			1. 请数清楚与鸡窝对应的"小鸡"数量并将小鸡送回家。 2. 请数清楚与盘子下数字对应的"苹果"数量并分到盘子里。

续表

游戏	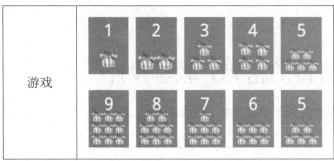	两人一起玩"凑10"的游戏，其中一人抽出任意一张卡片，玩伴从剩下的卡片中找出能凑成10的就算成功（游戏还可以根据需要通过增加玩家数量增加难度，将目标数字减小，如"凑8"降低难度。）

七、教学反思

随着全球信息技术飞速发展，国家出台《教育信息化2.0行动计划》《中国教育现代化2035》《教育信息化"十四五"规划》《教师数字素养》等一系列政策文件，通过国家大力推进，教师队伍教育信息化水平逐步提升。微课以"短、小、精"、能重复播放和随时暂停等特点，成为幼儿教师实施教育的重要资源。本微课利用幼儿喜爱的动画片人物角色创设游戏化情景，吸引幼儿在观看微课视频过程中动手动脑，在游戏和实际操作中学习"10的分解与组合"。在微课结束后辅以配套练习，便于了解幼儿掌握情况，并为幼儿准备"礼物"卡片，帮助幼儿更好地练习与巩固。本活动幼儿感兴趣并易于理解，目标达成情况好，如果将"分解礼物图片中""已经送了"的那部分图片配有相关动物的图片更易于幼儿理解，情景会更加生动。

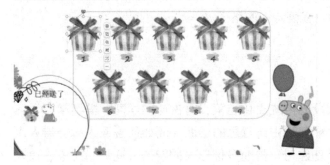

《破解古诗的密码》教学设计

成都市实验小学新雅校区　　张晓娟

学科学段：小学语文

授课年级：四年级

课时安排：1课时

一、教学内容分析

　　小学生读懂古诗的方法一般为以下几种：了解写作背景、了解诗人经历、借助注释理解古诗大意、抓住关键字词想象画面体会诗人情感。借助注释可以帮助学生读懂诗意，借助背景资料和关键字词可以帮助学生感悟诗情。古诗的用字非常凝练，关键字词在不同的诗中有不同的侧重，有的是诗中描绘的景物，有的是精准传神的动词，有的是带有诗人独特情感的形容词，有的是点亮画面的色彩词等。借助这些方法读懂古诗之后，还可以利用这些方法试着去仿创古诗，既学以致用，又再次强化了理解诗意、感悟诗情的路径。

二、学情分析

　　小学中段孩子已经走过低段的传统文化启蒙，对古诗的学习，需要掌握学习的方法，但大多停留在借助注释理解古诗意思的层面，而如何去深入体会诗人表达的情感，还需要提供支架反复练习。借助多种形式的朗读、视听、想象、代入角色、单字仿创、替换比较、独立创造、深情吟诵等方式，让孩子离古诗更近一些，离诗人更近一些，从而使读懂古诗与感悟中国传统文化的博大精深目标同步达成。

三、学习目标

　　1. 阅读与鉴赏：能通过借助背景资料、诗中景物、诗中动词、诗中色彩等方法理解古诗意思、体会诗人情感。

2. 表达与交流：能借助景物、动词、色彩仿创童诗。

3. 梳理与探究：能梳理理解诗意、感悟诗情的四种方法，感受古诗表达的精妙，体会中国传统文化的博大精深，增强文化自信。

四、学习重难点

1. 阅读与鉴赏：能通过借助背景资料、诗中景物、诗中动词、诗中色彩等方法理解古诗意思，体会诗人情感。

2. 表达与交流：能借助景物、动词、色彩仿创童诗。

五、教学准备

PPT、春景视频。

六、学习评价

1. 能借助背景资料、诗中景物、诗中动词、诗中色彩等方法理解古诗意思，体会诗人情感，得到一颗☆。

2. 能借助景物、动词、色彩仿创童诗，得到一颗☆。

3. 能梳理本课所学的理解诗意、感悟诗情的四种方法，得到一颗☆。

七、教学过程

环节一：回忆旧知，痛点导入

教师活动：谈话导入。

同学们，通过四年的学习，你一定会背诵很多古诗吧？

学生活动：自由背诗。

古诗短小凝练，却蕴藏着丰富的内容和情感，对我们小学生来说，有时候理解起来确实有些困难，今天老师就带着大家一起去寻找破解古诗的密码。

【设计意图：连接过往旧知，以诵读古诗导入，给全课奠定古色古香的诗意氛围，为探索祖国传统文化拉开序幕。】

环节二：借助密码，学习古诗

（一）密码1——借助背景资料

教师活动1：引导提问。

出示《早发白帝城》题目，学生齐读。读了这个题目，你想提什么问题？

学生活动1：自主提问。

A. 谁早发白帝城？　B. 要到哪里去？　C. 为什么会从白帝城出发？

教师活动2：引导解决问题。

学生活动2：读读背景资料。

出示作者和诗句，齐读。解决了哪些问题？A. 谁早发白帝城？B. 要到哪里去？李白要去江陵。那第三个问题为什么会从白帝城出发？诗里能找到答案吗？（不能）。这时候需要我们去找找这首诗的背景资料：

李白因受人牵连，被流放到夜郎（地名，今贵州省）。去夜郎的路上山水迢迢，第二年春天才走到白帝城。正当他万念俱灰、黯然神伤的时候，却突然收到消息：连日大旱，皇帝为让大唐转运，宣布大赦天下。李白幸运地被赦免了。他重获自由，决定马上从白帝城出发，赶回江陵。

现在知道李白为什么会从白帝城出发了吗？短短一个题目，我们已经读出了这么多内容，找到破解古诗的第一个密码，那就是借助背景资料。（板书：密码1——背景资料）背景资料让我们更清楚诗人为何写这首诗，更能体会诗人写这首诗时的情绪。

【设计意图：学生自主提问，自主读诗解答部分问题，尊重学生的个性化阅读感受。同时发现有的问题不能解答，第一个密码就适时出现，学生会更明白写作背景对理解古诗的重要性。】

（二）密码2——借助诗中景物

教师活动3：引导入境，感情朗读。抓住关键，体会心情。

学生活动3：代入作者，感情朗读。借助景物，破解密码。

李白被流放过程中历经艰险，前路生死未卜，突然听到被赦免了，重获自由了，你猜猜他的心情是怎样的？（喜悦、激动、兴奋、急切）请带着这样的心情来读这首诗。诗句中哪些字词让你感受到诗人的心情是无比喜悦、急切的呢？学生回答景物名称，有感情朗读。

师生共同小结：通过上面的学习，我们知道了这首诗表达了诗人因为（　　）而（　　）的心情。回归整诗，再次有感情朗读：假如你就是李白，受人牵连被判罪流放，一朝突然被赦免，你迫不及待打点行李，登上小船，回头遥望那高高地耸立在彩云之间的白帝城，你写下了这样的诗篇，齐读。

师生小结：我们是通过这些描写景物的字词来展开想象，帮助我们体会诗人的心情的，我们一起找到了破解古诗的第二个密码。（板书：密码2——诗中景物）

【设计意图：引导学生寻找古诗中能表达诗人情感的字词，关注景物的状态，感受到"一切景语皆情语"，从而得出读懂古诗的第二种密码——借助景物。】

（三）小组学习，运用密码1、2

教师活动4：创设情境，引生入境。

时间倒流回1200多年前，唐朝另一位诗人张继来到了苏州城。那是一个寂静的晚上，也是在一艘小船上，他正默默沉思，无法入眠。直到夜半时分，一阵缓慢而悠长的钟声响起，从城外的寒山寺传到了他乘坐的客船。张继在这半夜的钟声里，写下了这样一首诗，请齐读。

学生活动4：朗读古诗，合作学习。

1. 小组合作，出示要求：（1）借助注释说说诗句意思。（2）自由阅读背景资料。（3）合作圈出景物，想象景物带给你的感受。（4）写出你们体会到的诗人心情。

学习任务单一

一、背景资料

公元755年，唐朝爆发了安史之乱。这场战乱持续了7年，使得繁荣的唐朝国力大大减退。当年叛军造反，一路杀进长安，长安无法抵挡。不少文人纷纷逃亡到今江苏、浙江一带避乱，其中也包括诗人张继。

二、圈出诗中景物

枫桥夜泊
唐　张继

月落乌啼霜满天，江枫渔火对愁眠。

姑苏城外寒山寺，夜半钟声到客船。

三、我能体会

通过背景资料和诗中景物，我知道了这首诗表达了诗人因为（　　　　　）而（　　　　　）的心情。

2. 小组上台展示交流：

汇报要点：

（1）诗中提到的景物有：（　　　　）它们给人带来（　　　　）的感受。

（2）我们组认为这首诗表达了诗人因为（　　　　）而（　　　　）的心情。

（3）感情朗读：就让我们化身千年前的张继，带着满满的愁绪读读全诗吧。

【设计意图：引导学生迁移方法，学以致用。学完两种方法——借助背景资料、诗中景物，马上设计练习进行运用。选材上，从李白的喜转换到张继的愁，一喜一愁，既让孩子的练习更具变化，又让孩子体会到诗人情感的多样性。】

（四）密码3——借助诗中动词

教师活动5：引导学生，发现动词。

学生活动5：朗读诗句，发现动词。

鸟宿池边树，僧敲月下门。——贾岛《题李凝幽居》

绿杨烟外晓寒轻，红杏枝头春意闹。——宋祁《玉楼春·春景》

1. 诗句中哪些动词引起了你的注意？（宿、敲）鸟儿栖息在池塘边的大树上，给你什么样的感觉？（安静、闲适）你从敲字读懂了什么？换成"推"字好不好？为什么？

2. 我们借助动词能更准确而恰当地理解诗句要表达的意思，所以破解古诗的密码3就是诗中动词。（板书：密码3——诗中动词）

3. 诗人贾岛反复考虑用推还是用敲这个故事后来就流传开来了，我们现在把斟酌用字的情形称为推敲。接下来我们就来推敲推敲这句诗里的动词吧。

出示：绿杨烟外晓寒轻，红杏枝头春意闹。条条绿柳在霞光晨雾中轻轻摆动，冬日寒气减轻，粉红的杏花开满枝头，春意盎然。

4. 这句里的"闹"字给你什么样的感受？（红杏花开得热闹、繁多、春意盎然）换个动词"满""来"，分别读读，感觉怎么样？（没有"闹"字体现出花儿的繁多和生机盎然）

5. 诗中的一个动词原来并不简单呀，它能帮助我们更准确地理解诗意，体会诗人情感。我们也来学着古人推敲一下，请你选出更恰当的动词，并说说理由。

学生活动6：迁移运用。

（1）选一选

　　（闻　追）　　　　（映　生）

蜂蝶（　）幽香，翠柳（　）池塘。

感情朗读：春暖花开，蜂蝶围绕，柳枝飘飘，水波荡漾，让我们读出春天的美好。齐读。

（2）填一填

江南风景如画，人皆夸。

湖水荡漾，清清见鱼虾。

蜂蝶（　　），柳（　　）芽，

三月春色悦大家。

教师活动6：鼓励点评。

同学们有好几种不同的填法，你更喜欢谁的，为什么？相信在小诗人心中，自己的填法最好，因为每个人都有自己不同的感受和想法。一起读读自己补充的诗。

点评：你们太棒啦，不仅会读诗，而且会写诗了，为你们点赞！

【设计意图：出示典型的诗句，让孩子自主发现诗中那些独特的动词，通过想象画面、替换动词、自己尝试选择动词、斟酌动词等教学方法，让孩子更深刻体

会动词的精准和表情达意的精妙。】

（五）密码4——借助诗中色彩

1. 日出江花红胜火，春来江水绿如蓝。

2. 梅子金黄杏子肥，麦花雪白菜花稀。

学生活动7：猜上面诗句中藏着的密码。

诗句中有很多表示颜色的词，这是密码4——诗中色彩，板书。

教师活动7：引导学生想象画面。

这些颜色词让一幅幅美丽的画面生动形象地呈现在我们眼前，不仅让我们理解了诗意，更能让我们从中体会到诗人对这些事物的喜爱之情。让我们想象着这样的画面再读诗句。

【设计意图：出示典型的诗句，让孩子自主发现诗中的色彩词，通过调动感官、想象画面，让孩子体会色彩词在构建画面时的重要性，让孩子掌握理解写景诗的方法。】

环节三：综合运用，仿创童诗

教师活动8：带入情境，播放春日凤凰湖视频。

学生活动8：借助景物、颜色、动作创编童诗。

明媚的四月迈着轻轻的步子，向我们走来。我们在五彩斑斓的春天去寻找颜色，去寻找诗意，一起去逛逛春日的凤凰湖吧。（出示视频。）我们班的小诗人，你们能根据视频和提示创作一首小诗，写出春天的美好，表达出自己对春天的喜爱之情吗？

学习任务单二

小提示：

凤凰湖边风景好，

（景物）（颜色）含羞（动作）。

（动物）（动作）花间舞，

（景或人）（动作）赞春妙。

练习单：

凤凰湖边风景好，

____ ____含羞__。

____ ____花间舞，

____ ____赞春妙。

展示评价：我仿佛看到了娇艳的樱花肆意绽放，蜜蜂蝴蝶翩翩起舞，游人如织，心情舒畅，尽情享受这人间美妙的春光。让我们一起读出自己的春日小诗吧。

【设计意图：学习活动的设计体现综合性和实践性。与孩子的生活链接，与当

下的季节链接，学以致用，既是今日学习成果的练习和检测，也是学习活动向生活实践的延伸。】

环节四：梳理总结，升华感知

师生活动9：梳理总结。

今天我们拿到了哪些破解古诗的密码？古人表达自己心情或情感的方式很多，他们将自己丰富的情感浓缩在了景物、动词、色彩之中。

简练的语言，多样的表达，丰富的思想与情感，造就了古诗这块文化瑰宝。希望同学们以后能去多读、细品更多的古诗，感受其中那无穷的精妙。

让我们一起去探寻古诗的璀璨星空，去摘取那些在岁月流转下依然闪闪发光的星星！（PPT滚动显示名诗句）师生合作配乐深情吟诵：一年好景君须记……等闲识得东风面……

【设计意图：从学习方法、人文情感等方面去总结梳理今日所学。以学生诵读古诗开课，以师生合作诵读古诗结课，将文化传承融于深情吟诵之中。】

八、板书设计

破解古诗的密码

密码1——背景资料——感受、情绪

密码2——诗中景物——感受、情感　　　理解诗意

密码3——诗中动词——感受、画面　　　感悟诗情

密码4——诗中色彩——画面、情感

九、教学反思

1. 结合课标，思考教学价值，精心选取教学资源。

新课标指出，中段学生能联系上下文，体会关键词句表达情意的作用以及体会文章表达的思想感情，初步认识中华优秀传统文化蕴含的思想和智慧。古诗的理解与品味是学习中华优秀传统文化中重要的一部分。本课精心选取了《早发白帝城》《枫桥夜泊》整诗，《题李凝幽居》《玉楼春·春景》《忆江南》《四时田园杂兴》等选句组合在一起，旨在通过写诗背景、诗中景物感悟《早发白帝城》《枫桥夜泊》的"一喜一悲"，通过动词和色彩词感悟诗中画面，准确理解诗意，体会诗人情感。

2. 合理运用信息技术、课堂任务单来设计学生活动，确保学生课堂主体地位。

本课从理解古诗的四个密码入手，设计学习活动，让学生去发现背景资料、诗中景物、诗中动词、诗中色彩在理解诗意、感悟诗情方面的作用。在仿创环节，多媒体适时出示相应美景图片、视频，既提升了学生的直观感受，也激发了独立创作的兴趣，为后面的梯度创作提供材料。设计课堂任务单，从小组合作到个人完成，从口头任务到书面表达，学生全体全程参与到学习中，较好地完成了课堂上的语言实践，课堂主体地位得到体现。

3. 本堂课呈现出的学习成效及不足之处的思考。

从课堂上的学生回答、课堂任务单上的作品呈现、课后学生的访谈来看，学生通过这堂课的学习，能较好地运用这四大密码来理解诗意和感悟诗情。能够精细地区分诗中动词表达情感的细微差别，能够根据情境、画面选取恰当的景物、色彩和动词来创作小诗。本课将古诗学习的路径变得清晰。

但本次教学也有不完善之处：还有很多古诗不能够用以上四种方法来理解，也有一些古诗仅仅看诗中景物、动词或色彩是不能准确体会诗人情感的，这些不能涵盖其中的古诗，应在课堂结尾环节给予一定的呈现，让学生去发现理解古诗意思、体会诗人情感的途径远不止今天课堂上的这些，也给课堂留下一个开放的结尾。

《舌尖上的天府文化》教学设计

成都市青白江区祥福小学　喻培洁

学科学段：小学语文综合实践活动
授课年级：五年级
活动时间：一周

一、活动简介

（一）活动背景

《义务教育语文课程标准》（2022年版）指出，语文课程培养的核心素养，是学生在积极的语文实践活动中积累、建构并在真实的语言运用情境中表现出来的，是文化自信和语言运用、思维能力、审美创造的综合体现。我们要增强课程实施的情境性和实践性，提升学生的思想文化修养，建立文化自信。

文化自信是一个国家、一个民族发展中更基本、更深沉、更持久的力量。彰显文化自信，强化文化担当，提升文化影响力，是华夏儿女建设世界未来文化发展的重要历史使命。2023年6月2日，习近平总书记在文化传承发展座谈会上发表重要讲话。"要坚定文化自信、担当使命、奋发有为，共同努力创造属于我们这个时代的新文化，建设中华民族现代文明。"以习近平总书记重要讲话精神为指导，不断深化对文化建设的规律性认识，更好担负起新的文化使命，在新的历史起点上继续推动文化繁荣、建设文化强国、建设中华民族现代文明。

成都市第十三次党代会报告中提到"传承巴蜀文明，发展天府文化，努力建设世界文化名城"。以"创新创造、优雅时尚、乐观包容、友善公益"为内涵的天府文化既有历史连续传承性，又有时代创新性，根源于中华文化，与成都发展相伴相生，是具有强大生命力的文化。

开展"舌尖上的天府文化"综合实践活动，丰富学生对"文化"这一抽象概念的理解，促进学生弘扬天府文化，力争做新时代好少年，成为文化的坚定追随者和传承者。学校担负着弘扬文化的育人职责，本次活动借助于教师丰富的文化知识传授经验，发挥学校弘扬文化的重要阵地优势。

（二）学情分析

青白江是成都市市辖区，位于成都市北部。本次授课年级为五年级，本校五年级学生日常会接触到各种各样的天府美食，但多数学生并不了解美食的制作过程，对美食中蕴含的文化精神更是知之甚少。探究天府美食对学生有一定的吸引力。同时，该年龄段学生正处于神经系统发展阶段，观察力、注意力、思维力等不断增强。学生能排除一定干扰，集中注意力观察事物，有自己的判断，并且具备一定的逻辑推理能力，自我意识更加强烈，可采取个人探究与小组合作等方式来调动学生的学习参与性。

本次主题以天府美食为载体，通过学生认识美食、制作美食、分享美食（分享对象既有父母、老师、朋友等身边人，也有白衣天使、公安民警、环卫工人等基层劳动人民）、总结反思等，不断走近天府文化，感知文化的魅力，解决天府文化在学生心中落地生根的问题。

（三）相关学科核心知识

语文：具有日常口语交际的基本能力，学会倾听、表达与交流，能具体明确、文从字顺地表达自己的见闻、体验和想法。能根据需要，运用常见的表达方式写作，发展书面语言运用能力。

劳动：培养学生动手动脑的能力。

历史：认识中华历史文化的博大精深，做好历史文化的传承与发展。

美术：手抄报版面设计制作，相关色彩搭配技能。

（四）活动时长与课时安排

活动时长：一周左右，所需18课时

第一阶段（活动准备阶段）：4课时

第二阶段（活动实施阶段）：7课时

第三阶段（活动总结与反思阶段）：4课时

第四阶段（拓展与延伸阶段）：3课时

二、指导思想和理论依据

《义务教育语文课程标准》（2022年版）指出，开展跨学科学习要引导学生掌握问题探究的基本步骤和方法，学会提炼、表达、呈现学习成果，着重培养学生综合运用多学科知识解决实际问题的能力。

《中小学综合实践活动课程指导纲要》指出，课程开发要面向学生的个体生活和社会生活，注重学生主动实践和开放生成，鼓励学生从自身成长需要出发，选择活动主题，主动参与并亲身经历实践过程，体验并践行价值信念。

本次活动从学生的真实生活出发，通过探究美食与文化的关系、参与美食制作、主动服务他人等方式，促进学生弘扬天府文化，做新时代好少年。

理论依据：

（一）项目学习理论

项目式学习是针对感兴趣的学习项目，基于问题探究，利用相关资源，通过解决问题，学生从中获得较为完整的知识，形成专门技能并获得发展性的学习。

本次活动基于天府文化落地生根这一问题，通过自主实际感知、合作探究操作、充分展示成果、深入总结反思来尝试解决问题，提升学生的综合能力。

（二）人本主义学习理论

人本主义学习理论强调注重启发学习者的经验和创造潜能，引导其结合认知和经验，肯定自我，进而自我实现。

本次综合实践活动以学生的日常美食经验生长为中心，引导学生结合自身经验，探究文化问题，促进学生结合兴趣，探究解决问题，开展有意义的学习。

三、主题活动目标

（一）价值体认

主动参与本次活动，获得文化价值体验。深化对天府文化的认识，关心文化生活，提高学生对家乡天府文化的认同感、归属感、自豪感。增强学生弘扬天府文化、做新时代好少年的历史使命感。

（二）责任担当

增强学生的文化参与意识与社会服务意识，培养学生养成热爱天府文化、热爱家乡、热爱生活的态度，具有积极参与学校和社区文化生活的意愿。

（三）问题解决

以美食为切入口，关注生活中的美食，通过美食走近文化，研究有关天府文化的认识与弘扬的问题，体验研究过程与方法，形成对天府文化知识的积累、文化的展示经验与技能等。

（四）创意物化

1. 学生制作的各种天府美食

2. 学生习作、手抄报作品

3. 学生学会的操作技能：购买、分工、制作、分享等

四、活动过程

(一) 活动过程流程图

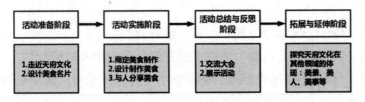

(二) 具体内容

第一阶段：活动准备阶段

课时安排：4课时

环节一：走近天府文化 (2课时)

学生任务：

1. 探究天府文化的背景、内涵、意义等。

2. 收集天府美食名称、特点、制作过程等。

3. 思考天府文化在美食中的具体体现。

教师指导：

1. 提供学习途径：在互联网上收集、去图书馆查询、向家中长辈请教等。

2. 指导学生探究天府文化与美食之间的关系，重点探讨天府文化"创新创造、优雅时尚、乐观包容、友善公益"十六字内涵在美食中的具体体现。

【设计意图】将天府文化与日常生活中的美食进行紧密联系，激发学生兴趣，从美食的角度探究天府文化的价值。

环节二：设计美食名片 (2课时)

学生任务：

1. 每个小组选定一种天府美食，商定设计名片内容。

2. 全班汇报交流。

教师指导：

修改完善天府美食名片。

【设计意图】梳理美食元素，形成系统化认识，促进学生从中挖掘文化因素。每组选定一种，有针对性地开展具体设计。全班交流时，能充分体现美食内容的多样化。

第二阶段：活动实施阶段

课时安排：7课时

环节一：分组商定美食制作（1课时）

学生任务：

1. 根据天府美食名片，每组选定一种美食，商定购买食材。

2. 合作学习制作过程。

教师指导：

1. 食材购买途径：网上、实体店（超市、菜市场等）。

2. 提供学习途径：在互联网上收集、去图书馆查询、向家中长辈请教等。

【设计意图】有针对性地商定美食制作，引导学生学会合作学习，解决实际问题，也为深入挖掘美食中的文化因素奠定基础。

环节二：参与美食制作（3课时）

学生任务：

1. 小组分工合作，在学校完成美食制作。

2. 探究天府文化在美食制作过程中的具体体现。

教师指导：

1. 做好美食制作过程中的安全提示，确保安全第一。

2. 美食制作的经验传授。

3. 引导挖掘"创新创造、优雅时尚、乐观包容、友善公益"为内涵的天府文化在美食制作过程中的具体体现。

【设计意图】增强学生的活动参与感与体验感，锻炼学生动手动脑的能力。美食中蕴含着丰富的文化，引导学生探究天府文化与美食的紧密联系。

环节三：分享美食（3课时）

学生任务：

1. 以小组为单位，在学校，组与组之间分享美食。

2. 以小组为单位，走入社区，与社区白衣天使、公安干警、环卫工人等基层劳动人民分享美食。

3. 以个人为单位，回到家庭，与父母分享美食。

4. 探究天府文化在美食分享过程中的具体体现。

教师指导：

1. 组织学生参与社区活动，做到安全有序。

2. 提前进行家校沟通，配合学校教育，后期了解反馈情况。

3. 引导挖掘"创新创造、优雅时尚、乐观包容、友善公益"为内涵的天府文化在美食分享过程中的具体体现。

【设计意图】"友善公益"是天府文化的内涵之一。分享是友善的体现，分享给一线劳动人民，更是暖人心的公益行为。引导学生学会分享，主动分享，在活动中体会分享的价值，用实际行动践行"友善公益"，帮助学生更加充分地感悟天府文化。

第三阶段：活动总结与反思阶段

课时安排：4课时

环节一："舌尖上的天府文化"交流大会（2课时）

学生任务：

1. 收集整理活动资料。

2. 小组讨论，推荐代表进行全班汇报交流。

3. 撰写心得体会，回家读给家长听，与家长开展交流。

教师指导：

1. 推荐收集多种类型的资料：图片、视频、问卷报告、故事等。

2. 指导小组代表，补充完善汇报内容。

3. 指导完善心得体会。

4. 家校沟通，了解反馈情况。

【设计意图】引导学生学会收集资料，提升整理资料的能力，通过口头语言和书面语言，表达活动感受，激发学生的思维火花，丰富其对天府文化的全面认识。

环节二：展示活动（2课时）

学生任务：

1. 图文并茂，设计制作"舌尖上的天府文化"宣传手抄报。

2. 组织开展手抄报作品展示活动。

教师指导：

1. 手抄报制作要求。

2. 组织开展手抄报作品评选活动。

【设计意图】在"舌尖上的天府文化"交流大会的基础上，通过图画语言，再次深化学生对天府文化的认识。

第四阶段：拓展与延伸阶段

天府文化博大精深，内容包罗万象。美食是体现天府文化的领域之一。在生活中，还有哪些领域可以充分体现天府文化的深刻内涵？请继续探究天府文化在其他领域的具体表现，感受文化的无处不在，感悟文化的无限魅力，让看不见摸不着的文化，时刻浸润我们的心灵，启迪我们的智慧。

课时安排：3课时

学生任务：

1. 以小组或个人为单位，任选一个领域（美食除外），探究天府文化在该领域的具体表现。

2. 小组代表或个人进行全班汇报交流。

教师指导：

1. 领域推荐：美景（有代表性的旅游胜地）；美人（成都好人、成都工匠等）；美事（道德模范先进事迹等）……

2. 完善汇报内容。

【设计意图】注重学生研究的深度与广度，继续关注天府文化的其他展示领域，深化活动主题，扩宽学生的研究领域，进一步培养学生的综合能力。

五、活动评价设计

1. 过程性评价

观察学生美食制作的过程，评价学生是否通过学习会亲自制作或是在小组合作下，完成美食制作。观察学生美食分享的过程，评价学生是否能主动分享，是否能体会到分享的意义。

2. 总结性评价

评价本次综合实践活动的整体实施效果。在实践过程中，以美食为切入口，学生整体是否能深入认识天府文化的内涵以及个体的学习效果。

3. 评价形式

将自我评价、教师评价、同伴评价、家长评价和社区评价相结合，以星级评价加文字评价的双重形式，记录在活动评价表中。借助信息技术将学生的心得体会、活动照片等资料导入学生成长记录袋。

六、课堂教学设计（活动准备阶段：环节一 走近天府文化）

（一）教学目标

1. 认识天府文化。

2. 品味天府文化十六字内涵，感受美食中蕴含的天府文化，激发学生对天府文化的认同感与自豪感。

3. 弘扬天府文化，培养学生做新时代好少年的意识。

（二）教学重难点

教学重点：品味天府文化十六字内涵，感受美食中蕴含的天府文化，激发学生对天府文化的认同感与自豪感。

教学难点：弘扬天府文化，培养学生做新时代好少年的意识。

（三）教学准备

学生：收集天府文化的相关介绍，了解描述美食的谜语、历史文化小故事及身边人弘扬天府文化的做法。

教师：整理"天府文化""火锅""奶奶厨房"等相关视频；美食图片；知识竞赛题库；PPT课件；板书贴图文字。

（四）教学过程

活动一 认识天府文化

1. 说文解字"府"

今天老师给大家带来了一位新朋友，它的名字叫"府"，这是它古时候的样子"府"，由两部分构成，上部分代表着一座房子的屋顶，下部分代表房子里的财富。

2. 了解"天府"的来源

在古时候，财富就是："田肥美，民殷富，战车万乘，奋击百万，沃野千里，蓄积饶多，地势形变。"——《战国策·秦策》拥有这些财富的地方，即为："天府，天下之雄国也。"如今在我们中国有一座城市被称为天府之国，那就是成都。

3. 引入"天府文化"

咱们的家乡成都是"国家历史文化名城"，有3000多年的历史，在这片富饶的土地上，形成了独具特色的天府文化。（视频：天府文化宣传片）

【设计意图】了解从"府"到"天府"，再到"天府文化"的内容，引导学生初步认识天府文化十六字内涵，为接下来品味天府文化奠定基础。

活动二 品味天府文化

（一）总结视频内容，导入课题

视频中出现关键词：创新创造、优雅时尚、乐观包容、友善公益。它们就是今天课堂上的主角——天府文化。民以食为天，今天咱们就通过美食来品味天府文化。

（二）引入火锅，品味"时尚"与"包容"

1. 猜谜语：谜面：中间是火山，四边是大海，海里宝贝多，要想捞上来，等到海浪翻。谜底：火锅

2. 观看吃火锅视频，交流：你最喜欢加什么配菜？

3. 出示火锅协会的社会调查，讨论：你发现了什么？

4. 出示相关外国人吃火锅的图片及新闻标题，讨论：你又发现了什么？

总结：如今火锅非常流行，用咱们天府文化中的一个词语来说，吃火锅已经变成了一种什么？（贴：时尚）

5. 观看火锅底料视频，交流：你看到了什么？天府文化中的哪一个词最能体现视频中的内容？（贴：包容）

总结：孩子们，你们看，吃火锅，既可以满足身体的需要，还可以品味出咱们的天府文化。

（三）引入开水白菜，品味 "创新创造" 与 "优雅时尚"

1. 咱们再通过一道看似清淡的菜来品味天府文化的内涵。它，有个不起眼的名字，你理解的开水白菜是什么样的？

2. 讲述开水白菜的故事。

3. 交流：你对开水白菜有了哪些新认识？

4. 观看视频，思考开水白菜的制作过程体现了天府文化的哪些方面？（贴：创新创造）

5. 在大师手中，白菜还可以开花，（观看白菜开花视频）你感觉怎样？这体现了咱们天府文化中的哪个方面？（贴：优雅）

6.我来制作美食：一棵白菜在你的手中，今天让你做给家人吃，你会选择怎么做？图片展示：醋熘大白菜、排骨白菜汤……你看，咱们也会创新创造。

总结升华：从古至今，咱们的祖辈用勤劳的双手和智慧推动着川菜从起源到成型，出川、独立菜系、中国第一菜系，乃至如今走向世界，这意味着天府文化将在世界范围内传播，咱们政府提出要把家乡建设成世界文化名城。这需要咱们的共同努力。

【设计意图】以 "火锅" "开水白菜" 等美食为例，引导学生感受美食中蕴含的天府文化，激发学生对天府文化的认同感与自豪感。

活动三   弘扬天府文化

（一）引入 "奶奶厨房"，品味 "乐观" "友善" 与 "公益"

1. 在我们身边有一位71岁的老奶奶，她在用实际行动来弘扬天府文化，咱们来走进她的故事。

2. 观看视频，交流：奶奶是如何弘扬天府文化的？体现了天府文化内涵的哪些方面？（贴：乐观 友善 公益）

（二）了解身边的活动

咱们周围的孩子也在开展弘扬天府文化的活动，他们有的在室外进行经典诵读比赛，有的办手抄报，有的讲故事……

（三）开展知识竞赛，弘扬天府文化

今天，咱们班要举行一次弘扬天府文化的知识竞赛。老师出题，班长当记录员，咱们分四个小组，开始答题！

第一关 必答题 （判断正误）

1. 天府文化十六字内涵：创新创造、优雅时尚、乐观包容、友善公益。

2. 天府文化早已融入我们的饮食生活中。

3. 弘扬天府文化是大人的事，与我们小学生无关。

第二关 抢答题

1. 看图猜美食：麻婆豆腐 回锅肉 甜水面

2. 做美食的文化体现：

做美食前，把双手洗干净，系上围裙。（优雅）

做美食时，如果一次不太成功，也没关系，我相信自己多尝试几次，就能做好。（乐观）

做好的美食，分享给我的同学。（友善）

3. 其他方面的文化体现：

利用课余时间制作小发明（创新创造）；去敬老院看老人（公益）

第三关　加分题

弘扬天府文化，我们一起行动。从今天起，你打算怎么做？

（提示：请选择天府文化十六字的某一方面来谈）

知识竞赛活动小结

（四）本课总结：

孩子们，今天咱们通过美食，通过比赛，从整体上认识了天府文化的内涵。但这远远不够，因为还有大量丰富的知识需要我们去探索，希望大家在今后的学习生活中能更深入地品味天府文化。

【设计意图】以"奶奶厨房"为引线，以知识竞赛的形式，通过小组合作，激发学生积极弘扬天府文化，培养学生做新时代好少年的意识。

七、教学反思

本次综合实践活动遵循学生的年龄与心理特点，充分利用美食资源，以美食的角度来探讨天府文化"创新创造、优雅时尚、乐观包容、友善公益"十六字内涵，引导学生亲身体验和积极实践美食的制作过程，深切体验分享美食的意义，树立文化自信。

整个综合实践活动从课堂走向课外，从学校走向社区和家庭，促进学校、家庭、社区三者的相互联系与融合，促进学生学习与实际生活的紧密联系，为学生的发展提供开放的空间，进一步培养学生运用多学科知识解决实际问题的实践能力及良好的个性思想品质。

本次活动还可以通过横向对比的方式，进一步探究天府美食与其他区域美食的差异性，引导学生体验美食的丰富性，探究天府文化的独特性与深刻性，激发学生的探究精神，还可以顺势引导学生确定相关研究专题，开展研究性学习，学习科学研究的方法，增强学生的创新意识与探究精神，深入培养学生跨学科学习的能力。

《数学好玩——再探图形面积》教学设计

成都市青白江区大弯小学北校区　肖孝章

学科学段：小学数学
授课年级：五年级
课时安排：1课时

一、教学内容分析

多边形面积的计算是小学阶段中一个非常重要的内容，教材中学习了图形面积计算的一般方法。本课的教学内容让学生能灵活运用这些知识来解决计算图形面积的问题，发展学生的核心素养。

二、学情分析

学生已经掌握了平面图形的面积计算方法，并能运用这些知识来解决一些实际问题，但还不能通过观察图形发现图形的特点，分析图形的构成，来灵活有效地选择计算方法并进行正确的解答以及一题多解。

三、学习目标

1. 在解决图形面积的相关问题中，探索图形面积的计算过程，进一步体会"转化"思想。

2. 学生通过独立思考、合作交流、分享汇报，体会解决问题方法的多样性，能正确计算图形的面积。

3. 在探索图形面积计算方法的过程中，丰富图形变化的经验，进一步发展空间想象能力和思维的灵活性。

四、学习重难点

让学生通过独立思考、合作交流、分享汇报，体会解决问题方法的多样性，能正确计算图形的面积，丰富图形变化的经验，发展空间想象能力和思维的灵活性。

教学准备：几何画板课件、题单

五、教与学活动设计

（一）复习旧知，导入新课

师：同学们，看了今天的课题，你有什么想说的？

师：你都会计算哪些图形的面积？怎样计算的？

【设计意图：通过谈话，发展学生读题审题的能力，回顾关于图形面积的相关知识，为新课的学习奠定基础。】

（二）研究关系，数学建模

1. 研究平行四边形与三角形的关系。

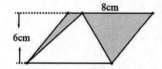 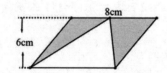 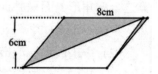

老师给出数据让学生观察，你从图中知道了些什么？

生：从图中可以知道平行四边形的底是8cm，高是6cm。

师：那你觉得这道题要让我们算什么呢？

生：阴影部分的面积。

师：那你能计算吗？2分钟时间算一算，算好了仔细观察，你有什么发现？

学生独立思考，并计算。

全班交流后，由教师引导总结探索的方法。

师：我们拿到一道题首先要做什么？

生：首先要明白题目中给出了哪些信息，要解决什么问题。

师：说得真好，我们要弄清楚题目给出的数学信息以及要解决的数学问题，这就是审题。

师：审题完成后我们还可以进行合理的猜测。当然只有猜测是不够的，我们还要做什么呢？

生：我们还要验证猜测，可以进行计算，也可以平移；等等。

师：验证完了呢？

生：根据验证，仔细观察，最后总结得出结论。

师：对，这就是我们的研究方法。那你能用这样的方法研究下面这个问题吗？

【设计意图：通过读题—审题—猜测—验证—总结的过程来研究平行四边形与三角形面积的关系，会用数学的思维思考问题并寻找解决问题的方法，最终探索并总结出研究图形面积关系的一般方法。】

2. 研究三角形与内接正方形的关系。

（1）先出示等腰直角三角形，不给数据。

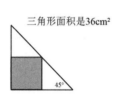
三角形面积是36cm²

三角形面积是48cm²

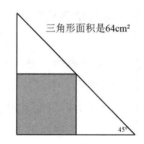
三角形面积是64cm²

师：仔细观察，你有什么发现？

生：这是一个等腰直角三角形，在里面画了一个最大的正方形。

师：猜测老师会给出哪些数据，然后请同学们先独立思考再小组讨论如何计算这个三角形的面积并计算，最后想一想你有什么发现。

学生小组合作学习。

（2）全班展示，汇报交流。

生：我们小组连接了正方形的对角线，发现将这个等腰直角三角形分成了4个大小相等的等腰直角三角形，所以它的面积是36÷4×2=18（平方厘米）

生：我们小组把上面的等腰直角三角形顺时针旋转180°就和下面的等腰直角三角形拼成了一个正方形，这个正方形的面积和阴影正方形的面积相等，所以它的面积是36÷2=18（平方厘米）

师：对于他们的想法你有什么想说的或者想问的吗？（引导学生质疑，如你怎么能确定4个三角形的面积相等呢？……）

【设计意图：运用研究图形面积关系的一般方法解决新问题，并在解决问题中感受从不同的角度思考问题，在相互启发、质疑、交流的过程中发展学生的数学语言表达能力。】

（三）课堂总结，巩固练习

师：在一个正方形中任意找一个点，再把这个点和正方形的4个顶点连接起来，将正方形分成了4个三角形，想想上下2个三角形的面积和正方形的面积有什么关系？

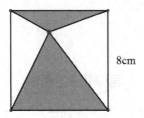

师：同学们先在小组里讨论讨论，下来再运用我们今天学习的方法进行研究，老师相信你们都能得到正确的结论的。

师：其实我们运用今天的研究方法能研究很多的问题，比如说下面第一个图中正方形的面积和等腰直角三角形的面积关系，第二个图中阴影的面积和斜边这两条线段的关系；等等。课后同学们都可以去研究研究。

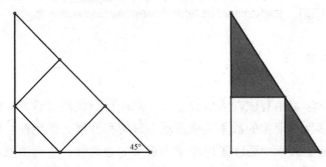

【设计意图：运用课堂中所学来解决实际问题，进一步巩固研究图形面积关系的方法，利用课后练习题给学有余力的学生留下思考的空间，发展学生的思维能力。】

（四）交流总结，分享收获

师：同学们在数学学习中有什么想和大家分享的吗？

【设计意图：让学生逐渐能养成反思总结的习惯，在交流分享的过程中不仅能让学生体会到学习的乐趣，同时也能感受成功的喜悦。】

六、学习评价设计

1. 能认真听老师讲课，听同学发言。（☆ ☆ ☆ ☆ ☆）

2. 能认真做好课堂笔记。（☆ ☆ ☆ ☆ ☆）

3. 能积极参与小组活动，团结协作，共同完成学习任务。（☆ ☆ ☆ ☆ ☆）

4. 善于思考能提出自己的质疑，能有条理地表达自己不同的看法，善于思辨，大胆尝试自己的想法。（☆ ☆ ☆ ☆ ☆）

5. 具有创造思维，能用不同的方法解决问题。（☆ ☆ ☆ ☆ ☆）

七、板书设计

再探图形的面积

读题	（三幅平行四边形图，标注 8cm、6cm）	变
审题	阴影部分的形状不同，但它的面积都是这个平行四边形面积的一半。	不变
猜测	三角形面积是36cm²　　三角形面积是48cm²　　三角形面积是64cm²	变
验证	（三幅三角形图，标注 45°）	
总结	三角形的面积变了，但阴影部分的面积都是这个三角形面积的一半。	不变

八、教学反思

　　人人在数学学习中有成功的体验，人人都能得到发展。数学知识、数学思想和方法必须让学生在现实的数学实践活动中理解和发展。学生在合作中交流，在体验中发展。课堂教学中要注重培养学生思维的独立性，还要注意培养学生吸取别人意见、与人合作的精神。让每个学生都有机会展示自己的思维，获得成功的体验，又要使学生学会协作，在互补反思中得到共同的提高，充分体验到成功的乐趣，从而真正成为学习的主人。

　　1. 利用图形变化，激发学生兴趣。

　　"兴趣是最好的老师"，利用图形变化，抓住学生的兴奋点，在猜测与验证中自然而然地引出平行四边形与阴影部分的面积关系探索，大大激发了学生好奇心和求知欲，使学生以良好的心理态势进入后面的探索活动中。

　　2. 在合作中交流，在体验中发展。

　　在课堂教学中，除了要注重培养学生思维的独立性，还要注意培养学生吸取别人意见、与人合作的精神。在本课教学中，我有意识让学生小组合作交流，全班分享中使每个学生都有机会展示自己的思维过程，获得成功的体验，又使学生学会协作，互助互补，注重了学生的主体性。

　　3. 巧妙设计活动，发展学生思维。

　　巧妙设计教学活动，层次清晰，逐渐提升思维难度，让学生在不断地挑战中拓宽思维的深度和宽度。让学生在观察、操作、验证、交流等过程中相互启发，在质疑中不断思考，发展学生思维的敏捷性、缜密性等。在这样的活动中去发展学生的数学眼光、数学思维和数学语言。

探索与发现（一）三角形内角和

青白江区实验小学 陈晓英

学科学段：小学数学
授课年级：四年级
课时安排：1课时

一、教学内容分析

"三角形内角和"是北师大版四年级下册第二单元的内容，这节课是在学生学习了三角形的概念及特征之后进行的，它是学习多边形内角和及解决其他有关实际问题的基础。教材创设了一个有趣的问题情境，引出探索活动。在活动过程中，先通过"画一画、量一量"，产生初步的发现和猜想，再"拼一拼、折一折"，引导学生对已有猜想进行验证，经历提出猜想—进行验证的过程，培养学生数学核心素养。

二、学情分析

学生已经掌握了三角形的概念、分类，熟悉了钝角、锐角、平角这些角的知识。多数同学知道三角形的内角和是180度，但是却不知道怎样才能得出三角形的内角和是180度；同时，学生们已具备初步的动手操作和探究能力。因此本节课研究的重点是：用不同方法验证三角形的内角和是180度。

三、学习目标

1. 通过"量、算、拼、折"等方法，探索并发现三角形内角和等于180°，增强几何直观培养空间观念。

2. 能根据已知两个角的度数求出第三个角的度数，能应用三角形内角和的性质解决一些简单实际问题，增强应用意识和推理意识。

3. 体验数学活动的探索乐趣，体会研究数学问题的思想方法，逐步养成用数学的语言表达与交流的习惯。

四、学习重难点

学习重点：能用量、折、拼等方法探索三角形的内角和等于180°。

学习难点：经历探索三角形内角和等于180°的过程，积累活动经验，能已知其中2个角的度数，求出另一个角的度数。

五、教与学活动设计

环节一：情景激趣，质疑猜想

1. 播放动画片（谁的内角和大？）：明确"内角"和"内角和"的含义。

师：同学们，看了刚才的动画，你知道什么叫内角，什么叫内角和吗？

2. 师：猜一猜，三角形的内角和等于多少？

设计意图：通过情景创设，激发学生学习兴趣，培养学生质疑猜想和用数学的眼光观察现实世界的习惯。

环节二：合作探究，验证猜想

1. 明确方法，指导操作。

师：你打算怎样验证三角形内角和等于180°？学生讨论。

生：分类验证。只要证明锐角三角形、直角三角形、钝角三角形的内角和都等于180。

师：分类验证是一种非常好的方法。接下来该怎么去验证呢？

生1：我打算用量角器把三角形的三个内角的度数量出来，再加起来。

师：谁能给这个同学说的先量出三个内角，再加起来算的方法命个名？生："量算法"。

生2：我打算把三角形的三个内角折在一起，看拼出来的是不是一个平角。

师：我们把他说的这个方法命名为——"折拼法"。

生3：我打算把三角形的三个内角撕下来，再拼。

师：我们把他说的这个方法命名为——"撕拼法"。

师：现在请分小组选择喜欢的方法来验证。

设计意图：鼓励学生用不同的方法进行验证，发展学生的创新意识。

2. 动手操作，合作交流。

师：同学们做得非常好，刚才你们选择了什么方法来验证，谁来汇报一下？

（1）量算法。

小组活动记录表

三角形形状	每个内角的度数			三个内角的和

生：我们小组是先拿出锐角三角形、直角三角形、钝角三角形各一个，再用量角器分别量出每一个三角形三个角的度数，再把它们加起来。但有的算出来是170°多，有的是180°多一点点，都不是刚好180°，这是为什么呀？

师：谁能回答这位同学的提问？（留给学生思考交流的时间）

同学们采用了测量的方法计算出三角形内角和的度数。因为测量的误差，尽管不完全相同，但都在180°左右。

师：你们有办法减少误差吗？

生：多量几次，算平均值。

师：我们还可以借助网络画板来验证。扫描图中二维码，试试吧！

使用手机扫一扫

（2）撕拼法。

生：我们小组是把三角形的三个角撕下来，然后再拼在一起，拼成了一个平角。所以我们小组得到的结论是三角形的内角和是180°。

师：请你上台来演示给大家看。

生演示完后，师用直尺比一比，看是否是拼成了一个平角。

生：不管钝角三角形、锐角三角形还是直角三角形，三个内角都正好拼成一个平角，内角和都是180°。边说边演示。

使用手机扫一扫

（3）折拼法。

生：我们小组是用折的方法，同样得到三角形的内角和是180°。

师：请这名同学来折给大家看一看。

师：我们再把他们刚才折拼的过程演示一遍。（网络画板演示）

使用手机扫一扫

（4）分割法。

师：还有其他方法吗？能不能利用长方形或正方形进行验证呢？

生独立操作，把长方形或正方形分割成两个三角形。发现其中一个三角形的内角和是4个直角和的一半，是180°。

师：一边听学生汇报，一边用网络画板演示：长方形有4个内角，每一个角都是90°，那么它的内角和是360°，标出A、B、C、D四个顶点，连接AC两点，这条线把长方形分成了2个完全相同的三角形，所以……

设计意图：各小组汇报验证过程，展示探究成果，交流讨论疑难问题，集思广益，拓展学生思路，培养学生有理有据地表达和质疑问难的批判性思维。

环节三：交流评价，得出结论

师：同学们，回忆一下，我们采用了哪些方法进行验证？得出了什么结论？生生交流评价。

师：通过刚才的一系列活动，我们知道了不论是锐角三角形、直角三角形还是钝角三角形，它们的内角和都是……（板书：180°）

设计意图：引导学生回忆提出问题—猜想验证—得出结论的探究过程，积累活动经验，培养推理意识。

环节四：分层练习，巩固创新

1. 玩游戏。

（1）师：（拿出一个大三角形）同学们看我手中这个三角形的内角和是多少度？

生：180°。

师：现在老师给大家变个魔术。（在大三角形里面剪一个很小的三角形）这个小三角形内角和又是多少度？

生：180°。

师：为什么？

（2）师：把大三角形像这样剪成两个一样的小三角形，（边说边剪）这两个小三角形内角和分别是多少？生有的答90°，有的答180°。

师：请说说理由是什么。

（3）将两个完全一样的直角三角形拼成一个三角形后内角和是多少度？（课件演示先出现一个三角形，再出现两个三角形，然后再拼成一个大三角形。）

生：还是180°。

师：为什么是180°而不是360°？

生：两个三角形拼在一起，就变成一个大三角形了，每个三角形的内角和总是180°。

师：真会观察！演示 ◁△▷ 。

2. 求未知角。

（1）

师：如果我告诉你这个直角三角形中一个角是30°，你知道另一个角是多少度吗？

生：∠A=180°-90°-30°=60°

生：还可以∠A=180°-（90°+30）°=60°

师：还有其他的方法来解决这个问题吗？

生：∠A=90°-30°=60°

（2）

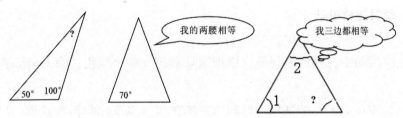

设计意图：引导学生应用得出的结论解决实际问题，培养学生的实践能力与应用意识。

六、课后作业设计

1. 剪剪拼拼。

∠1、∠2、∠3拼成了一个（　　）角，和是（　　）°。

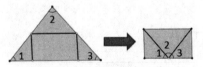

∠1、∠2、∠3拼成了一个（　　）角，和是（　　）°。

2. 用两个完全一样的三角形拼成一个大三角形，这个大三角形的内角和是（　　）°。（可以拼一拼，再填一填）

3. 把一个三角形，剪成2个小三角形，每个小三角形的内角和是（　　）°。（可以剪一剪，再填一填）

4. 判断下面的说法是否正确，正确的在括号里打"√"，错误的打"×"，并说说理由。

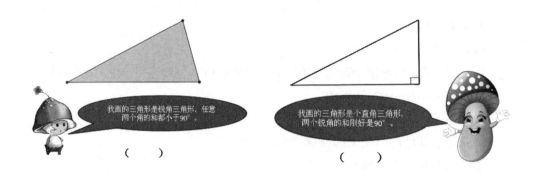

七、学习评价设计

在这次活动中，我的表现是（请把选项后的☆涂上颜色，涂上全部表示做得最好）

1. 我认为这节课生动有趣，我要认真地学习与思考；遇到我会回答的问题都能主动举手了。（☆ ☆ ☆ ☆ ☆）

2. 我能认真听老师讲课，听同学发言；我能认真做好课堂笔记。（☆ ☆ ☆ ☆ ☆）

3. 我能积极参与小组讨论活动，能与他人合作；善于思考，并能有条理地表达自己不同的看法，善于思辨，能指出同学错误的解答，团结协作，共同完成老师布置的任务。（☆ ☆ ☆ ☆ ☆）

4. 能大胆提出和别人不同的问题，大胆尝试并表达自己的想法；具有创造性思维，能用不同的方法解决问题。（☆ ☆ ☆ ☆ ☆）

八、板书设计

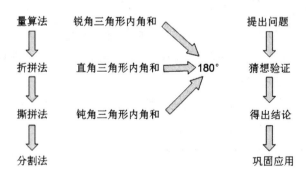

九、教学反思

本节课按照"激趣引入，整合已知——大胆猜测，引入新知——动手实践，小组合作——交流分享，揭示概念——运用新知，解决问题"的结构展开。学生通过"量、算、拼、折"等方法，再借助网络画板强大的动态演示功能，探索并发现任意三角形内角和都等于180°，增强几何直观，培养空间观念。在动手操作和小组合作交流中，学生进一步积累了活动经验，提升了用数学的眼光观察、用数学的思维思考、用数学的语言表达现实世界的能力。

《神奇的点》教学设计

成都市青白江区实验小学　温　庆

学科学段：小学数学实践活动
授课年级：六年级
课时安排：1课时

一、教学内容分析

《神奇的点》是小学数学北师大版六年级下册知识应用实践活动课，本课从中心点出发探究长方形、平行四边形过中心点任意画一条直线，得到都可以平均分成两份的结论。从而应用这个结论解决生活中以及数学知识学习中所遇到的这类中心点问题。

二、学情分析

六年级学生已经比较熟悉中心点这一知识，在平时的学习中也时有应用，但是没有深刻地理解和思考，对于中心点中隐藏的知识也知之甚少，特别是稍复杂一点的题目就会"卡壳"。另外关于组合图形的解答也存在难点，究其原因是变组合图形为基本图形的思想未充分理解。

三、学习目标

1. 通过数学实验，用数学的眼光去观察，发现长方形等平面图形的中心点。

2. 用数学的思维去思考，长方形、平行四边形过中心点任意画线都可以将图形平均分成2份。

3. 能用数学的语言去表达，应用过中心点任意画一条直线平分的方法解决生活中的实际问题。

4. 借助网络画板，把抽象的知识具体化，发展学生的空间观念和推理意识。

四、学习重难点

1. 重点：发现长方形、平行四边形过中心点任意画一条直线都可以平均分成2份。

2. 难点：应用过中心点任意画一条直线平均分两份的结论解决生活中的实际问题。

五、教与学活动设计

环节一：课堂引入

通过观看给女儿"摘星星"的最美宇航员——王亚平的太空课堂视频，提出中心点问题，引导学生应用实验研究的方法和步骤：观察、猜想、验证、得出结论去寻找图形的中心点，并激发学生去探究其中数学知识的欲望。

设计意图：通过视频激发学生学习的欲望，引导学生构建进行数学实验的基本模型。

环节二：实验验证，初解知识

（一）找中心点

1. 实验探究：把长方形平均分成2份。

活动要求：

（1）折一折：将这张长方形纸片平均分成2份。

（2）画一画：画出折痕。

2. 学生活动：引导学生找到最简单、快捷的方法。

3. 组内交流：引导学生用完整的话来描述。

4. 全班分享：

5. 找中心点

（1）介绍中心点

将长方形横着、竖着、沿对角线对折，都将这个长方形平均分成了两份。这几条折痕相交于一点，这就是长方形的中心点。

（2）找长方形中心点

学生交流、小结：长方形的中心点就是两条对角线的交点，所以只要画出它的两条对角线，就能找到长方形的中心点。

设计意图：在学生进行动手实验的过程中，体会可以用不同的方法找到长方形的中心点，并在对比中优化，在数学实验的过程中，让学生用数学的语言去表达现实世界，培养了学生的动手意识和空间观念。

（二）过中心点任意画一条直线把长方形平均分2份

1. 猜想：是不是过中心点再任意画一条直线都可以把长方形平均分成两份呢？

2. 验证：

（1）分组活动，活动要求：找点、画线、比面、得出结论

（2）学生交流

学生用通过中心点的这条直线把长方形分成了2个梯形（三角形），用（测量、计算、剪拼、推理……）方法，发现这两个图形的大小是相等的。

（3）网络画板演示过任意一条直线都能将长方形平均分2份。

（4）结论：过长方形中心点任意画一条直线都可以把长方形平均分成两份。

（5）知识建构

我们找到了长方形中的一个点，也就是长方形的中心点。过这个点我们"可以画无数条直线"，每条线都能把这个长方形分成2个面。我们通过观察、猜想、验证的方法，最后得到结论：过中心点的任意一条直线都能把这个长方形平均分成2份。

设计意图：学生在动手实验的过程中，沿通过中心点的一条直线，能将长方形平均分成2个部分。我们通过网络画板的演示，让学生感受到只要是通过中心点的任意一条直线都能将长方形平均分成2份。学生通过对空间图形的观察，理解了今天所学的数学知识，学会了用数学的眼光去观察我们的现实世界。

环节三：逆向验证，深入理解

（一）猜想：这个神奇的点存在于长方形中，猜猜看，它还存在哪里呢？

问：过平行四边形的中心点任意画一条直线，是否也能将这个平行四边形平均分成两份呢？

（二）实验验证。

分小组通过找点、画线、比面、得出结论等步骤进行数学实验。

（三）结论：

通过学生的交流、思维的碰撞，得到结论："过平行四边形的中心点任意画一条直线也可以把平行四边形平均分两份。"

（四）应用：

涂色部分是整个图形的一半吗？请用我们今天所学的知识解释。

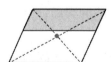 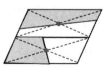 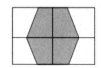

设计意图：在长方形中存在这个神奇的点为基础，进一步让学生猜想"这个神奇的点"还存在于哪些图形中呢，以此激发学生好奇心和探究的欲望。通过

"猜想""验证""得出结论"这样的程序性思维的观察，探寻了知识点间的联系，探究了知识的本质。

环节四：实践应用，促进提升

通过在空间站修建花园，巩固所学知识。

网络画板演示，发现在这两个图形中，只要过它们的中心点任意画一条直线，都能将这两个图形分别平均分成2份。当这两条直线重叠成一条直线时，这条直线同时穿过这两个中心点，所以能将这两个图形同时平均分成两份，引导学生明确两点确定一线。

设计意图：练习设计层层递进，从一个图形到两个图形，再到组合图形，实验过程中，学生用数学思维去解释现实世界中的数学问题，揭示了客观这类题目的本质属性，建立起了知识之间的逻辑关系，培养了学生的逻辑思维和空间观念。

环节五：课堂总结，知识深化

（一）微课：通过一段微视频来了解边数为偶数的正多边形过中心点可以平均分成两份，思考为什么边数为奇数的正多边形就不可以呢？

（二）回顾本节课的收获。

设计意图：通过微课，拓宽学生的知识面，提升学生的思维层次。让学生在回顾本节课的学习过程中，梳理所学的知识点和思维方法，培养了学生的几何直观、发展了学生的空间观念。

六、学习评价设计

课堂学习评价表

	1. 在实验操作中，验证"过长方形中心点的任意一条直线都能将长方形平均分成2份"。		
知识掌握评价	自己独立完成	在同伴协助下完成	不能完成
	○	○	○
	2. 能利用知识的迁移，探寻平行四边形中神奇的点。		
	自己独立完成	在同伴协助下完成	不能完成
	○	○	○
	3. 能利用本节课所学知识，探寻组合图形中神奇的点。		
	自己独立完成	在同伴协助下完成	不能完成
	○	○	○

续表

问题解决评价	1. 在课堂学习过程中有较强的思辨和解决问题的能力，师生间、生生间有较好的课堂互动。		
	较强	一般	较弱
	○	○	○
	2. 通过小组合作学习，能解决有一定难度的数学问题，具有团队协作和解决问题的能力。		
	较强	一般	较弱
	○	○	○
	3. 能运用本节课所学的数学知识解决与实际生活相关的问题，有较强的运用能力。		
	较强	一般	较弱
	○	○	○
探究态度评价	1. 在课堂上的主动参与程度，包括回答问题、提出问题和与他人合作等。		
	较强	一般	较弱
	○	○	○
	2. 进行个别或小组的自主探究，有一定的研究成果和研究方法。		
	较强	一般	较弱
	○	○	○
	3. 有探究的反思，能口头表达对探究过程的认识和改进意见。		
	较强	一般	较弱
	○	○	○

七、板书设计

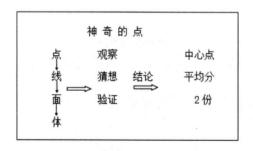

八、教学反思

本节课是在六年级复习平面图形面积时的一堂数学实验课，实验教学是国家课程方案和课程标准规定的重要教学内容，是培养创新型人才的重要途径。我基于真实情境，布置实践性作业，通过实物和画板操作，创新了实验技术、实验方法、实验形式和实验环境，努力提升学生解决真实情境中的复杂问题、完成真实任务的能力。学生在操作过程中，通过观察、猜想、验证，得到结论，为学生构建了实验探究的模型。从过一个点可以画无数条直线，都可以将长方形平均分成2个面；过两个点只能画一条直线，将图形平均分成2个面。这样的设计，又将"点、线、面"串联起来，展现了知识的结构化。老师还留下疑问，和"体"之间，又会藏着什么样的秘密呢？激发学生进一步探究的欲望。在探究中心点秘密的实验教学过程中，构建了学生的数学学科核心概念、核心规律、核心实验素养与关键能力所应具备的能力。

Module6 Unit 2　Was it a big city then?

华严小学　　史晓俊

单元：Unit 2

模块：Module6

学科：英语

年级：四年级下

课时安排：2课时

一、学习目标

1. 能认读单词village。

2. 能准确理解并熟练运用：Was it a big city then?

3. 能够理解课文内容，掌握有效的听说能力。

二、学习重点

1. 认读单词village；

2. 学会句子Was it a big city then? No，it wasn't. It was a very small village then.

三、学习难点

1. Village；Was it a big city then?

2. 学生能运用is，was对比现在和过去的变化。

四、教材分析

本课是外语教学与研究出版社三年级起第四册第六模块的内容。首先分析语篇，确定单元主题。本单元学生在学习了含有be动词过去式的句子的基础上对本模块知识的巩固。接着分析所属主题、功能、育人价值。本单元围绕changes这一主题展开，涉及两个语篇。本单元学习的主题是Now and then，涉及的是人与社会中主题范畴社会服务与人际沟通"历史、社会与文化"等这一主题群。子主题内容是了解城市的发展带来的一系列变化。

五、学情分析

be动词过去时态经过第五模块和第六模块第1单元的系统学习，学生已经对be动词过去时中的陈述句结构和一般过去时的一般疑问句结构"Were...?"掌握得很好了，但在用法和理解上，还有待加强。第2单元借助深圳城市过去与现在变化的对比讨论，学习运用一般过去时的一般疑问句结构第三人称单数"Was...?"的用法，对比第1单元"Were...?"的用法，学生较容易混淆，理解起来较有难度。

六、教学方法

任务型教学法；导入引入法；小组合作学习法。

七、教学过程

教学环节一：Warm-up and review.（6min）

教师活动1：Greetings. Good morning，boys and girls. How are you today?

教师活动2：Listen and sing. 播放视频歌曲I was fat. 由图片中的pig引入。

It is old.

Was it old then?

No，it wasn't.

教师活动3：Look and say.

He is old.

Was he tall then?

No，he wasn't.

She is thin.

Was she thin then?

No，she wasn't.

设计意图：

1. 听唱歌谣，聚焦歌谣语篇中的核心词语和句型。

2. 观看图片，在语境中呈现句型，学习如何回答Was it（she/he）... 的句型，过渡到自己会提出问题并正确作答。

二次备课：

1. 新课预习时多熟读两次，节奏感知准确，拍手大声跟唱儿歌。

2. 第一幅图通过直接呈现的方式，对话完成之后分组朗读后面两幅图，学生可以自己提出问题。

教学环节二：Presentation and practice.（20min）

教师活动1：Activity 1

（1）导入活动一。

He is strong.

Was he strong then?

（2）Watch and answer：

（3）Read and recite（根据板书分组完成背诵。）

He is strong.

Was he strong then?

Yes，he was.

教师活动2：Activity 2

（1）Lead-in：Look at Lingling and her photos？Focus on the old man.

Who is he? Where is he?

（2）通过动画观看，课件出示图片回答以上问题，并通过图片和视频让学生了解深圳这个城市，引导孩子们表达Shenzhen is_____.（各自说出自己的恰当的形容词。） Shenzhen is a big city now.

（3）呈现深圳过去和现在的巨大变化。

Now it is a big city，but then was a very small village.

教师活动3：Make a conversation of act2 with some blanks，ask them to finish it one by one.

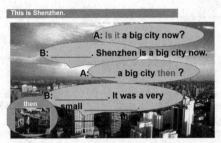

板书句型：No，it wasn't. 同时引导学生说出肯定的回答Yes，it is.

设计意图：

1. 在视频图片的帮助下，学习课文，让学生能够整体感知课文，并进行跟读和齐读，能够分组进行课文展示。

2. 通过听、说、读、思等任务引发学生思考，培养学生利用情景线索进行知识点归纳的能力，从而准确获取和梳理信息。

3. 学生能通过对话运用感受is，was对比现在和过去的变化。

二次备课：

1. 注意动画出现的顺序要和活动1的课文朗读处理好，最后呈现weak这个词组，以免对课文的朗读造成干扰。

2. 在回答Lingling's grandpa. 时在白板上板书突出's.

3. 学生在回答：Shenzhen is a big city. 时要看完图片和动画后进行描述。

4. 填空之后一定朗读对话，巩固目标句型，然后再分组练习加深印象，也便于对后面城市的练习。

教学环节三：Consolidation（10min）

教师活动1：两人一组，合作完成对话。呈现北京、海口现在和之前的图片，完成对话仿写：

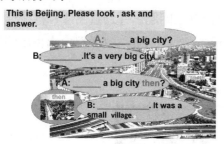 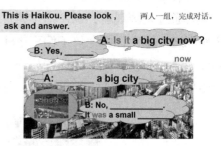

教师活动2：Ask some students to come to the front to show out.

教师活动3：Activity 3

（1）Look and judge. 判断图片与所给词是否一致，一致的说YES，不一致的说NO，并说出正确的形容词加以描述。

（2）Group work. 四人小组，完成对话接龙。（给出示范视频）

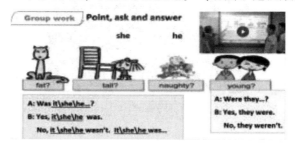

（3）Ask two or three groups of students to the front to show out.

教学环节四：Homework（3min）

1. Read the text for five times.

2. Sing the English song to your friends.

3. Talk about the changes around you.

设计意图：

1. 根据情景整合运用相关语言表达，讨论城市发展带来的各种变化，用所学语言做事情，实现迁移与实践。目标句型：Is it...now? Yes, it is. 以及Was it...then? No, it wasn't.

2. 通过本环节练习，复习描述事物的核心词汇，形容词以及它的反义词，同时巩固本模块所学核心句型的提问和作答。

三次备课:

1. 现在式的句子Is it...? 直接出示给学生,降低对话练习的难度,也让孩子们在难度层层递进的练习设计中逐步掌握。

2. 两人活动练习给予中等及后进的学生适当的帮助,让全班更多的孩子能够掌握。

3. 四人练习之前,老师先请三个孩子上前临时组成一个示范小组,给学生一个展示,以便孩子们能够更直观清楚地感受活动的步骤和过程,降低难度。

八、板书设计

Module6 Unit2 　Was it a big city then ?

then	now
Shenzhen	
small village	big city

---Was it a/an … then?
---Yes，It was. /No， it wasn't.

九、教学反思

1. 本单元主题框架指向学生的核心素养综合表现已达成,单元所蕴含的育人价值将育人目标和预期的核心素养的表现融入各个环节教学目标中。

2. 整节课,通过形容词、句型以及课文场景图一点一点渗透学习,让学生在情境中进行有意义的学习,做到"做中学,学中乐"。

3. 不足之处:在教学过程中,课堂氛围没有预想中的活跃,让学生全身心地动起来,展示环节不能照顾到全部学生,在以后的教学中要注意调动学生积极性,让课堂气氛更活跃。

少年拳第一套第四节教学设计

成都市青白江区外国语小学　唐道远

学科学段：小学体育
授课年级：五年级
课时安排：1课时

一、教学指导思想

尝试创新武术教学方式、方法，在激发学生兴趣、营造快乐和谐氛围的基础上，通过游戏力争突破武术传统式教学那种枯燥、乏味、硬性输入的方法，以提高课堂学习效率和有效发展学生的体能为出发点，使每一位学生都能积极主动参与学习全过程。课堂教学中，坚持以教师为主导，学生为主体，尊重个体差异，合理开发人力资源与器材资源，注重创新意识以及智力与非智力因素的培养，树立学生自信心，让学生体验运动的快乐，为终身体育打好基础。

二、教材分析

本课内容为武术少年拳第四式马步横打，同时复习少年拳前三式。既有着重上肢手型的练习，又有着重下肢步型的练习，而且要求全身各部分的协调配合及重心相对稳定才能达到效果。该教材的技术结构和动作要领对于五年级学生而言比较简单，还是比较容易掌握的。但武术教材趣味性较差且运动负荷量较小，需采取有效措施和增加辅助教材进行弥补，以增强学习、练身的实效性。

本单元共10个课次完成，本课为第4次课。

三、学情分析

本课教学对象为小学五年级学生。五年级学生已经具备了独立思考、判断、概括等能力，在体能、身体素质、基本运动能力和体育的基本技术、技能等方面已具备了一定基础，因此，学生具备了学习武术的基本条件。但长时间重复练习易造成枯燥无味的感觉，导致学习兴趣下降，影响学习质量。所以，创设良好的条件和环境、在辅助器材帮助下，让学生把动体与动脑很好地结合起来，给学生提供再认识所学知识，以及创造性应用所学动作的机会，是本课解决问题的关键。

四、教学目标

根据五年级学生的体育能力现状，针对教材特点以及学生的生理、心理特点，制定了以下三个教学目标：

（一）认知目标：在水平一及水平二的基础上，初步掌握简单的武术套路知识，培养学生对武术的爱好。

（二）技能目标：学生掌握少年拳第一套前三节动作，基本掌握少年拳第四节动作要领。

（三）情感目标：发展学生的创造力和表现力，在体育活动中培养学生热爱中华传统武术文化意识。

五、教学重难点

重点：马步与横打的结合。

难点：横打时扣右脚尖、转髋、拧腰、转体、挥臂横打一次用力。

六、教学方法

在引用、融合武术部分基础动作辅助教学条件下，采用启发引导、演示观察、自主合作、交流评价等方法，注重学法指导，激发学生的求知欲，拓宽学生的思维空间。加强学法指导，积极有效地促进学生主动学习。满足学生求知、求乐、求成功的欲望，达到娱悦身心、发展能力的目的。同时，注重发挥学生体育骨干的作用，培养学生的主体意识、实践意识、合作意识和探究意识。

七、本课特色

（一）注重课前学习情感激发，巧妙地运用了榜样的引领作用，调动了学生学习积极性。

（二）课中有效地利用器材为学习新知服务，突破了传统式教学模式，学习效率高。

（三）场地紧凑，器材使用率高。学生学习兴趣浓厚、参与热情高、课堂氛围好。

八、教学过程

教学环节一：准备部分

学习内容：

1. 课堂常规

2. 跑步

3. 武术专门性练习：推掌、弓步冲拳、马步冲拳、组合动作。

教师活动：

1. 提前到场，检查器材、场地安全。

2. 师生问好。

3. 宣布本节课内容。

4. 课堂常规，原地三面转法。

5. 教师提示要领，示范引领学生随音乐练习、热身。

教法：

1. 示范引领。

2. 巡视点拨、帮助。

3. 激趣鼓励。

设计意图：（1）通过常规热身活动的开展，使学生能更快进入体育课内；
（2）专项准备活动的开展使热身活动同教材能更好结合。

学生活动：

组织：四列横队、体操队形。

要求：快、静、齐。

1. 在教师带领下做热身跑步并根据提示做武术动作。

要求：根据所学武术动作快速作出动作。

2. 专门性练习。

要求：动作到位，冲拳有力。

3. 学生和教师同做基本功练习。

要求：弓马步要稳，动作协调、有力。

教学环节二：基本部分

学习内容：

1. 复习少年拳第一套1—3节预备式：①震脚架打；②蹬踢架打；③垫步弹踢。

2. 学习少年拳第一套第4节动作：马步横打。

重点：横打时扣右脚尖、转髋、拧腰、转体、挥臂横打一次用力。

要点：右脚落地前，右拳即开始向身体右侧伸直；落步转体与横打动作要协调一致；右拳平伸，两肩要平；落地用脚跟，右脚尖内扣成马步；用腰发力，横打要有力，力点在右前拳。

3. 身体素质练习：①跨越障碍跑；②蛇形跑。

教师教法：

1. 整体复习少年拳1—3节，分解示范第四节动作，讲解、提示要点。

2. 讲解通过障碍的方法、技巧和注意事项，示范部分项目，组织学生进行体能练习和比赛。（提示：跨越障碍和进行游戏时，要注意人身安全。）

3. 学生练习，指出优缺点。

4. 巡回指导、纠正。

5. 讲解重难点。

6. 组织学生集体演示。

设计意图：（1）在引用、融合武术部分基础动作辅助教学条件下，采用启发引导、演示观察、自主合作、交流评价等方法，注重学法指导，激发学生的求知欲，拓宽学生的思维空间；（2）加强学法指导，积极有效地促进学生主动学习；（3）通过游戏的开展促进学生主动参与到身体素质练习里。

学生活动：

1. 根据提示快速地复习少年拳第一套1—3节。

2. 认真仔细地观察教师的每一示范动作，分部、逐点模仿练习第四节动作。

3. 随教师分解练习，十人一组相互指导、纠正。

4. 优生演示。

5. 集体演练少年拳第一套1—4节动作。

6. 学生分四队八组相向站立场地两端，进行身体素质练习。

教学环节三：结束部分

学习内容：

1. 放松整理。

2. 总结本课。

3. 布置课后练习。

4. 回收器材，宣布下课。

教师活动：

1. 教师领做，提示要领引导学生做放松整理运动。

2. 教师对本节课进行总结，肯定成绩、指出不足、提出希望，要求学生课后自练或互助复习本课所学动作，希望下次课能看到同学们精彩表演。

学生活动：

1. 在老师带领下做放松整理活动。

2. 成四列横队密集队形，认真听教师总结并参与评价。

3. 以小组为单位回收器材，摆放到指定位置。

九、教学反思

（一）学习内容与价值

本课的主要内容为少年拳，少年拳是小学五六年级水平段（三），武术内容中最重要的教材内容。武术在学生中的开展还比较薄弱，所以在教学过程中，特别要注意教材内容同学生实际相结合，注重传统文化的延伸，重视传统武术在学生中的影响，让学生从好奇，变为愿意练习；从而不仅有利于学生更多地了解传统文化，也更能培养学生对中华文化的理解。

（二）学生活动与发展

1. 通过武术基础动作的练习，在教学过程中明显地可以感觉到学生在学习传统武术课上多了些浓厚的学习兴趣。

2. 武术渊源的多次引申，对学生建立正确的学习动机和明确学习目的起了很大作用。

3. 通过本次课的教学，充分感受到音乐在体育课中的重要性，可以激发学生学习兴趣，在享受强身健体的运动快感的同时也培养了武术的精神。

（三）学习过程评价

教师在教学过程中，通过讲解、示范、指导；注重学生基本知识、技能的学习。教师是学生学习的榜样，基本动作的学习，直接关系到动作质量的优劣，对小学生的终身锻炼很重要，所以提高体育教师自身素质也不容忽视。

打破思维定式教学设计

青白江区实验小学　毛政弘

学科学段：小学　心理健康
授课年级：五年级
课时安排：1课时

一、教学内容分析

笔者所在学校青白江区实验小学是成都市首批脑科学与教育试点学校，承担成都市重点科研课题《"以脑科学为导向的'学会学习'核心素养培育研究"》子课题《基于脑科学的小学语文阅读思维能力培养策略研究》研究工作，为学生阅读思维赋能，特别设计打破思维定式的脑育基础课。

根据冯忠良《教育心理学》，"思维定式"是指由先前的活动所形成的并影响后继活动趋势的一种心理准备状态，即个体经由学习而积累起来的习惯性倾向；是按照积累的思维活动经验教训和已有的思维规律，在反复使用中所形成的比较稳定的、定型化了的思维路线、方式、程序、模式。影响思维定式的因素有过去经验、问题情境及个性特征。

在问题解决中，思维定式既有积极作用，也有消极影响。当问题情境不变时，定式使人能够应用已掌握的方法迅速解决问题；当问题情境发生变化时，它则会妨碍人采用新的方法。其消极作用是束缚创造性思维的枷锁。

"功能固着"由德国心理学家邓克尔提出，是指一种特殊类型的消极定式，指一个人看到某个制品有一种惯常的用途后，就很难看出它的其他新用途。"功能固着"影响人们解决问题的灵活性，进行发散性思维可以改善功能固着，也是进行创造性问题解决的关键。

打破思维定式与培养学生发散性思维相辅相成。

（一）选题来源

1. 薛贵著《脑育心理发展》阶梯1上册第十课《小小发明家》部分内容

主要参考：大脑导航之创造性思维的脑电波、大脑加油站之"学会提问题"

"多角度观察"等。

2. 薛贵著《脑育心理发展》阶梯2上册第九课《另眼看世界》部分内容

主要参考：课后作业之"圆圈画画"小活动。

3. 薛贵著《脑育心理发展》阶梯2上册第十课《接纳多样性》部分内容

主要参考：大脑健身房之奇思妙用活动、大脑导航之创造性思维的脑机制、大脑加油站之"三个答案法则"。

4. 普通心理学、教育心理学、认知心理学相关知识

（二）教学内容简要分析

本课融合了《脑育心理发展》中与"打破思维定式"有关联的部分内容，结合心理学基础知识，以建构主义学习理论"支架式"教学理念为参考，探索学生原有的解决问题的水平，尝试通过教师搭脚手架式的引导，探寻最近发展区中能达到的解决问题的水平，探索过程以"探讨打破定式的方法"为核心首要环节，教师适时地引导点拨，待学生能够自主尝试突破惯性思维后，逐步减少引导，达到赋能学生的目的。课堂全过程以"认识思维定式"—"思辨思维定式作用"—"探讨打破定式的方法路径"—"练习巩固打破思维定式"—"护脑驿站复盘脑科学知识"—"欣赏突破定式的艺术作品"为线索展开教学。

二、学情分析

五年级学生普遍年龄在10—11岁，大脑重量接近成人，不再有明显的增加，神经细胞组织体的神经元已完全发育完成，但脑细胞内部的结构在进一步地复杂化，大脑的各项功能也逐渐趋于成熟，大脑"玩"的天性开始消退，发展的重心，从不断扩张的想象力、从环境中所学得的经验向对知识、逻辑和推理逐渐演变。孩子从爱幻想偏向愈来愈实际，开始注意周遭的资讯，逻辑和说理能力很快落在脑神经系统中，而且快速用这方面的学习能力去应对许多新的活动及挑战。所以这一时期是大脑发育非常关键的时期。

根据皮亚杰认知发展阶段理论，10—11岁孩子正处于具体运算阶段，思维具有可逆性、具备守恒概念，具有多维思维，能借助具体的形象进行逻辑推理，正处于从具体形象思维到抽象逻辑思维过渡的关键期。

授课班级学生的认知发展水平存在一定的个体差异，表现在日常的语文及数学课中较为明显，学生个体间思维的流畅性、变通性、独创性均存在"肉眼可见"的差异，例如，在数学的"逆向思考"解题技巧上，部分在校外受过专门训练的孩子，在解题时能够自觉尝试"倒推法"解题，而部分孩子则无法自觉主动尝试"倒推法"进行演算。

在前期脑育课中，学生在教师指导下，对大脑的功能分区及"脑电波"进行

了趣味性的了解。

三、学习目标

（一）知识与技能目标

1. 认识思维定式，知道思维定式具有积极和消极两方面作用；
2. 掌握一定的打破思维定式的方法。

（二）过程与方法目标

1. 知晓思维定式概念以及思维定式具有正反两方面作用；
2. 体验突破思维定式的方法技巧；
3. 提升打破思维定式的能力；
4. 了解打破思维定式的"脑基础"。

（三）情感态度与价值观目标

明晰善用定式积极作用高效生活学习的意识，形成警惕定式的消极作用、积极自主进行发散性思考的心向。

四、学习重难点

（一）学习重点

构建打破思维定式的成功经验，体验思维过程中的自我效能感。

（二）学习难点

掌握突破思维定式的方法，形成主动进行发散性思考的意识。

五、学习评价设计

参加"圆圈创意绘画"挑战。在如下A4纸张中进行创意绘画，要求绘画需利用其中的圆形，尽可能绘制出具有新颖创意的作品。

（1）请在圆圈处任意添加笔画，让它变成另一种东西。

（2）限时5分钟。

（3）不求画得仔细，但要让别人一眼看明白你画的是什么。

（4）比比看谁画得更独特，种类更丰富。

（5）若时间不够，剩下的圆圈可以不画。

创意绘画

班级：_____ 姓名：_____

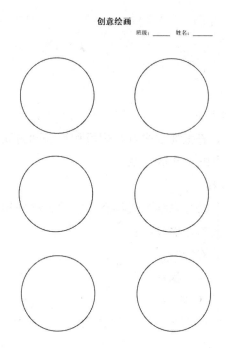

六、学习活动设计

（一）学习准备

前置课：了解大脑的分区及各脑叶主要功能、了解神奇"脑电波"（以通俗易懂的昵称作讲解加深学生印象，如：以"放松波"理解α波特点，以"睡眠波"理解δ波特点等）

（二）学习过程

板块一：认识思维定式

A. 暖身游戏

1. 说明游戏规则：根据符号做相应动作，配合音乐节拍。

2. 播放游戏引导视频《你笑起来真好看》，进行拍手游戏。

3. 学生分享：为何越来越整齐熟练？（因为经过练习形成了自动化动作）

4. 教师引出思维定式概念。

【设计意图】

1. 趣味音乐游戏调动无意注意，增强课堂兴趣；

2. 符号与动作的联结过程，类似于定式形成过程，便于引出"思维定式"概念；

3. 轻松音乐调动学生积极情绪，利于思维的发散。

B. 认识思维定式

1. 播放《思维定式视频1：什么是思维定式》，了解思维定式含义；

2. 学生分享：你理解的思维定式是？可以举个例子说说。

【设计意图：通过学生回答了解学生对视频知识的理解程度】

3. 教师分享：常见的思维定式。例子1"公安局长"故事、例子2"狗鱼思维"实验、例子3常见刻板印象如男生喜欢蓝色/大人比小孩力气大等。

【设计意图：以形象生动事例的丰富思维定式外延，帮助学生更好理解思维定式概念】

C. 明晰思维定式的正反作用

1. 提问：思维定式是好是坏？

2. 学生小组讨论。

3. 学生汇报（有好有坏/是坏的）

4. 播放《思维定式视频2：思维定式是一把双刃剑》（课堂实录中由于学生分享到位，说到了视频内容，考虑时间因素，这一环节省略）

5. 教师小结：思维定式既有积极作用也有消极作用。日常生活中90%问题可以靠思维定式解决；但当情境变化时思维定式阻碍问题解决，不利于创新。

板块二：突破思维定式

D. 学习打破思维定式的路径方法——以"砖头"有什么作用为例

1. 教师提示打破思维定式的四种方法。

【设计意图：教师不直接给答案，而是提出思考的方向，教师引导发问，为学生"搭脚手架"，学生尝试举例回答，体现思考过程。】

教师提问	学生尝试举例	【设计意图：每个提示背后都是1种原理】
师：该问题能否用任何其他形式来表示？	生：砖块可以用来雕刻东西吗？	※ 即"更换问题的表征"
师：放松地思考，大脑会偶然出现些什么想法？	生：……	※ 即"产生顿悟"或"展开想象"
师：可否将问题颠倒过来看？	生：做什么事的时候可以用砖块呢？	※ 即"逆向思考"
师：可否将注意力换一个方向？	生：砖头的红色可以发挥什么作用？师：是的，关注砖块其他的特点。	※ 即进行"发散性思维"

2. 教师提问：经过刚才的思辨，你对于"砖头"的作用产生什么样的想法了？学生开火车。教师检验教学效果。

E. 头脑风暴——"牙刷有什么用途?"

1. 学生运用学到的四种方法，自主进行头脑风暴解决问题：思考牙刷的用途。

※ （1）头脑风暴时教师播放《背景乐1激发音乐》。

注：此段背景音乐专为"创造性思维与问题解决"而设计，使用β、α和θ波的交替序列来鼓励流体和抽象的创造性思维，利于保持有效的问题解决和高级别通知的焦点状态。处理过程：$β(12Hz)-α(8\sim8.5Hz)-β(13Hz)-θ(7\sim7.5Hz)-β(14Hz)-α(10Hz)-β(14.5Hz)-θ(7\sim7.5Hz)-β(15Hz)-α(10Hz)-β(15.5Hz)-θ(7\sim7.5Hz)$。

（2）教师巡回观察指导。【设计意图：根据学生作业过程中遇到的瓶颈，不愤不启不悱不发，教师的指导要适时，且频率应逐渐减少，放手让学生充分探索，逐渐"拆除脚手架"。】

2. 学生汇报。

牙刷刷牙——刷各种东西（刷鞋子、刷颜料、刷文物、刷调料）【思维流畅度提高】——关注刷头除刷东西以外的作用（刷头挠痒痒）【思维逐渐变通】——摒弃刷头，关注手柄特性（长条形，像棍子筷子，用来夹东西）【思维变通】——突破1把牙刷，用多把牙刷做扇子【丰富问题表征，思维独创性提现】——牙刷与其他物体结合，如与铅笔头结合增加铅笔长度【丰富问题表征，思维独创性提现】——特殊质地制作牙刷，特殊用途，如金属牙刷破窗器【思维变通】——对牙刷进行二次加工，如熔解塑料后再造物品、削尖手柄当飞镖【独创性体现】

3. 教师点评小结：

肯定学生、点评思维突破程度由浅到深。

F. 检验及巩固

1. 题目："定做九块蛋糕，但要装到四个盒子里，而且每个盒子里至少要装三块蛋糕。"【设计意图：巩固发散性思维】

（1）教师出示题目。

（2）学生分享不同答案：

A. 蛋糕不够用了就切开，题目并未说不允许切；

B. 其中两个盒子重叠起来，也符合客人要求；

C. 四个盒子粘贴做成大盒子，大盒子里装9块，符合至少装3块的规定；

D. 搞"买三赠一"促销活动。

……

2. 题目："细胞1分钟分裂增加1倍，60分钟后填满杯子，某一时刻杯子的一半都是细胞，这一时刻是第几分钟?"【设计意图：巩固逆向思考】

（1）教师播放视频《逆向思维题目》出示题目。

（2）学生回答并说明解题思路。

（3）教师点评：逆向思考。

板块三：护脑驿站，课堂升华

G. 护脑驿站

1. 结合脑科学知识探讨身心状态与突破思维定式关系：创设利于α脑电波产

生的身心状态，利于突破定式。

（1）师提问：研究表明，当我们突破了思维定式思考出解决问题的办法时，我们的大脑会出现α脑电波，结合上一课时"脑电波知识"，你能说说看，什么样的身心状态利于思维的突破吗？

（2）学生回答：放松状态更好，因为阿尔法波是放松时候的脑电波。

（3）教师小结：身心放松、意识清醒状态下阿尔法波最活跃，有利于突破思维定式，产生新点子。

【设计背景：脑电波知识丰富，前置课中教师根据小学生认知特点，选取常见的四种脑电波α波、β波、θ波、δ波，用通俗易懂，方便学生理解和识记的方式，以"轻松波""压力波""瞌睡波""睡眠波"昵称，进行了趣味讲解】

2. 结合脑科学知识复盘和强化对脑叶功能的认知：额叶

（1）教师提问：今天这堂课，哪个脑区帮了大忙？

（2）学生回答：额叶。

（3）教师介绍：科研表明大脑的外侧前额叶可以帮助人们打破思维定式，摆脱习惯性的想法。一起摸一摸外侧前额叶的位置。

（4）教师小结：保护好额叶，保护好大脑，避免磕碰，多做训练，锻炼自己突破常规的思维能力。

【设计背景：前置课中学生对大脑"核桃仁"分区及功能有初步简单的了解】

H. 艺术欣赏

播放《创意短片》打破思维定式的艺术创作。

I. 结课

1. 学生谈收获：知道了思维定式／了解了思维定式的作用／知道了如何打破思维定式／我要进行创新思考。

2. 教师小结：鼓励孩子们在生活中尝试突破思维定式，产生更多新的解决问题的方法。

七、板书设计

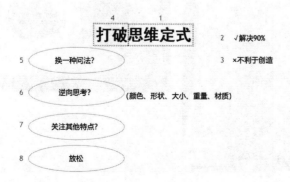

八、教学反思

本堂课总体效果达到了预期目标，以"搭好脚手架"再"拆除脚手架"的建构主义教学理念，赋能学生。既富有趣味性，紧贴学生学习生活实际，遵循学生认知规律特点，又不失方法指导和理论支撑。

课前准备了各式各样的思维定式正反事例，以丰富的外延帮助学生理解其内涵。为学生设计的练习巩固活动也丰富。在辨析思维定式的正反作用时，学生通过小组讨论，汇报分享时较为到位。

相信每一位执教脑育课的心理老师都有这样的感受：教学设计中，脑科学与心理学知识的加持，使我们在对外展示时，心里更有"底气"，无论是脑育课还是心理课，无论是学科课还是活动课，心理老师的课绝不是"外行看热闹"的"热闹"课，其看似热闹的外表背后，本身就是学生知识和能力建构过程的规律的体现。在教会学生打破思维定式的核心环节，我参考"搭脚手架"式的教学思想，不直接给出答案，而是提出四个思考的方向，通过提问引发学生从"更换问题的表征""展开联想""逆向思考""进行发散"四个角度去解决问题，有效激发了学生的主动思考探究，确保了课堂的有效生成。

本节课结束后，为了强化学生主动进行突破和创新的意识，我组织孩子们参与课后"圆圈创意绘画"小活动，要求在限定时间内在活动作业单上进行作画，比拼看谁画的东西最多、最有创意，将在一周内收到的同班同学作品中，评选出最有创意奖，奖品是学校心理中心的心理游戏体验卡1张。截至发稿前，收到了这样的创意作品，分享给您！

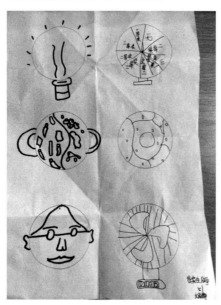

九、教学辅助资源

1. 课堂作业单

牙刷可以用来干什么？

2. 课后活动单

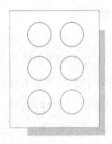

（1）请在圆圈处任意添加笔画，让它变成另一种东西。
（2）限时5分钟。
（3）不求画得仔细，但要让别人一眼看明白你画的是什么。
（4）比比看谁画的更独特，种类更丰富。
（5）若时间不够，剩下的圆圈可以不画。

3. 暖身游戏引导视频《你笑起来真好看》

4. 教学视频《思维定式视频1：什么是思维定式》

5. 教学视频《思维定式视频2：思维定式是一把双刃剑》

6.背景乐《背景乐1激发音乐》

7.教学视频《逆向思维题目》

唐僧与孙悟空的矛盾初探——《西游记》的跳读与精读教学设计

城厢学校　曾常慧

学科学段：初中语文
授课年级：七年级
课时安排：1课时

一、教学内容分析

《西游记》作为中国古典四大名著之一，其经典性不言而喻。它篇幅庞大（100个章回），字数多（85万字）的特点让很多读者望而却步。但是，它丰富多彩、波澜起伏的故事情节，个性鲜明、性格多样的人物及神魔小说独有的神秘性和以神魔之虚构表达现实之思考的深刻性成为我们必读的种种理由。本课选取了唐僧与孙悟空矛盾的三个章回的三个选段为阅读材料，精彩有趣，能够调动学生阅读兴趣。选段囊括了故事情节、人物形象片段，可作为跳读与精读的指导性材料。

二、学情分析

七年级的学生对《西游记》应该都有所了解，了解的方式可能多样（书本或电视剧）。不过，由于《西游记》篇幅大、字数多的特点，加之原著是白话文，可能大部分学生对《西游记》原著的阅读存在较大难度。他们可能存在阅读速度偏慢，阅读漫无目的，阅读缺乏思考，阅读只关注感兴趣的地方而忽略整本书阅读等问题。

三、教学目标

2022版《语文课程标准》要求7—9年级学生要达到每分钟600—900字的阅读速度，能够使用多种阅读方法，具有独立的阅读能力，要开展专题阅读探究，建构整本书阅读经验。本课希望通过整合《西游记》部分章回，提出一个问题，形成专题探讨，引导学生带有目的性地跳读与精读，在完成本问题的基础上，把整本书跳读与精读的方法延伸到日常阅读活动中。《西游记》中，唐僧与孙悟空的分分合合是很有趣味性的话题，因此，本课教学目标如下：

1. 通过分享交流，认识《西游记》的文学地位、篇幅、人物等特点。

2. 通过了解跳读，能快速跳读提取文本信息。

3. 通过学习精读，能够在精读中比较分析唐僧与孙悟空的形象及师徒矛盾，并有理性的思考。

四、学习重难点

1. 唐僧师徒人物形象分析及矛盾探讨；

2. 唐僧师徒的人物形象塑造方法。

五、学习活动设计

(一) 环节一：导入

我少年时读之，老年时也读之，越读越觉得有味道，真是百读不厌。

——贾植芳

教师活动：领读名家对《西游记》的评价。

学生活动：齐读名家对《西游记》的评价。

设计意图：引导学生阅读、分析评价性语言，用贾植芳的评价来让孩子们感知《西游记》是一本人人可读，人人值得读的书。

(二) 环节二：前置学习——大"话"《西游记》，感知整本书

教师活动：说一说你眼中的《西游记》，畅所欲言。（引导学生从体裁、篇幅、人物、主题等多方面谈谈对《西游记》的认识）

学生活动：从体裁、篇幅、人物、主题等多方面谈对《西游记》的认识。

设计意图：引导学生自主表达、概括、评价，从整体把握《西游记》，认识阅读的多面性和广泛性，为下一环节聚焦一个问题阅读《西游记》作铺垫。

(三) 环节三：探究学习——认识跳读与精读

(1) 探究学习1——走近师徒矛盾，认识跳读

问题1：唐僧师徒矛盾集中在三个章节中，大家有什么办法能快速知道（找到）这部分内容呢？你有什么阅读建议吗？

教师活动1：提问，引导学生思考阅读方法，指向泛读、跳读与精读。

学生活动1：广泛思考，畅所欲言，分享自己所知所用的阅读方法。

教师活动2：出示跳读概念和方法。

学生活动2：齐读跳读概念与方法。

跳读定义：

跳读，是指不依次序，跳越章节读书。

——郭沫若《海涛集·离沪之前》跳读方法

跳读方法：浏览序言，挑选提示信息；搜索目录，锁定阅读区域；聚焦目标，寻找关键话语（人物、情节……）；省略干扰信息。

问题2：下列句子中，哪个字可以跳读省略？下列两段话中，哪段话可以省略？为什么可以省略？

PPT材料：① "今既入了沙门，若是还像当时行凶，一味伤生，去不得西天，做不得和尚！戒恶，戒恶！" ——第十四回

② 诗曰：佛即心兮心即佛，心佛从来皆要物。若知无物又无心，便是真如法身佛。法身佛，没模样，一颗圆光涵万象。……知之须会无心诀，不染不滞为净业。善恶千端无所为，便是南无释迦叶。却说那刘伯钦与唐三藏惊惊慌慌，又闻得叫声师父来也。

众家僮道："这叫的必是那山脚下石匣中老猿。"太保道："是他！是他！"三藏问："是甚么老猿？"太保道："这山旧名五行山，因我大唐王征西定国，改名两界山。" ——第十四回

教师活动3：出示PPT中的文字材料，给学生提供体会和运用跳读的材料。

学生活动3：思考哪些材料可以跳读，发现跳读材料的特点。

问题3：利用跳读的方法读《西游记》选段，归纳出唐僧与孙悟空的三次矛盾的内容。

教师活动4：提出主问题，引导学生跳读文本，概括矛盾。

学生活动4：利用跳读方法，速度选段，提取矛盾。

PPT明确：

矛盾一：孙悟空打死六个强盗，唐僧批评他，他走了。（第十二回）

矛盾二：孙悟空三打白骨精，唐僧误会又赶走了他。（第二十七回）

矛盾三：孙悟空又打死了几个强盗，还割掉杨老儿的儿子的头，唐僧念紧箍咒，再次赶走孙悟空。（第五十六回）

设计意图：通过本环节了解、识别、运用跳读。问题1从已有的阅读习惯中引导出跳读的方法，更易于接受。对于跳读中的省略，学生需要把握哪些可跳，问题2作为一个示例。问题3则是强化跳读概括抓关键人物的方法。

（2）探究学习2——聚焦师徒矛盾，学习精读

问题1：唐僧孙悟空西去之路羁绊不断，矛盾重重。请细读三个选段中任意一则，结合文本具体内容或句子说一说你读到了一个怎样的唐僧和孙悟空。

PPT出示——

阅读提示：

我从_____（句子）中，读到了一个_____的唐僧/孙悟空。

要求：做好简洁的勾画与批注

教师活动1：提出问题，引导学生思考，巡视阅读、讨论情况，及时点拨。

学生活动1：自主阅读，勾画、思考、批注，小组讨论达成共识。

问题2：唐僧与孙悟空都各有特点，彼此性格虽然有瑕疵，但是都是正直、善良的好人，为何他们在西去的路上矛盾重重呢？唐僧与孙悟空矛盾的焦点是什么？能否结合自己的阅读感受小组合作分析矛盾形成的原因？

PPT出示：

矛盾焦点：面对贼人、妖怪是杀还是不杀？

矛盾成因：人物性格、成长环境、身份、立场、价值观、……

教师活动2：提出问题，引导学生纵横比较，前后勾连，补充唐僧与孙悟空的相关资料，借助资料深入思考。

学生活动2：阅读补充资料，积极思考交流。

设计意图：通过引导学生聚焦人物，明确阅读对象，在精读过程中跳过不相干内容，关注与孙悟空、唐僧相关的句段，让学生能够有批注、有思考、有评价地阅读，以此培养精读文本的能力。

（四）环节四：巩固学习——运用跳读与精读

本课阅读《西游记》，聚焦一个问题，跳读提取矛盾事件，精读分析人物性格，精思矛盾成因，是一个精读与跳读的阅读过程，也是一个由文字表层到人物背后文化环境因素的探索过程。如果让你再读《西游记》，你想专门了解什么呢？

课后阅读挑战：唐僧师徒矛盾的探究只是《西游记》冰山一角，请从《西游记》整本中选择自己感兴趣的话题，设置专题，组合材料，进行跳读与精读。

教师活动：引导学生回顾本课所得，培养学生将知识序列化的能力。

学生活动：复述本课关于精读、跳读的知识，自由交流自己希望阅读的主题。

设计意图：回顾本课阅读过程，强化学生对精读与跳读方法的认识，设计富有挑战性的任务，引导学生自主开展专题阅读、探究性阅读。

六、学习评价设计

1. 观察学生的表现，包括他们的参与度、回答问题的积极性与准确度、合作学习的能力。

2. 观察学生的卷面情况，包括自主阅读的勾画批注，小组合作的信息的梳理整合。

七、板书设计

唐僧与孙悟空矛盾初探
—— 《西游记》跳读与精读

跳读：快速　跳跃　　　　　　　孙悟空：自由不羁　能干　忠心尊师
　　　　　　　　　　　　　　　　　　　杀伐果断　聪明　重情义

方法　　　　　　　　　　　　　　　　语言　　　　神态
　　　　　　　　　　　　　　　　　　动作　人物　心理
　　　　　　　　　　　　　　　　　　　　　　　……

精读：细致　思考　鉴赏　　　　唐僧：慈悲　善良　缺乏主见
　　　　　　　　　　　　　　　　　　胆小　坚持不懈

八、教学反思

　　整本书阅读的指导在阅读教学中一直是块硬骨头，如何将硬骨头拆解简化，一直是我们在阅读教学中不断探索的问题。构思本课时，我考虑了素材的趣味性、环节的序列性、活动的多样性和课堂效果的可观性几个要素。因此，在素材选取时，我选择了"唐僧与孙悟空的矛盾"这一具有冲突性的话题，让文本阅读更有趣。课堂中，我运用自由分享、小组合作、独立探究等方法将课堂设计为导入、感知整本书、认识跳读与精读、运用跳读与精读四个教学环节，其中第三环节是课堂重难点。从最后的呈现来看，学生对《西游记》的认识有所提高，对跳读及精读的方法有了更进一步的了解，且能简单运用。由于课时有限，学生对于人物塑造的细节品析还不够深入与全面，对精读方法的运用比较生疏；在精读分析部分，没有放开思路让学生充分想象理解，对学生的思维训练力度不够。阅读教学是一个不断进阶的过程，对学生，也是对老师。我将坚持一课一心得，一课一聚焦的理念，在阅读教学的道路上继续探索。

· >>>

高中及职中课程教学设计

《函数 $y=A\sin(\omega x+\varphi)$ 的图象》教学设计

四川省成都市城厢中学　杨翠松

学科学段：高中数学

授课年级：高一年级

课时安排：1课时

一、教学内容分析

本节课所讲的内容是高中数学必修4第一章《三角函数》第五节的内容，是中学数学的重要内容之一。它是在前面学习了正弦函数和余弦函数的图象和性质的基础上对正弦函数图象的深化和拓展，通过函数 $y=A\sin(\omega x+\varphi)$ 与 $y=\sin x$ 图象间的关系，揭示参数 A、ω、φ 对函数图象变化的作用，充分体现了由简单到复杂、特殊到一般的数学思想。通过学习 $y=A\sin(\omega x+\varphi)$ 的图象变换有助于学生进一步理解正弦函数的图象和性质，加深学生对其他函数图象变换的理解和认识，加深数形结合在数学学习中的应用的认识，同时也为相关学科的学习打下扎实的基础。

二、学情分析

高中一年级的学生已经有了一定的观察识图能力及分析判断能力，有利用已有知识解决新问题的愿望。

在计算机的帮助下，利用几何画板作图进行演示 A、ω、φ 对函数 $y=A\sin(\omega x+\varphi)$ 的图象变化的影响能够得到直观的反映。

三、学习目标

1. 会用五点法和变换法得到 $y=A\sin(\omega x+\varphi)$ 的简图；

2. 理解三个参数 A、ω、φ 对函数 $y=A\sin(\omega x+\varphi)$ 图象的影响；

3. 掌握函数 $y=A\sin(\omega x+\varphi)$ 的图象与正弦曲线的变换关系。

四、学习重难点

1. 教学重点：用参数思想分层次、逐步讨论字母 φ、ω、A 变化时对函数图象的形状和位置的影响，掌握函数 $y=A\sin(\omega x+\varphi)$ 图象的简图的作法。

2. 教学难点：ω 对函数 $y=A\sin(\omega x+\varphi)$ 图象的影响规律的概括。

五、教学支持条件分析

1. 教学方法：启发式引导、互动式讨论、反馈式评价。

2. 学习方法：自主探究、观察发现、合作交流、归纳总结。

3. 学法指导：

（1）以探究问题为载体，从几个具体的、简单的例子开始，通过学生动手作图实践，多媒体动画演示，引导学生利用图形直观启迪思维，在自主探究、合作交流中，完成由特殊到一般的思维飞跃。

（2）让学生从问题中质疑、尝试、归纳、总结、运用，主动参与知识的发生、发展过程，在探究的过程中激发学生的好奇心和创新意识，在探究过程中学习科学研究的方法，在探究过程中培养学生发现问题、研究问题和分析解决问题的能力，通过对三角函数图象的研究，使学生逐步形成研究函数图象性态（变换）研究的一般方法。

4. 教学手段：运用学案导学，多媒体辅助教学构建学生自主探究的学习环境。

5. 教学工具：几何画板、多媒体、实物投影仪。

六、教学流程图

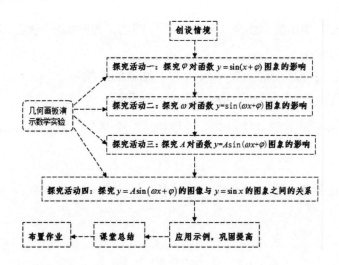

七、教与学活动设计

(一)创设情境

观察简谐运动中沙漏摆动在运动的纸板上留下的优美曲线,它与正弦曲线有何关系?

当$A=1$、$\omega=1$、$\varphi=1$的时候就是正弦函数,巩固五点作图法作正弦曲线。

【设计意图】先行组织者策略——通过生活实例引入学习内容,激发学生的学习兴趣;通过类比正弦、余弦曲线,寻找新知识的"固着点"。同时提出解决问题的方法,让学生体会化难为易,化复杂为简单的化归转化的思想方法。

【师生活动】教师提出问题,学生回答,教师引导得出实验所得图形与正弦曲线的关系,引入课题。

展示学生五点作图法做出$y=3\sin\left(2x+\dfrac{\pi}{3}\right)$的简图,再利用几何画板展示其图形,变化参数$A$、$\omega$、$\varphi$,启发学生猜想各参数的影响,由特殊到一般,激发学生兴趣。

思考:你认为可以怎样讨论参数A、ω、φ对函数$y=A\sin(\omega x+\varphi)$的图象的影响?

可以将上述问题分解为以下几个步骤来进行:

1. 探究φ对函数$y=\sin(x+\varphi)$图象的影响;

2. 探究ω对函数$y=\sin(\omega x+\varphi)$图象的影响;

3. 探究A对函数$y=A\sin(\omega x+\varphi)$图象的影响;

4. $y=\sin x$与$y=A\sin(\omega x+\varphi)$的图象关系。

【设计意图】运用控制变量法将多因素问题转化为多个单因素问题,分别研究最后综合解决。

【师生活动】学生展示图象,巩固五点作图法,教师提出问题,引出问题串。

(二)探究新知

探究活动一:探究φ对函数$y=\sin(x+\varphi)$图象的影响:

借助几何画板,引导学生探索,完成下列问题。

1. 把$y=\sin x$图象上所有的点向____平移____个单位,就得到$y=\sin\left(x+\dfrac{\pi}{3}\right)$的图象。

2. 把$y=\sin x$图象上所有的点向____平移____个单位,就得到$y=\sin\left(x-\dfrac{\pi}{4}\right)$的图象。

3. 把$y=\sin x$图象上所有的点向_____（$\varphi>0$）或向_____（$\varphi<0$）平移___个单位，就得到$y=\sin(x+\varphi)$的图象。

【设计意图】考虑到学生已有"左加右减，上加下减"等函数图象平移的初步知识，将问题从特殊到一般，培养学生观察和抽象概括能力。

【师生活动】教师演示平移实验，师生共同探索得出结论。

探究活动二：探究ω对函数$y=\sin(\omega x+\varphi)$图象的影响：

观察展示几何画板动态演示，思考问题：

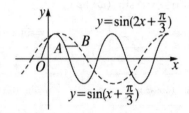

1. A、B两点坐标之间有什么关系？

2. 函数$y=\sin 2x$与$y=\sin x$的图象之间有什么关系？$y=\sin\frac{1}{2}x$呢？

3. 你能否概括一下ω对函数$y=\sin\omega x$图象的影响？

【设计意图】采用设疑，演示，引导，启发学生逐步发现规律，概括结论。并通过对问题的思考提高理解能力，强化自我意识，促进由学会到会学转化，形成良好的思维品质。

【师生活动】教师演示横向伸缩变换动态实验，提出问题串，学生观察实验数据变化情况，展开小组讨论，概括出正确结论。

探究活动三：探究A对函数$y=A\sin(\omega x+\varphi)$图象的影响：

观察展示几何画板动态演示，思考问题：

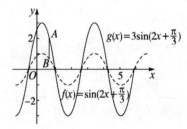

1. A、B两点坐标之间有什么关系？

2. 函数$y=\sin\left(2x+\frac{\pi}{3}\right)$与$y=3\sin\left(2x+\frac{\pi}{3}\right)$的图象之间有什么关系？

3. 你能否概括一下A对函数$y=A\sin(\omega x+\varphi)$图象的影响？

【设计意图】采用类比，演示，引导，启发学生逐步发现规律，由于讲解ω详细，顺水推舟很容易概括出结论。

【师生活动】教师演示纵向伸缩变换实验，学生观察、类比、总结得出结论。

探究活动四：探究$y=A\sin(\omega x+\varphi)$的图象与$y=\sin x$的图象之间的关系：

如何由$y=\sin x$的图象$y=3\sin\left(2x+\dfrac{\pi}{3}\right)$得到的图象？

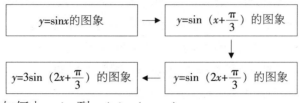

类比思考：如何由$y=\sin x$到$y=A\sin(\omega x+\varphi)$。

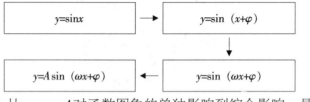

【设计意图】从φ、ω、A对函数图象的单独影响到综合影响，是一个整合的过程，也恰恰是能力提高的过程。通过"积零为整"的引导，使学生完成φ、ω、A整合过程的探究学习，从而完善学生的知识结构。同时提醒学生注意变换顺序，为下一课时做好铺垫。

【师生活动】教师提出问题，学生回答变换过程，教师再通过演示强化学生理解，引导学生注意变换顺序。

（三）应用示例

例　画出函数$y=2\sin\left(\dfrac{1}{3}x-\dfrac{\pi}{6}\right)$的简图。

方法一：（利用"五点法"作图——作一个周期内的图象）

方法二：画出函数$y=2\sin\left(\dfrac{1}{3}x-\dfrac{\pi}{6}\right)$简图的方法为

$$y=\sin x \xrightarrow[]{\text{右移}\frac{\pi}{6}\text{个单位}} y=\sin\left(x-\dfrac{\pi}{6}\right) \xrightarrow[\text{横坐标伸长到原来的3倍}]{\text{纵坐标不变}}$$

$$y=\sin\left(\dfrac{1}{3}x-\dfrac{\pi}{6}\right) \xrightarrow[\text{纵坐标伸长到原来的2倍}]{\text{横坐标不变}} y=2\sin\left(\dfrac{1}{3}x-\dfrac{\pi}{6}\right)$$

巩固提高：P55练习第2题

【设计意图】及时巩固是学习和发展的需要，只有及时巩固，才能迁移应用。这样更能突出重点、突破难点，使学生的分析问题和解决问题的能力得到进一步的提高。

【师生活动】教师引导学生使用两种方法得到正弦型函数的简图，学生讨论分享练习题成果。

（四）课堂小结

1. 在这节课中，你有什么收获？

2. 几何画板动态演示三种变换。

【设计意图】 1. 学生引导回顾总结本节课探究的知识与方法，以及对三角函数图象及三角函数解析式的新的认识，使本节的总结成为学生凝练提高的平台。

2. 为了使学生真正掌握图象变换的规律，教师有意识地引导学生总结概括出以下结论：

（1）由 $y=\sin x$ 到 $y=A\sin(\omega x+\varphi)$ 的图象变换过程探究式的发问 "先平移后伸缩" 与 "先伸缩后平移" 两种不同的变换方法。

（2）思想方法：数形结合；化归转化；分类讨论；归纳概括。

（五）作业

习题1.5A组1.2

必做：P57　1、2（3）、（4）。

选做：讨论2（3）、（4）的性质。

【设计意图】书面作业的布置实行弹性布置，使学生在完成基本学习任务的同时，拓展自主发展的空间。选做题起到承上启下的作用，既是本节课知识的灵活应用，又为下节课的学习起到了铺垫作用；既发展了学生的学习潜能，又激发了学生的学习兴趣，促进了学生的自主发展。

八、板书设计

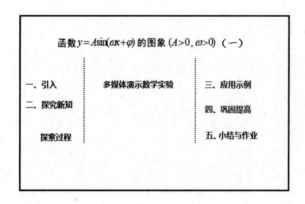

九、教学反思

函数 $y=A\sin(\omega x+\varphi)$ 的图象是高中数学的重点内容，是三角函数知识解决实际问题的重要工具。本节课若采用传统的方法讲授，作图量大，耗时多。所以，本人主要采用多媒体教学动态展示函数图象变换过程，借助信息技术强大的作图和分析功能，让学生充分利用"几何画板"的动画功能，对其三角函数图象的变化能直接进行"数学实验"的操作，培养学生探究和解决实际问题的能力，充分体现数学源于实践，源于生活；充分体现"以学生发展为本"的新课标要求。

由$y=\sin x$到$y=A\sin(\omega x+\varphi)$图象变换是一个动态的过程。借助几何画板的课件演示可以直观地让学生感受变换的过程，加深对变换的理解。指导学生利用几何画板变化各个参数，让三个参数"动起来"，激发学生学习数学的兴趣，融入数形结合思想，使学生更好地掌握函数的图象的变换规律，成功突破难点；同时学生自主探究，小组合作、讨论、归纳总结，整个过程设计流程，过渡自然。但由于借班上课，对学生了解不够全面，而且主要是老师演示数学实验，所以没有充分发挥学生的主动性，如果在计算机教室上课，让每位学生都参与到数学实验中来，那效果会更加显著。

《楞次定律》教学设计

四川省成都市大弯中学 斯 伟

学科学段：高中物理

授课年级：高二年级

课时安排：1课时

一、教学内容分析

1. 楞次定律是高中电磁学的重要理论，是电磁感应这一章的重点和难点，是判断感应电流方向的最基本方法，是学好本章内容的关键。

2. 楞次定律与法拉第电磁感应定律，一个判断感应电流的方向，一个计算感应电流的大小，二者相互补充，共同解决电磁感应问题。

3. 对于本节内容而言，引起感应电流的磁通量的变化和感应电流所激发的磁场之间的关系是这一节课的重点，也是难点，在教材编排中，是先引导学生研究了感应电流的大小，然后才着手解决感应电流的方向，主要是由于楞次定律所涉及的物理关系比较复杂，所以客观上造成了教与学的困难。

4. 面对新课程改革的要求，为营造一个让学生自主学习的良好环境，结合平时的实践，对本节内容采用"探究式"教学，即："创设问题情景→学生讨论→猜想→设计实验→探索实验→分析实验现象→得出楞次定律→课堂讲练→巩固练习"。这种通过让学生自己动手操作、动眼观察、动脑思考，引导他们自己获取知识，不仅活跃了课堂气氛，还发展了学生的思维能力和创新能力。

5. 楞次定律全过程始终贯穿着唯物主义的哲学原理，对于其中的能量变化分析是学习中较为困难的地方。

二、学情分析

1. 我所教的学生，平时学习物理的基础较好，有较强的自我控制力和基本实验操作能力，并能进行一般的协作学习。

2. 从高一开始的教学中，较好坚持了现代课堂教学的要求，坚持以学生为主体，教师为主导，学生有较好的学习习惯和物理思维习惯。

3. 本节内容是规律探究课，没有复杂的数学过程，重视物理思维的培养和物理过程的分析，所以学生对于本节内容有较高的热情，根据布鲁纳的"发现教学法"本节课选用探究式学习法是符合学生实际的。

4. 探究学习重在探究的过程，而不是探究的结论本身，所以在教学中应该注意始终保护学生的学习热情和探索的热情。

三、学习目标

1. 物理观念、科学思维：

（1）通过实验探究得出感应电流与磁通量变化的关系，并会叙述楞次定律的内容；

（2）通过实验过程的分析，体会楞次定律内容中"阻碍"二字的含义，感受"磁通量变化"的方式和途径；

（3）通过实验现象的直观比较，进一步明确感应电流产生的过程仍能遵循能量转化和守恒定律。

2. 科学探究：

（1）通过观察实验，提出感应电流存在的方向问题；

（2）尝试运用所学的知识，设计实验来探索感应电流的方向；

（3）动手实践，通过观察，分析，归纳，总结出结论，体会科学探究的一般方法。

3. 科学态度与责任：

（1）通过实验，培养学生的创新精神和合作的意识；

（2）通过实验，使学生热爱探究，养成科学探究的良好习惯；

（3）通过学习，培养学生朴素的唯物主义辩证法观点。

四、学习重难点

1. 重点：楞次定律的内容及理解。
2. 难点：楞次定律的应用。

五、教学活动设计

（一）创设情景，引入新课

教师播放Flash课件图，再现情景，温故知新。

利用**Flash**演示磁体插入和拔出过程中电流表的指针的偏向，并提出问题：

1. 电流表的指针偏向不同，说明什么？（学生思考，回答）

2. 怎样来判断实验中感应电流的方向？（学生思考，讨论，回答）

【设计意图】通过电磁感应现象的观察和认识，让学生对电磁感应现象有一定认识，激发学生探究感应电流方向的学习兴趣。

（二）确定课题，实验探究

1. 怎样确定灵敏电流计的指针偏向和电流方向的关系？

学生思考，讨论，回答

（可利用本节课实验所提供的器材粗略判断，用废旧的干电池进行试触的方法进行判断）

2. 学生两人一组进行探究实验，教师用多媒体展示实验图形如下：

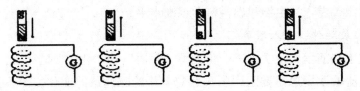

学生合作实验同时，完成下表：

现象 实验	原磁场 方向	磁通量 变化	电流表 偏转	感应电流 方向	感应电流 磁场方向	B感与B原 方向关系
N极朝下插入						
S极朝下插入						
结论	当原磁通量增加时，感应电流磁场与原磁场_____。					
N极朝下抽出						
S极朝下抽出						
结论	当原磁通量减小时，感应电流磁场与原磁场_____。					

【设计意图】通过对电磁感应中感应电流的方向和磁通量变化之间的关系，从现象到规律，引导学生逐渐归纳概括出感应电流方向的判断方法，也对学生实验

探究能力和实验探究规范性进行培养与提升。

（三）分析归纳，得出规律

教师通过多媒体展示几组同学的实验结果，同学一起来找寻实验现象的个性与共性，教师加以必要的引导和评价。

针对学生的实验结果，教师提出这样的问题：

1. 线圈中产生了感应电流，那感应电流产生的磁场是根据什么来判断的呢？（提问定落点，落点定对象）

2. 感应电流所产生的磁场和原来的磁场方向总是相反的吗？

3. 感应电流所产生的磁场具有怎样的方向呢？

教师引导同学们明白下列关系：

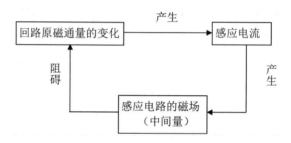

多媒体显示：

"感应电流具有这样的方向，即感应电流的磁场总要阻碍引起感应电流的磁通量的变化，这就是楞次定律。"

【设计意图】梳理楞次定律的表达，厘清内在逻辑关系，培养学生透过现象认识本质的意识，提升学生物理学科科学思维水平。

（四）拓展延伸，深入理解

1. 通过电脑演示，使学生进一步理解"阻碍"和"变化"的含义。

感应电流的磁场总是要阻碍引起感应电流的磁通量的变化，而不是阻碍引起感应电流的磁场。因此，不能认为感应电流的磁场的方向和引起感应电流的磁场方向相反。

这里的"阻碍"体现为：当引起感应电流的磁通量增加时，感应电流的磁场方向与引起感应电流的磁场方向相反，感应电流的磁通量阻碍了引起感应电流的磁通量的增加；当引起感应电流的磁通量减少时，感应电流磁场方向与引起感应电流的磁场方向相同，感应电流的磁通量阻碍了引起感应电流的磁通量的减少；当回路中的磁通量不变时，则没有"变化"需要阻碍，故此时没有感应电流的磁场，也就没有感应电流。

2. 通过分析实验记录，进一步说明"阻碍"就是指增"反"减"同"。

3. 引导学生初步理解：楞次定律是能的转化和守恒定律的必然结论，体会从能的转化和守恒的角度表述楞次定律。

【设计意图】深入理解楞次定律的实质，引导学生运用规律来解决实际问题的意识。

六、学习评价设计

(一) 过程性评价

1. 出示如图所示趣味实验（分别用磁铁去靠近和远离A、B两个铝环，）观察所发生的现象，并让大家解释。

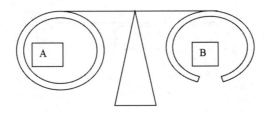

灵活理解楞次定律：来"拒"去"留"。

2. 隔空猜物（利用学生分组实验的器材，做出一点改进：将磁铁用报纸包好，去完成一次实验，让学生根据现象判断磁铁的N极和S极，培养学生的逻辑推理和分析能力）。

3. 一金属圆环悬挂在水平杆上，上端固定，当条形磁铁的N极向圆环靠近时，圆环将（　　　）。

A. 产生如图所示方向的电流

B. 产生与图所示方向相反的电流

C. 向左运动

D. 向右运动

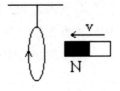

分析得出楞次定律的灵活应用："敌进我退"。

4. 两根形状、大小一样且内壁光滑的圆管是用不同的材料做成的，两个相同的磁性小球从管上方同一高度无初速度释放，结果发现B管的小球先落地，则下列说法可能正确的是（　　　）。

A. A管是用木料制成的，B管是用铜制成的

B. A管是用塑料制成的，B管是用铁制成的

C. A管是用铁制成的，B管是用塑料制成的

D. A管是用铜制成的，B管是用木料制成的

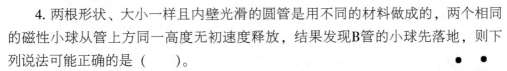

(二) 形成性评价

通过变传统演示实验教学为探究式学习，极大调动了学生学习的热情和积极性，课堂的互动性也得到很大的提升，使学生在体验探索过程中感受到了科学探究的乐趣，对于楞次定律这一重点内容和难点内容的把握与突破的效果非常明显，

在课堂小结后的思维训练中得以充分的体现。

七、板书设计

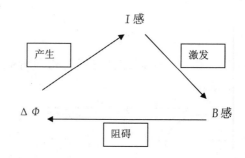

八、课后反思

1. 探究课并不是学生漫无边际盲目地活动，而是在教师的主导下进行的，所以对于课堂的引导和控制是十分关键的；

2. 教学有法，而法无定法，在教学设计中应该根据教材的实际，学生的实际来进行设计，始终围绕教学目标展开教学；

3. 在条件许可的情况下变演示实验为学生的探索实验，可以激发学生的兴趣，增加课堂的活力，并且能取得好的教学效果；

4. 楞次定律的探究过程体现了普遍的哲学原理：因果关系和矛盾是事物变化的原因，在教学中应注意辩证思维的培养；

5. 电磁感应中的能量的转化与守恒问题应该在楞次定律的教学中得以渗透。

《浓情粽香How to make Zongzi?》教学设计

成都市工程职业技术学校 邹丽萍

学科学段：中职英语
授课年级：高二年级
课时安排：1课时

一、教学内容分析

本节课的教学内容选自重组后教材 "Enjoy the Festivals" 中的情景任务三：端午节。主要包含了一篇学习中国传统食物粽子的制作过程的内容，旨在让学生在掌握基本知识点的基础上，能够通过学习中国传统食物粽子的制作过程，加深对中华饮食的深刻理解，了解中国传统优秀饮食文化，坚定文化自信，促进文化传播。

二、学情分析

1. 知识基础
学生已掌握粽子制作过程部分单词的表达，能做到正确地拼读。
2. 认知能力
具象识记与抽象识记结合，识记的有意性较强，具有一定的注意分配的能力。抽象逻辑思维正在由"经验型"向"理论型"转化。
3. 学习特点
对粽子制作有较高期待，能够积极参加小组活动，在课堂学习上比较活跃。

三、学习目标

1. 能够读懂粽子的制作过程，识读与制作粽子的步骤和原料相关的词句。
2. 能够分析与食物制作相关的非连续性文本的文体特征和语言特点，条理清晰地分步骤讲述粽子的制作过程。

3. 通过学习中国传统食物粽子的制作过程，能够加深对中华饮食的深刻理解，并能用英语介绍中华美食，促进文化传播。

四、学习重难点

1. 学习重点
①能正确运用first，next，then和finally等词体现流程与步骤。
②能用英语流利准确地描述包粽子的六个步骤。
2. 学习难点
能用英语流利准确地描述包粽子的六个步骤。

五、教与学活动设计

（一）教学流程图

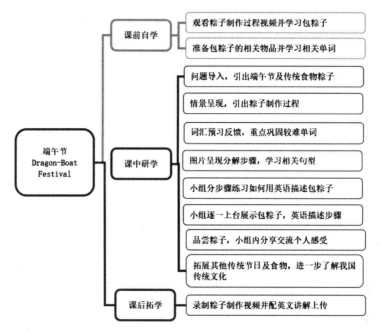

（二）教学过程
1. 课前自学
Step1：线上作业
教师活动：布置观看有关粽子制作过程的视频任务。
学生活动：观看粽子的制作过程视频，初步了解并学习。
【设计意图】：课前准备充分，为课中所学包粽子做好操作准备。

Step2：线下准备

教师活动：提供制作粽子的相关物品英文词汇并发布在班级QQ群。

学生活动：学习制作粽子的相关物品的英文表达。

【设计意图】：为课中所学内容提前做好词汇准备。

2. 课中研学

Step1： Lead-in（导入 3分钟）

教师活动：

(1) 游戏导入：设置三个线索，让学生猜传统节日。

(2) 问题导入：呈现传统食物——粽子。

(3) 情景导入：游客琳恩回到英国后，思念在中国品尝过的粽子。特意向导游周博请教如何包粽子。

学生活动：

(1) 根据老师所提供的3条线索猜这是哪一个传统节日。

(2) 思考端午节吃粽子背后的意义。

(3) 思考如何帮助导游周博向外国游客琳恩用英语介绍包粽子的步骤。

【设计意图】：

(1) 通过游戏导入的形式提高学生学习的兴趣和参与的积极性，为下一步的活动做铺垫。

(2) 通过设置外国游客与中国导游之间的对话片段，引发学生学习的好奇心。

Step2：Vocabulary revision（词汇复习3分钟）

教师活动：

(1) PPT呈现学生课前预习粽子原材料的相关词汇情况。

(2) 重点教授学生课前掌握不好的词汇。

学生活动：

巩固课前未掌握的词汇。

【设计意图】：

在教师的帮助下再次复习课前所学的制作粽子所需主要原料的英文表达。

Step3：Steps learning of making Zongzi（包粽子步骤学习6分钟）

教师活动：

(1) PPT呈现分解步骤图片，带领学生初步尝试运用英语描述制作粽子的每个步骤。

(2) 再次呈现分解步骤，带领学生梳理程序并运用英语复述制作粽子的步骤。

学生活动：

(1) 观看分解步骤图片，试着用英语描述每个步骤，初步了解制作过程。

(2) 根据图片，运用英语复述粽子制作的步骤。

（3）思考并运用恰当的序数词描述前后步骤。

【设计意图】：

（1）通过图片呈现制作粽子步骤，学生对粽子制作环节有初步的了解。

（2）通过用英语复述粽子制作步骤，让学生熟悉制作粽子环节，起到巩固句型的作用。

（3）通过运用序数词，加深对制作粽子步骤顺序的印象。

Step4：Practice in groups（小组练习8分钟）

教师活动：

（1）将学生进行分组练习。

（2）提出练习要求：1位同学负责包粽子，另外6个同学依次用英语描述包粽子的步骤。

学生活动：

（1）组内选定1位同学负责包粽子。

（2）组内其他同学先安排好描述的顺序；再观察包粽子的环节，同时依次用英语进行描述。

【设计意图】：

通过小组内进行实践练习，学生可以再次熟悉并巩固运用英语描述制作粽子步骤的句型。

Step5：Talent show in groups　（小组展示10分钟）

教师活动：

邀请每个小组上台依次进行展示。

学生活动：

按照组内分工，上台的其中1人负责展示包粽子，其余6人根据步骤进行英语描述。

【设计意图】：

给学生搭建展示自我和相互学习的舞台。

Step6：Taste Zongzi（品尝粽子4分钟）

教师活动：

提前准备好煮好的粽子，请每个小组的同学品尝并交流感受。

学生活动：

品尝并分享关于传统食物粽子的观点。

【设计意图】：

通过让学生品尝粽子，感知我国传统美食的魅力，增强文化自信。

Step7：Extension（拓展学习4分钟）

教师活动：

通过图片形式介绍中国的其他3个传统节日（春节、中秋节、清明节）以及相应的传统食物（饺子、月饼、青团）。

学生活动：

根据PPT上出现的传统节日以及传统食物图片说出对应的英语单词。

【设计意图】：

通过介绍另外3个中国的传统节日以及相应的传统食物，让学生了解我国更多的传统文化，坚定文化自信。

Step8：Summary（总结2分钟）

教师活动：

（1）带领学生一起复习本节课所学的相关词汇及句型。

（2）让学生思考并学会运用英语准确描述制作粽子步骤的意义。

（3）引导学生要坚定文化自信，争做传播优秀传统文化大使。

学生活动：

（1）巩固本节课所学词汇以及句型表达。

（2）结合自身旅游专业，思考自身的责任感和使命感。

【设计意图】：

通过树立学生传播我国优秀传统文化意识，培养学生的责任感和使命感。

3. 课后拓学

教师活动：通过QQ班级群发布任务。

学生活动：录制粽子制作视频配英文解说并上传。

【设计意图】：

夯实语言知识，提升语言运用的能力。

六、学习评价设计

Mark sheet of making Zongzi（包粽子打分表）					
	Action（动作40分）	Expression（英文解说60分）			
	Skilled/Unskilled	Intonation	Pronunciation	Fluency	Accuracy
Group1					
Group2					
Group3					
Group4					
Group5					
Group6					

七、板书设计

How to make Zongzi?

Things——bamboo leaves、sticky rice、strings

Actions——prepare、boil（leaves）、roll、add、wrap、boil（Zongzi）

Fillings——sausage、yolk、shiitake、ham、pork、raisin、red dates、peanuts

The process of making Zongzi

First：Prepare the sticky rice，filling，bamboo leaves and strings

Second：Boil the bamboo leaves

Third：Roll the leaf to make funnel

Next：Add the sticky rice and filling into the funnel

Then：Wrap and tie up the leaf with a piece of string

Finally：Boil Zongzi for about an hour（depending on the fillings）

八、教学反思

本节课围绕端午节之如何包粽子为话题，重点设计了以小组为单位进行合作交流的教学活动。同学们基本达成了既会包粽子，又能用英语讲解包粽子的操作步骤的教学目标。该教学活动深受学生喜爱，同学们兴趣浓厚，积极参与，在轻松愉快的气氛中，充分体现了合作学习的精神。在包粽子操练环节中，学生较容易把握单词和句子，不仅增强了学生的自信心和成就感，而且坚定了他们的文化自信。此外，本节课通过不断引导和鼓励学生通过体验、实践、讨论合作、探究等方式完成学习任务，解决学习中的困难、从而形成自主学习能力。

我认为本堂课最大亮点是注重学生的主体地位，实现了教师角色的转变。在整个教学流程中，设计的问题需要学生会自己思考和分析。课堂不再是教师的一言堂，鼓励学生自主学习，合作学习和探究学习是实施新课程最为核心和关键的环节。在每个小组上台展示包粽子并进行英文讲解的教学活动中，给予了每个学生开口说英语的机会，这样不仅真正能将学到的英语运用于实际，而且培养了学生学英语用英语的习惯和用英语进行交流的能力，体现了交际语言教学的思想。此外，教师在教学活动中，注重了自己角色的转换与控制，在启发与示范后，能够把足够的时间留给学生，通过一系列的表演、活动，让学生努力实践与展示自己，让他们感受成功，培养了学生的团队意识和合作进取的精神。

　　本课的教学中也存在一些不足，如在每个小组上台展示的教学环节中，小组互评和教师评价不及时、不到位。我们应通过评价，使学生在课堂的学习过程中找到差距，明确方向，感受到自己在不断进步的喜悦，更好地发展和提高求知欲与学习热情。

《妙手生花送真情，个性创意显魅力——餐巾花的选择与应用》教学设计

成都市工程职业技术学校　邓　涛

学科学段：中职　旅游
授课年级：高一年级
课时安排：1课时

一、教材分析

教材选自高教社"十四五"职业教育规划教材《餐饮服务与管理》项目二"中餐服务基本技能"的任务二餐巾折花，隶属于餐饮服务六大基本技能之一，它既是一种独立操作的技能，又是摆台等其他技能其中的一部分，在教材中起着承上启下的作用。

二、学情分析

高一学生，对技能实操课很感兴趣。目前已初步掌握了餐巾折花的基础知识及基本技法，能折出一些花型。本节课主要任务就是学习餐巾花的选择和运用原则去设计不同宾客需求的餐巾花，由理论到实践的运用与创新。

三、教学目标

1. 知识目标：（1）巩固折花的基本技法；（2）了解餐巾花选择应用原则。

2. 能力目标：（1）掌握小鸟春歌、一尾擎天的折叠；（2）掌握并运用餐巾花的选择与应用；（3）通过小组合作，解决课堂任务，培养学生做中学、团结合作以及解决问题的能力。

3. 德育目标：（1）通过学习让学生树立规范化、标准化的服务意识；（2）激发兴趣，培养合作意识，提高对美的品鉴和创新能力。

四、学习重难点

1. 学习重点：能根据不同宾客需求进行餐巾花的选择和应用。
2. 学习难点：学中做，做中学，培养学生实践动手能力、创新能力。

五、教法学法

教法：任务驱动法、小组竞赛教学法、多媒体教学法、讲授示范法。
学法：主动探究学习法、观察法、小组合作学习法、实践操作法。

六、教学资源

多媒体课件、微课视频。

七、课前准备

1. 场地准备：工作台六个，将学生分成6个小组，每组5人，每组设立1名组长。
2. 物品准备：课前任务书、小组评分表、餐巾布、托盘、杯子、盘子、多媒体课件、录制微课小视频。
3. 知识准备：掌握餐巾折花的基本技法，会折一些基础的花型。

八、教学环节

环节一：课堂组织 职业素养训练（2分钟）
教学内容：
模拟班前会、学生职业素养训练。
教师活动：
（1）班前会问候学生。
（2）清点人数。
（3）站姿练习、检查学生的仪容仪表并在评分表上打分。
学生活动：
（1）问候。
（2）各小组组长清点人数。
（3）站姿练习，接受仪容仪表检查。

教学意图：

模拟班前会，强化职业意识，进入学习状态。

环节二：教学引入（3分钟）

教学内容：

（1）播放视频，让学生跟着视频折叠小鸟春歌、一尾擎天，抽查课前任务完成情况。

（2）播放婚宴、寿宴场景视频引入新知：餐巾花的选择与应用。

教师活动：

（1）发布课前任务书，学习折叠杯花小鸟春歌、一尾擎天。

（2）播放视频引导学生学习折叠小鸟春歌、一尾擎天，点评1—2名学生作品。

（3）教师示范折叠一尾擎天，强调"捏"的折花技法。

（4）视频引入：一双双巧手之下，一朵朵形象逼真的餐巾花，是无声的语言，传达出折花者对客人真诚和美好祝愿的心意，在琳琅满目的餐巾花中如何选择呢？

学生活动：

（1）折叠杯花：小鸟春歌、一尾擎天。

（2）看视频学习这两个新花型。

（3）掌握"捏"的手法。

（4）欣赏视频并思考：如何根据不同的宾客选择应用餐巾花？

教学意图：

（1）检查学生课前任务的掌握情况，学习折叠小鸟春歌、一尾擎天。

（2）视频引入新课，激发学生学习的内动力。

环节三：自主探究　理解掌握理论知识（5分钟）

教学内容：

餐巾花选择应用原则。

教师活动：

（1）开展学生小组讨论，抽问后总结餐巾花在选择时要考虑的因素。

（2）引导学生快速阅读教学资料，理解餐巾花选择应用的三个原则。

（3）抽问并根据各小组答问进行评分。

学生活动：

（1）小组讨论。

（2）解决问题：性质、规模、规格、季节、来宾的宗教信仰、风俗习惯等。

（3）回答问题，理解并掌握餐巾花选择应用的三个原则。

教学意图：

通过自主探究，小组合作，师生答疑，学习相关理论知识。

环节四：实战演练　学以致用（10分钟）

教学内容1：

（任务一）小李是某酒店包房值台服务员，520包房中午将接待一对恋人的西餐预订，领班安排小李做好包房的餐前准备工作，小李很快完成了餐前准备工作，尤其是精心设计了餐巾花受到客人的好评。假如你是小李，你如何设计二人的餐巾花？

教师活动1：

（1）颁发任务一，小组合作完成两个餐巾花折叠。

（2）引导学生根据提示进行策略分析：确定主题；确定盘花种类；口布材质、颜色的选择，花型的确定；等等。

（3）通过课件回顾所学餐巾花，杯花、盘花、环花的特点及适用场合，便于选择。

（4）教师巡视，适当指导：折花的手法，花名和文化内涵。

（5）请六位学生代表上台展示小组作品，点评两组作品，其余四组作品抽学生点评后再总结，强调评分标准并评分。

（6）教师示范花名和文化内涵：

幸福玫瑰——爱情甜美；

甜蜜爱心——永结同心；

爱情之帆——家的港湾。

学生活动1：

（1）小组讨论选择餐巾花的类型：西餐决定选取盘花或环花。

（2）任务分析：确定爱情主题、根据客人预订的西餐，确定折叠盘花；根据包间的环境、光线、台布、装饰布的颜色和风格，选用棉麻混纺的红色或粉红色口布。

（3）根据知识储备，确定花名和文化内涵并折叠两个盘花。

（4）每个小组选取最佳作品进行展示。（如：我们五小组选用红色口布，寓意爱情似火，真挚热烈；女士选用玫瑰花，寓意爱情娇艳；男士选用爱心，寓意心心相印）

（5）点评。

教学意图1：

任务一由教师引导学生进行策略分析，通过课件回顾所学知识，运用今天所学的新知识完成餐巾花的设计，明确折花的规范性、花型质量、花型的取名和文化内涵都是必不可少的因素。

教学内容2：

（任务二）小王是某酒店牡丹厅的值台服务员，下午接到通知此厅明天中午有某公司26桌的商业庆典宴，请他们提前做好准备工作。假如你是小王，如何设计餐巾花？

教师活动2：

（1）颁发任务二，开展小组合作，3分钟完成一桌十位客人的餐巾花设计。

（2）计时开始，教师巡视，适当指导，规范折花的手法，花名和文化内涵的建议等。

（3）3分钟结束，停止操作，检查各组完成情况。

（4）针对学生作品展示提问：提前的折叠的能否选用杯花？大型宴会一桌盘花的花型一般有几种？

（5）点评小组作品，与小组长合计完成评分。

学生活动2：

（1）接受任务，开展小组讨论。

（2）小组合作，完成十种花型的设计和折叠。

（3）作品描述及展示。（如：我们二号小组通过分析，完成了这桌商庆宴会的盘花设计：主人位选用企鹅迎宾寓意欢迎在座的商界精英；副主人位选用幸运帆船，寓意事业一帆风顺；其余座位选用黄金元宝，祝大家招财进宝）

（4）各小组长与教师讨论完成各小组得分。

教学意图2：

任务二考查学生理论联系实际，激发学生学习积极性，让学生明确：①大型宴会只能选择盘花；②花型质量直接影响评分；③花型和寓意内涵要符合商庆宴会主题；④计时比赛，小组团队合作很重要，超时扣分不划算；⑤展示汇报人表现影响评分。

环节五：技能提升，探索创新（12分钟）

教学内容：

（任务三）中午某酒店心想事成包间是王小姐与杨先生的中餐订婚宴，杨先生早早就花重金预订了餐位和名贵的菜肴，告知酒店他们将有六人用餐。小李接到做包房的餐前准备工作，假如你是小李，你如何设计这6位客人的餐巾花？

教师活动：

（1）颁发任务三，开展小组合作，5分钟完成六位客人的餐巾花设计。

（2）引导学生进行策略分析：6人高规格宴会决定用什么种类的餐巾花？折几种花型？正副主人位花型有无特殊要求？根据宴会主题选用什么颜色口布，哪些花型，寓意内涵的创新。

（3）计时开始，教师巡视，5分钟结束，停止操作，检查各组完成情况。

（4）小组作品汇报及展示，集体点评，与小组长合计完成评分。

（5）教师展示自己的杯花创意：

A. 三种植物三种动物搭配；

B. 百花宴（六种花）；

C. 全鸟宴（六种鸟）。

学生活动：

（1）领任务，开展小组讨论。

（2）小组合作，完成六个花型的设计和折叠。

（3）作品描述及展示。

（4）各小组长与教师讨论完成各小组得分。（学生花型质量、寓意内涵都有待提高）

（5）欣赏教师的创意设计：六个杯花——三种植物、三种动物。

并蒂双莲——花好月圆；

花开朝阳——龙凤呈祥；

忠贞玫瑰——爱情甜美；

一尾擎天——天赐良缘；

扇尾神鸟——白头到老；

彩蝶纷飞——比翼双飞。

教学意图：

这次花型的设计和寓意内涵对学生的动手能力、创新能力是一种考验。通过教师的创意示范，激发引导学生继续学习新的花型，在寓意内涵上多下功夫。

环节六：技能大比武（5分钟）

教学内容：

根据课堂及任务完成情况评出：最佳创意组、最佳口才组、最佳合作组。

教师活动：

（1）统计各小组最终得分，评选小组合作最佳拍档，根据课堂表现，评选最佳创意小组、最佳口才小组，并颁发小礼物。

（2）每组推荐2人参与折花达人PK：2分30秒之内折出小鸟春歌、一尾擎天、扇尾神鸟。

（3）计时比赛并点评，评选出折花达人。

学生活动：

（1）统计汇总，领取小组合作最佳拍档，最佳创意小组、最佳口才小组等荣誉。

（2）小组推选两名学生参加折花达人PK赛。

（3）获得荣誉的领取小礼物。

教学意图：

让学生明确课堂每个任务的重要性，增强团队合作意识，现场PK激发学生的竞争力和表现力。

环节七：课堂小结

教师活动：

妙手生花送真情，个性创意显魅力，让我们勤练技能，让这无声的语言开出绚烂之花、真诚服务之花。

学生活动：

巩固复习餐巾花选择与应用原则。

教学意图：

设计寿宴餐巾花。

环节八：布置作业

教师活动：

今天的作业是设计寿宴的十个杯花，写出花名和寓意内涵。

学生活动：

设计寿宴的十个杯花，写出花名和寓意内涵。

教学意图：

设计寿宴餐巾花。

环节九：物品整理(3分钟)

教师活动：

请各组整理物品，第三组的同学检查并打扫实训室。

学生活动：

物品整理。

九、学习评价

考核内容		配分	自评	小组评价	教师评价	得分
理论知识	餐巾花在选择时要考虑的因素	10分				
	餐巾花选择应用的原则	10分				
技能实践	任务一	20分				
	任务二	20分				
	任务三	20分				
课堂表现	活动参与度	10分				
	实践练习纪律	10分				
总分		100分				

十、板书设计

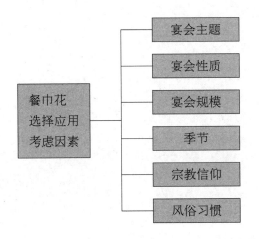

餐巾花
选择应用
考虑因素

- 宴会主题
- 宴会性质
- 宴会规模
- 季节
- 宗教信仰
- 风俗习惯

十一、教学反思

　　这节课选材比较好，从理论到实践，抓住学生喜欢动手，喜欢完成有挑战性的任务，小组荣誉感强等特点，通过任务推进、教师的引导、示范、点评，开展课堂教学，课堂氛围很好，充分调动学生学习积极性，能学以致用，让学生获得成就感。通过课堂评价、小组合作、小组考核等形式，提高学生参与度。课堂对学生理论知识的掌握运用，学生技能操作的规范性、熟练度要求都比较高。在小组合作探究实践、小组汇报的点评方面需要注意控制纪律，课堂评价方面有改进的空间，学生折花的质量有待提高，在餐巾花的寓意内涵上也应下功夫去思考。整体来说，善于抓住学生、提高兴趣、有创新意识，学以致用，综合效果不错。

第三章

以研究实现突破

>>>

教育在探索人类文明的进程中始终扮演着至关重要的角色。它是智慧的火炬，照亮了一代又一代人的成长道路；它是思想的摇篮，孕育了无数创新与思考的种子。教育教学研究能够推动教育改革和教育发展，提升教育质量和教师专业素养，它是教育的一股清泉，不断为教育实践注入新的活力与灵感。

"教育教学研究篇"聚焦于教育教学研究的科研成果、优秀论文、优秀案例三个方面，旨在探索教育教学的内在规律，分享教育实践的智慧结晶，以及展望教育未来的发展趋势。我们希望通过展示青白江区领航名师培养对象们的教育教学研究成果，激发广大教育工作者在教育教学中的思考与探索，共同推动教育事业的进步与发展。

在接下来的篇章中，您将看到教育教学研究在不同对象、不同领域、不同层面的应用与实践。这些研究既关注宏观的教育政策与制度，也关注微观的课堂教学与学生发展；既关注宏观的学校管理内容，也关注微观的教师个人专业成长。青白江区领航名师们相信，只有深入了解教育教学的内在逻辑，才能更好地指导教育实践，为学生的成长与发展提供更有力的支持。

让我们共同期待，青白江区领航名师通过教育教学研究的力量，点亮更多智慧的火花，照亮更多人的成长之路，为建设一流教育强区贡献自己的力量。

第 一 节

- - - - - - - - - - - - - >>>

教育论文

多媒体技术在语文教学中的实践探索

清泉学校 彭雪莲

摘要： 多媒体技术为语文课堂注入了新的血液，改变了"教师＋粉笔＋黑板"的传统教学模式。实践证明，利用多媒体技术，结合多媒体教学手段，把课文中"静止"的语言变成"活动"形象，使课堂真正地"活"起来。当然，语文多媒体教学是语文课堂教学的一把"双刃剑"，它既有便捷与高效的特点，也存在程序化特点，所以，能否有效地借助多媒体进行语文教学，关键在于使用者的观念和教学水平。如果多媒体技术在课堂上能有效运用，我想我们的语文课堂会更加高效生动。

关键词： 多媒体技术；语文课堂；有效；兴趣；效率

《基础教育课程改革和发展纲要（试行）》指出："大力推进信息技术在教学过程中的普遍应用，促进信息技术与学科课程的整合，逐步实现教学内容的呈现方式、学生的学习方式、教师的教学方式和师生互动方式的变革，充分发挥信息技术的优势，为学生的学习和发展提供丰富多彩的教育环境和有力的学习工具。"随着时代的进步，现代教育技术的深入发展，越来越多的老师更新观念，与时俱进，采用多媒体技术进行课堂教学，可以说，多媒体的运用，给课堂注入了新的活力。

课堂是学生学习的主阵地，新课标下的语文课堂应是充满活力的。如果能灵活运用多媒体技术，把多媒体技术融入语文教学中，使多媒体技术的基础知识与能力的培养和语文教学过程紧密结合起来，"就像使用黑板、粉笔、纸和笔一样自然、流畅"。我想会大大提高语文课堂效率的。现在就多媒体技术在语文教学中的实践运用，浅谈我的几点体会。

一、多媒体技术在语文教学中的实践运用，可以激发学生的学习兴趣

热爱是最好的老师，兴趣是最强大的动力。学生有了兴趣，才会产生强烈的求知欲，主动地进行学习。我在讲授文言文篇目的时候，按照传统的教学，读读、

写写、听听，没有太多的教学工具，很难调动学生的积极性，所以，同学们一致认为，上文言文课很无聊，听不懂，当然更不会对它产生兴趣。但自从多媒体设备进入课堂，在课前，老师精心准备了PPT课件，有优美的图画，有动听的音乐，还有文字配图，动静结合、图文并茂，大大提高了同学们的兴趣，如，我在讲授《答谢中书书》这篇文言文时，先播放了关于山川的美景，再插入抒情的音乐，一下子就把同学们带到了美妙的环境中去，让同学们有一种身临其境的感觉，同学们时不时发出感慨，真是太美了，真想到那去旅游。通过情景再现，大大激发了学生的学习热情和兴趣，整个课堂活跃起来了。学一篇文章，感觉就像去旅行了一次，心灵也得到放飞和洗涤。

随着多媒体设备的不断更新，越来越多的老师喜欢借助多媒体设备进行备课、上课，老师借助设备上的各种功能，实现了师生互动、生生互动、人机互动。这种人机互动，大大提高了同学们学习的热情和主动性，每次老师一提问：谁能到讲台上来给同学们讲讲题，同学们都争先恐后地跑上来争当小老师，学着老师的样子，在白板上批注，讲解等。通过对这些设备的使用，不仅调动了学生的学习积极性，而且能使沉闷的课堂变得更加的生动有趣。

二、多媒体技术在语文教学中的实践运用，可以提高课堂教学效率

(一) 希沃白板的使用，大大提高了课堂效率

教学助手，希沃白板、101教育PPT、剪辑师等软件都是教师备课、上课的好帮手，我使用频率较高的是希沃白板和剪辑师。先来说说希沃白板，希沃白板上有很多功能，如聚光灯、小组评分、计时器、随机点名等功能，这些功能都是为老师上课服务的，我在课堂上常用的是小组评分和随机点名功能，同学们对随机点名功能特别感兴趣，每次用这个功能抽取人回答问题的时候，同学们就像中了彩票一样兴奋。当然，这些功能只是上课的辅助工具，希沃白板上最有意义的就是老师可以在手机上下载一个希沃白板App，里面有一个移动讲台，可以和电脑、电子白板相连接，我们在上课的时候，直接站在学生中间就可以操作PPT，或者在电子白板上做批注，在巡视的过程中，发现优秀笔记还可以直接拍照上传到电子白板上，同学们可以第一时间进行观摩学习，这些功能的使用减少了老师在讲台和学生中间走动的频率，站在教室中间，和学生互动，拉近师生之间的关系，更大大提高了课堂效率。

(二) 剪辑师的使用，可以帮助同学们提高学习效率

在教学软件中，还有一个App针对我们一线的老师非常实用，那就是剪辑师。这是一款制作微课的软件，操作起来非常方便，如果在课堂上时间有限，同学们对知识点掌握得还不是很好，那我们就可以利用剪辑师录制微课视频，放在教室

里的电脑上，课间休息时，课代表就可以放给同学们看，反复看，还可以上传到QQ群，在家里也可以反复看，比如，学生对语病这个知识点掌握得不是很好，我就利用课余时间在办公室利用剪辑师给同学们录制了关于语病专题的微课，然后放在班级电脑上，同学们利用午间休息时间就可以看看。录制视频也很简单，只需要环境稍微安静一点，坐在电脑前，把事先准备好的PPT导入剪辑师里，点开始按钮，我们正对着电脑讲，录制好以后，直接导出来就可以用，音质很不错。平时，我的试卷讲不完，我就利用周末把试卷讲评录制成微课，我没有时间的时候，就发到班级QQ群，他们自己在家就可以自己修改。通过线上、线下的操作，大大提高了课堂效率和质量。

三、多媒体技术在语文教学中的实践运用，可以促进师生有效互动

运用现代化教学手段，可以使教学内容不受时空的限制，这样不仅能加速知识的传播的速度，而且能调动学生的多种感官协调活动，从而提高学习的质量。现代学生的学习方式可以说是多种多样的，不仅仅局限于课堂，他们还可以通过利用广播、电影、电视、计算机等媒体，凭借教育软件、资源库等，随时随地、有选择地学习跟教学内容有关的知识。而在传统教学中，学生想广泛地阅读是很难实现的。我在教学诗歌单元时，给各个小组布置了个任务，就是以小组为单位，课后准备一首诗，可准备PPT，可配乐，我们会选定一个时间进行朗诵比赛。课后，各小组借助网络平台，上网搜各种朗诵资源、音乐等。在比赛的时候，有些小组做的PPT非常好看，符合朗诵的题目，再配上舒缓的音乐，很快就把我们带进了诗歌的意境里。

多媒体的使用，给我们的学习和生活带来了许多便利，在课堂上，我们可以利用多媒体资源进行教学和学习。在课后，我们还可以利用多媒体的相关设备进行线下交流。比如现在流行的QQ和微信。我们通过建立家长QQ群，班级QQ群等。拉近了和学生、家长的距离。我利用QQ群可以给学生发布一些消息或上传一些好的资源，学生可以随时随地进行学习。我们还可以通过QQ、微信进行问题答疑。有时课堂上讲的知识点，个别学生并不是很明白，所以，他们回到家后，通过QQ点对点问我问题，我会第一时间进行解答。有时学生当面不好问问题或找我谈心，他们也会通过聊天软件找我谈心，通过现代设备运用，促进了师生的互动发展，拉近了师生距离，营造了和谐的师生氛围。

四、多媒体技术在语文教学中的实践运用，可以培养学生的创新能力

《语文课程标准》明确提出，要在语文教学过程中"培养他们的创新精神和创

造思维能力",想象是创新的翅膀,语文教学中要鼓励学生开拓思维,展开丰富的想象,鼓励他们大胆质疑,大胆创新,敢于发表不同见解,这是培养创新意识和创造能力的一个重要手段。利用多媒体技术可以拓宽教学时空,创设探究性教学情境,并在情境中提出问题,揭示矛盾,引发争论,打开学生思路,激起学生的好奇心和求知欲,突破学生的定式思维,有利于学生进行发散思维训练,培养创新思维能力。如在教学《河中石兽》一课时,学生对石兽为什么会掉在上游不理解,于是我设计了石兽在水底被沙冲击的演示图,让学生观察思考,通过动态演示,学生明白了:沙冲不动石兽,反而被水反冲,当沙冲了一个坑后,石兽会掉下去,日复一日,所以石兽为什么会在上游找到。抽象难懂的道理,用电教演示,难点突破了,也拓展了孩子们的发散思维。

多媒体技术与语文学科的有效融合,为语文课堂注入了新的血液,改变了"教师+粉笔+黑板"的传统教学模式。实践证明,利用多媒体技术把课文中"静止"的语言变成"活动"形象,使课堂真正地"活"起来。当然,多媒体技术的使用是语文课堂教学的一把"双刃剑",它既有便捷与高效的特点,也存在程序化的特点,所以,能否有效地借助多媒体进行语文教学,关键在于使用者的观念和教学水平。将多媒体技术与语文学科进行深度融合,我想我们的语文课堂会更加高效生动。

参考文献:

[1] 义务教育语文课程标准(2022年版)[M].北京:北京师范大学出版社,2022.

浅析在"双减"背景下提升高中文科生数学学习的策略

大弯中学 尹大贵

摘要：高中数学对于大多数学生来说是一门很抽象、难懂、又不好学的学科，尤其对于文科生来说是更加的困难。在高中文理分科时，不少学生也因数学学习困难而选择文科。在高中文科生中流传着这样一句话"得数学者，得天下"。高中文科生普遍存在数学基础差，没有较好的数学学习习惯和学习方法，往往大多数文科生的数学成绩都提不高，高考成绩也是不尽如人意。而目前由于"双减"政策的实施，更多的学生在对于数学学习的态度和积极性上逐渐下降。本文将从文科生学习数学现状、数学成绩差的原因以及提高数学成绩的策略等方面进行粗浅的分析。

关键词：双减政策；文科生；学习现状；数学成绩提高；方法策略

数学是以量和量变为研究对象的科学，是内容具体、形式抽象、理论严谨、结论确定、应用广泛、方法精巧和地位特殊的一门基础学科。数学教育在整个基础教育中占有非常重要的地位，能培养学生基本运用数学知识、方法、技能、技巧解决问题的能力，进而使学生的逻辑思维、情感态度、价值观念等得到发展。数学教育又是公民终身教育重要组成部分，对提高全民族素质，培养高、精、尖的现代化建设人才，提高我国综合国力都有着十分重要的意义。

多年的从教经历，让我体会到要提高文科生的数学成绩并不是一件容易的事情。而在"双减"政策实施之后，我也积极改变传统的教学观念与方法，开始制定适合"双减"政策下的教学方式。因此现在每当接到一个文科班时，我首先是调查学生学习数学的基本情况，及时调整教学内容的难度、进度，改变教学方式与方法。其次非常重视学生对基础知识的记忆、基本题型的练习、基本方法的运用，使学生从平时数学学习与自我学习成果检验中慢慢地找回学习数学的自信心，逐步提高数学成绩。

为适应"双减"政策，并在今后的教学中改进教学方式，提高教学质量，改变文科学生学习数学困难的现状，本文将从文科生学习数学现状、数学成绩难以提升的原因以及提高数学成绩的策略等方面进行粗浅的分析和探讨。

一、高中文科生数学学习现状

随着教育改革的深入，数学作为一门基础学科，在文科教育中也逐渐受到重视。为了深入了解文科生的数学学习现状，我们设计了一份调查问卷，问卷主要包括学生的基本信息、数学学习态度、学习方法、学习资源，以及课堂互动等方面的问题。选取了本学校高二和高三400名文科高中学生作为样本。通过线上和线下两种方式发放问卷400份，共回收380份有效问卷。并对收集到的数据进行了详细分析。

数学学习态度：70%的学生认为数学对其今后发展很重要；50%的学生表示对数学有兴趣；30%的学生表示在数学学习中有挫败感。

学习方法：60%的学生主要依赖课堂讲解来学习；40%的学生会利用网络资源来辅助学习；仅有10%的学生会定期与数学老师或同学讨论数学问题。

学习资源：80%的学生表示学校提供的数学资源足够；20%的学生认为需要更多的习题集或参考书。

课堂互动：50%的学生在课堂上会积极参与讨论；30%的学生表示希望老师能增加互动环节；20%的学生考虑选择与数学相关的专业或职业。

从上述数据分析来看，文科生的数学学习现状呈现出以下几个特点：

(一) 学科知识基础薄弱

许多文科生数学基础相对薄弱，小学和初中需要掌握的数学基础知识没有过关，随着高中数学知识点的增加和知识难度的加大，学习数学变得更加吃力，进而没有信心，畏惧数学，放弃数学，如小学阶段的找规律的题：1、5、7、17、（ ）、65，没有掌握找规律基本的方法和技巧，那在高中阶段学习数列的递推和归纳推理就很困难。如果在初中所学的一元二次函数$y=ax^2+bx+c$（$a\neq0$）的图象和性质都无法理解，那么在高中阶段的学习解一元二次不等式$ax^2+bx+c>0$时，利用二次函数图象归纳出一元二次不等式的解法肯定就无法理解了。数学基础不扎实就会导致听不懂课，逐渐失去学习数学的信心，还会产生学习数学的恐惧心理，怕上数学课、怕做数学作业、怕数学考试的心理问题。

(二) 部分学生数学学习习惯不好

部分选择文科的学生数学学习的习惯是很差的，自小学开始数学学习就没有养成良好的习惯。没有数学笔记本，上课不做笔记，只是听讲，又不会动手练题。数学作业敷衍了事，不懂的地方课下也不问老师和同学。对于数学学习完全是一种游离的状态。这种不好的状态持续下去，久而久之，就会变得完全听不懂，出现节节数学课"坐飞机"的现象。而在课下也不会想办法去补救，在数学学习上产生"破罐子破摔"的自暴自弃心理，甚至可能出现完全放弃数学的想法与心态，这种想法与心态很大程度上导致了数学在高考中的失败。

（三）缺乏理科逻辑思维

四川地区文理分科后，文科生需要参加高考的学科中只有数学一门是理科，而对于数学来说，其特点是重视逻辑思维能力和理性客观的认知结构。部分学生偏向感性思维和形象思维，这反而不利于数学知识的建构与数学逻辑的培养。在高三一轮复习中我们会遇到这样一个比较常见的关于不等式求解方面的问题：

已知$c>0$，设P：函数$y=c^x$（$c>0$且$c\neq1$）在R上单调递减；Q：不等式$2x^2-cx+c\geq0$的解集为R，如果P和Q有且仅有一个正确，求c的取值范围。学生对于这样一道题来说，大体方向是搞得懂的，但是细节上搞不清楚。该试题答案要不要取等号就弄不对了。又如文科学生在学习选修2-1中的《反证法》一课时，对如图表 I 中的常见否定用语按照文科思维理解起来是非常困难的。

图表 I

原命题	都是	全为	至少一个	至多一个	至多n个 ($n \in N^*$)	至少n个 ($n \in N^*$)
否定形式	不都是	不全为	一个也没有	至少两个	至少n+1个 ($n \in N^*$)	至多n-1个 ($n \in N^*$)

（四） "双减"政策带来的影响

由于"双减"政策的实施，很多文科生就像看到了希望一样，开始欢呼雀跃，可以不用再为数学而苦恼了，于是开始放纵自己在数学上的学习，不完成作业，抄答案等一系列对抗数学学习的方式。殊不知，"双减"政策却是在培养学生积极性上起到了重要的作用。目前由于作业量的减少，促使学生需要在课前积极预习，课堂认真听讲，课下及时复习，平时学会总结方法，才能保证数学学习在稳步中提升。

二、高中文科生学习数学困难原因

（一）生源状况影响文科生数学学习

大多数文科生是因为数理化都学不懂被迫选择文科的，这部分学生本身就是各科学习都比较差，学习基础和学习能力都不太行，而且对自己将来大学要求又比较低的学生。他们在学习上畏难情绪也比较严重，有很大一部分是去读艺体、考单招、出国留学等，当然这些方面对数学成绩的要求也不高的。另外从每年的全省高考成绩可以看出，在高考文科数学难度比理科数学难度低的前提下，全省文科数学平均分都会比理科数学平均分要低很多，这也从侧面说明了选择文科的学生数学基础是较差的。

（二）外部环境影响文科生数学学习

我带的几届文科班都有学生辍学或休学，有的是家庭原因，有的是社会原因。有些家庭没有给孩子创造良好的学习氛围，家长从来不管孩子的学习，任由孩子"自由发展"，孩子想怎样就怎样；而现在社会流传着"金钱至上"等一些不良思想也对学生大脑进行侵蚀。这些家庭和社会因素都对部分文科学生的学习带来了不良的影响，也对这部分学生数学成绩的提高形成了极大阻力。

（三）班级环境影响文科生数学学习

目前学校艺体班基本是文科班，就算没有办艺体班的学校，读艺体的学生文科生也要比理科生多得多。由于艺体生对文化水平要求要低一些，加上数学又比较难学，他们对学习数学的态度就会变得更加消极和被动。在这样大多数都不喜欢数学的班级当中，老师要顺利上好数学课也是很困难的，课堂上讲深了、讲多了，导致学生吸收不了；讲简单了、讲少了，也达不到教学进度和考试要求。因此这种班级的学习环境是完全不利于数学成绩提高的。

（四）"双减"政策影响文科生数学学习

"双减"政策的实施，很大程度上影响了文科生对于数学的学习热情，也导致部分"后进生"影响其他愿意学习的学生。大部分同学没有理解到"双减"政策具体的意义，认为国家实施的政策只是简单地减轻了作业量，而没有去思考背后真正的含义。"双减"的目的在于让学生能够在五育上全面发展，让学生养成自己学习的习惯。而部分学生曲解意思，导致对数学学习热情逐渐降低，以至于到后来不愿意学习数学了。

三、提高高中文科生数学学习的策略

（一）策略之一：正确解读政策

对于"双减"政策，无论是教师还是学生都应该正确理解其含义，而不是片面理解或过度理解。国家实施的政策，是适应我们国家教育事业发展的正确理念，为培养新时代社会主义接班人奠定基础。作为教师，我们应该去适应新的政策，积极改变传统教学观念，摒弃以分数为定论的观点，培养学生在五育上全面发展；作为学生，应该积极改变以往的学习方式，改变题海战术的策略，让自己能够在五育上全面发展，做好新时代的接班人。

（二）策略之二：培养良好关系

培养良好关系是教学得以有序开展的前提，无论是老师与学生之间还是学生与学生之间。"学高为师，身正为范"是著名的教育家陶行知先生的一句名言，教师应该努力提高自己的专业知识水平和思想政治素养，用自己的学识和作风去感化学生，影响学生。努力做到让学生喜欢课堂，从而建立良好的课堂氛围，提高课堂效率。平时要认真观察每一位学生，一旦发现在思想和学习上出现问题时，要及时和学生进行交流沟通，帮助他们找出存在的问题，树立他们学习的自信心，走出困境的决心，制订出适合他们的学习计划，变被动为主动，及时肯定表扬他们取得的成绩和进步，让他们收获到学习数学的快乐。

（三）策略之三：增强学习信心

由于数学基础差、数学学习习惯又不好，大多数文科生在学习数学上基本上没有信心，帮助他们树立信心尤为重要。教师可通过对高中数学学习方法的指导来树立学生的信心，例如怎么听数学课，怎么做笔记，怎么打草稿，怎么记忆公式。也可通过对高考数学考试试题的分析来帮助学生树立信心，例如，一张高考数学试卷有70%题目100分左右都属于中档及以下的难度题目，告诉学生哪些章节比较简单些，容易学懂，容易得分。再如可以举出一些已经毕业的学生数学逆袭的例子，或者请一些优秀的学生代表到班上现身说法等多方面来树立他们学习数学的信心。

（四）策略之四：进行分层教学

文科学生在数学学习上往往存在多样化的需求和能力水平的高低。为了更好地满足这些需求，提高教学效果，实施分层教学显得尤为重要。分层教学的核心是根据学生的数学基础、学习速度和兴趣等因素，将他们分成不同的层次，然后针对每个层次的学生制订相应的教学计划和教学策略。文科学生的数学分层教学可以依据以下几个方面进行：

1. 数学基础：根据学生的数学成绩、基础知识掌握情况等，将学生分为不同的基础层次。对于数学基础较弱的学生，应重点加强基础知识的教学和训练，提高他们的数学基础能力。同时，可以采用直观、形象的教学方法，如使用图形、动画等辅助工具，帮助他们更好地理解和掌握数学知识。

2. 学习速度：根据学生的学习进度和理解能力，将学生分为快慢不同的学习速度层次。对于学习速度较慢的学生，可以采用小步快跑的教学策略，逐步引导他们理解和掌握数学知识。同时，可以提供更多的辅导和练习机会，帮助他们逐步跟上教学进度。对于学习速度较快的学生，则可以给予更多的挑战和拓展内容，激发他们的学习潜力和兴趣。

3. 学习兴趣和动力：根据学生的数学兴趣和参与程度，将学生分为高低不同的兴趣层次。对于对数学兴趣较低的学生，可以通过丰富多样的教学方式和活动来激发他们的学习兴趣。例如，可以组织数学游戏、数学竞赛等活动，让学生在轻松愉快的氛围中学习和探索数学知识。对于对数学兴趣较高的学生，则可以提供更多的高级数学知识和应用案例，以满足他们的学习需求和兴趣。

（五）策略之五：做好变式教学

对于文科学生而言，数学教学往往面临一定的挑战。由于文科学生通常更侧重于人文社科方面的学习，数学思维和技能的培养可能相对较少。因此，为了更好地适应文科学生的特点和需求，变式教学成为一种重要的教学方法。变式教学强调通过多样化的教学方式和手段，激发学生的学习兴趣和积极性，提高他们的数学思维和解题能力。因此针对文科学生的数学教学，可以采取以下变式教学策略。

1. 情境化教学：通过创设与文科学生日常生活或专业领域相关的数学情境，引导学生主动思考和解决问题。例如，在经济学专业中，可以通过分析市场供需关系来引入函数和微积分的概念。

2. 案例分析教学：选取与文科学生专业相关的数学案例，引导学生进行分析和讨论。通过案例分析，帮助学生理解数学在实际问题中的应用，提高他们的数学思维和解决问题的能力。

3. 互动式教学：通过组织小组讨论、角色扮演等活动，促进学生之间的交流和合作。在互动式教学中，教师可以扮演引导者和指导者的角色，帮助学生发现问题、解决问题，并鼓励他们进行探索和创新。

4. 实践操作教学：结合文科学生的专业特点和需求，设计一些具有实践性的数学活动。例如，在地理学专业中，可以通过测量和计算地图上的距离来引入三角学和比例的概念。

通过实施变式教学，可以激发文科学生对数学的兴趣和积极性，提高他们的数学思维和解题能力。同时，变式教学也有助于培养学生的创新精神和实践能力，为他们在未来的学习和工作中更好地应用数学知识打下基础。此外，变式教学还有助于加强师生之间的互动和沟通，建立良好的师生关系，为教学质量的提升创造有利条件。

（六）策略之六：考试技巧培养

对于文科学生来说，数学考试往往是一个相对薄弱的环节。由于文科学生可能更侧重于人文社科方面的学习，对于数学的知识体系和解题技巧可能相对陌生。因此，培养文科学生的数学考试技巧至关重要，这不仅有助于他们在考试中取得更好的成绩，还能提升他们的数学应用能力和思维能力。因此针对文科学生的特点，可以采取以下数学考试技巧培养策略：

1. 基础知识巩固：确保学生对数学基础知识有深入的理解和掌握，这是解题的基础。

2. 题型训练：针对不同类型的数学题目进行专项训练，如选择题、填空题、计算题等，让学生了解各种题型的解题方法和技巧。

3. 解题思路培养：教授学生如何分析问题、构建解题思路，以及如何将复杂问题简化为已知问题。

4. 模拟考试与反馈：组织模拟考试，让学生在模拟考试中发现自己的不足，并通过反馈和指导进行改进。

5. 时间管理：训练学生在考试中合理分配时间，避免在某一题目上花费过多时间导致其他题目无法完成。

6. 心理素质培养：帮助学生调整考试心态，减少考试焦虑，保持冷静和自信。

通过培养文科学生的数学考试技巧，不仅可以帮助他们在考试中取得更好的成绩，还能提升他们的数学应用能力和思维能力。同时，这也有助于培养学生的自信心和学习兴趣，为他们在未来的学习和工作中更好地应用数学知识打下基础。此外，通过模拟考试和反馈指导，还可以加强师生之间的互动和沟通，建立良好的师生关系，为教学质量的提升创造有利条件。

四、结束语

总之，要提高文科生数学成绩是一件不容易的事情，是一个长期而复杂的过程，需要教师付出大量的时间和心血，需要学生的积极配合。而在目前新政策的实施下，教学也产生了部分困难。但是，作为教师我们应知难而上，努力克服遇到的困难，提升教师自身能力，培养学生学习态度，相信功夫不负有心人，只要老师和学生共同努力和进步，相信在高考中一定能取得好成绩。

参考文献：

蔡亲鹏，陈建花.数学教育学 [M] .杭州：浙江大学出版社，2008 (10) .

以跨学科融合教学提升学生数学学科核心素养的探索

青白江区红旗学校　钟春利

摘要： 随着教育的信息化、数字化发展，各个学科之间的交叉融合教学成为一种新的趋势。数学是学校教育教学的基础学科之一，发展学生的数学学科核心素养，对学生未来的发展有着重要的意义。新课程改革背景下，初中数学的教学目标和方向也发生了极大的转变，教师的教学迎来了新的机遇和挑战。跨学科融合教学的实施，能够拓展教学的空间，为学生提供多个领域的知识，发散其学习视野。本文将分析如何应用跨学科、如何教学提升学生学科核心素养。

关键词： 跨学科融合教育；提升；数学学科核心素养；策略

基于核心素养导向，在初中数学课堂教学中，教师要树立立德树人的教育观点，健全学生的人格，在教授学生基本数学知识的同时，关注学生学科核心素养的养成与发展。跨学科融合教学的实践，能够将多个学科的知识及学习方法整合在一起，能够有效改善当前初中数学教学的现状，进一步提升数学教学的时效性及综合性，并借助不同学科领域的教学内容，发展学生的综合能力，拓展学生的学习视野。

一、以跨学科融合教学提升学生数学学科核心素养的教学现状分析

跨学科融合教学是一种创新的教学方式，旨在将不同学科的知识和技能整合在一起，通过更具综合性和应用性的学习体验，提升学生综合素养，同时也能促进教师的专业成长。跨学科融合教学成为近年来教育领域的热点话题，受到各界的关注。在当前的初中数学课堂教学中，一些初中数学教师可能缺乏对跨学科教学的理念和意识，更注重数学知识的传授和解题技巧的训练，而忽略了数学与其他学科的联系和应用；很多学生有着较大的学习压力，并没有足够的精力关注数学知识的跨学科应用和学习，存在着教学形式单一、内容枯燥、氛围沉闷、学生学习效果欠佳等多种问题；除此之外，在当前的初中数学课堂教学中，教育评价的方式依旧在沿用传统的笔试考试，难以发展学生的创新能力和应用能力，一度

影响了跨学科融合教学的实施，需要学校、教师和学生的相互配合。

笔者就数学中的阅读问题在本校作了问卷调查，调查表明：没有仔细阅读题目的学生人数占62.57%，没有读懂题目的占22%，不阅读题目的学生人数占15.43%，基于此我在数学教学中以学科融合为抓手进行尝试。

众所周知，语文阅读教学其目的是提升学生的阅读能力，进而促进写作能力的提升。同理，数学课堂教学中教师可以借助语文阅读的思维模式，引导学生进行"数学阅读"，从大量的数学信息中，提取自身需要的知识内容，并通过有效信息的阅读，提升学生自身分析问题的能力。也就是通过阅读，反复阅读题干要求，强化理解，更好地梳理解题思路。教师在实际开展阅读教学中，将整个阅读步骤分为三步，一是引导学生大概读一遍题目，粗略了解题目中的信息；二是再次阅读题干，检索题目中的关键词、关键句，细细斟酌，并对其中有效的信息进行标注，便于在解题过程中简化解题步骤；三是对题目中的图表、图形等进行阅读，由于初中试题中大都带有图表，教师可以引导学生深入挖掘图表中的有效信息，并结合文字进行思考分析。学生在整个"数学阅读"过程中，自主探究知识的能力明显提高，并形成良好的思考能力，弄清楚各数学变量之间的关系，从而更好地运用解题思路，计算出正确的结果。例如，教师在教学"有理数与无理数、相反数、绝对值"这一章节时，学生能够根据已知的变量以及给出的变量公式进行阅读分析，加强各实数之间的联系，从而解出题目。教师通过将跨学科知识作为切入点，更好地帮助学生提升自身对问题的探究能力，促进整体学习能力的提升。

二、以跨学科融合教学提升学生数学学科核心素养的意义探析

初中数学是学校基础学科教育的重要组成，在发展学生逻辑思维能力、分析问题和解决问题能力层面影响深远。但是，数学本身是一门抽象、综合、逻辑紧密的学科，会让很多学生觉得学习非常枯燥，学习兴趣不高、效果欠佳。跨学科融合教学在数学课堂中的实践应用，能够建立数学与其他不同学科之间的联系，通过不同学科知识之间的融合，让数学学习变得更加丰富有趣，学生能够在数学课堂上了解到生活、美术、体育、语文、物理、科学等其他学科的知识，能够感受数学知识的实践应用；能够进一步激发学生的数学学习兴趣，并锻炼学生的数学学习思维能力和综合实践应用能力；能够有效促进教师之间的相互交流沟通，促进学校教育教学改革的发展进步。

三、以跨学科融合教学提升学生数学学科核心素养的策略探究

(一) 转变教学观念，确定跨学科融合教学契机

基于核心素养视域下，在初中数学课堂教学中，教师要能够及时转变自身的

教学观念,正视跨学科融合教学在发展、提升学生数学学科核心素养教学中的价值。教师要深入分析数学学科与其他学科的内在联系,深挖教材内容,探寻数学学科与启发学科的教学融合点,进一步提升数学教学内容的丰富性和价值。

例如,在北师大版初中数学"生活中的立体图形"教学中,本次课的教学目标是让学生认识常见的立体图形,如球体、圆柱体、圆锥体和长方体等;理解立体图形的特点,如球体的所有点都等距离于球心,圆柱体的两个平行圆面之间的距离相等等;培养学生的空间想象能力和几何思维能力;让学生能够在实际生活中找到这些立体图形,并能够描述它们的特点。为了更好培养学生的几何空间思维能力和想象力,教师要找寻其他学科与立体图形相关联的教学内容,探究跨学科融合点。在具体的教学中,可结合体育、美术等学科进行跨学科融合教学。如,借助体育学科的教具,足球、篮球、沙袋;美术学科中的一些建筑模型、雕塑进行跨学科教学;也可借助美术作品的创作,进行立体图形的跨学科融合教学实践,脱离传统单一的教师讲解的教学模式,让学生选择一个喜欢的立体图形,进行美术创作,并鼓励学生通过美术中学习的色彩和纹理构建,强化作品的立体感,更好地观察立体图形在数学和艺术中的融合应用,深化本次课的教学成效,引导学生数学综合实践应用能力的提升。

(二)基于学生学情,创设跨学科融合教学情境

新课程改革背景下,初中数学课堂教学中,教师要树立以生为本的教育观念,能够在深入了解学生数学学习情况的基础上,结合学生的生活实际,创设跨学科融合教学情境,进行跨学科融合教学。通过创设真实、生动的教学情境,将数学教学与学生的生活有机融合在一起,充分激发学生的学习兴趣,引导学生运用数学知识解决具体问题,深化学生对数学知识的理解和实践应用。

例如,在"概率初步"单元的教学中,为了更有效地引导学生理解概率的基本概念,掌握概率的计算方法,激发他们对概率学习的兴趣和积极性,并在此基础上培养学生的科学精神和合作意识。教师要能够基于学生的学情和生活实际,创设教学情境,深化跨学科融合教学成效。在讲解概率的基本概念时,教师可结合学生学过的科学知识或者物理知识,基于光现象的学习,结合光子传播、声音传播、折射等现象,让学生去理解和感受概率的产生;在计算概率的教学中,教师可借助学生学过的计算机知识,进行计算概率的模拟实验,融合学生已学的计算机知识,进行概率计算。为了更好地进行本次课的教学,教师可创设小组合作讨论的教学环节,创设一个商场促销的情境,引导学生计算中奖的概率,引导学生感受数学学习与现实生活之间的关联性,启发并鼓励学生将所学的数学知识灵活应用到生活实际中,解决具体的问题,进而提升学生的数学学科核心素养,强化其综合实践能力。

（三）创新教学方式，开展跨学科教学实践活动

传统的数学教学模式已经不能满足数学学科的教学改革发展，一定程度上限制了学生数学学科核心素养的提升。在初中数学课堂教学实践中，教师要积极探索改革和创新数学教学模式，能够借助多元化的教学理念和教学模式，开展跨学科融合教学实践活动。基于跨学科融合教学实践的实施，发展学生的创新能力，让其更好地体验数学学习的乐趣，感受数学的魅力，获得数学学科核心素养的培养与提升。

例如，在"简单的轴对称图形"教学中，教师要有效突破传统数学教学模式的局限，能够借助跨学科融合教学的实践，基于小组合作、综合实践活动等教学方式，引导学生理解轴对称图形的概念，掌握判断一个图形是否为轴对称图形的方法，培养学生的观察能力、动手能力和创新思维能力，激发学生对轴对称图形的学习兴趣，培养他们的审美意识和探索精神。在具体的教学实践中，教师可借助美术学科中的对称设计，创设美术创意制作环节，让学生亲自动手设计一个轴对称图形，如，剪纸、绘画等，并通过自主设计，更好地理解轴对称图形的性质；可以通过物理、科学知识中的对称性原理，比如电磁场的对称现象等，让学生理解图形的对称性。

（四）巧借信息技术，完善数学跨学科融合教学

随着社会的发展和教育的进步，越来越多的信息技术映入人们的眼帘，并被广泛地应用到学校教育教学活动中，收获了良好的教学评价与反馈。在跨学科融合教学背景下，为了更好地进行数学教学，教师要巧借信息技术的应用，将多样化的教学内容、多元化的教学方式融入数学课堂教学中，借助其他学科的教学策略和内容，辅助跨学科融合教学的实施。教师可借助信息技术手段，基于思维导图、数学教学软件以及翻转课堂等，进行跨学科融合教学，切实提升课堂的教学效率和学生的学习成效。

例如，在"数据的收集与整理"章节的教学中，教师可借助信息技术的支持，进行跨学科融合教学实践，将数学学科教学与信息技术学科教学、地理学科教学等有机融合在一起，培养学生运用现代技术收集与整理数学数据的能力，促进学生逻辑思维能力、分析问题和解决问题能力的提升。在具体的教学中，教师可结合课前准备的一些微课课件或者视频资料，利用信息技术的手段展示如何收集大量的数据，并进行统计、整理与分析。在表述数据和制作统计图表的教学环节中，教师可融入地理学科气温、气候、地形等变化图的知识，借助信息技术展示在课堂上，启发学生的逻辑思维，辅助学生的高效学习。

（五）优化评价体系，全面反馈跨学科融合教学

教学评价体系是教育教学中不可或缺的部分，对整个教学的改革和优化至关重要。为了更好地借助跨学科融合教学提升学生的数学学科核心素养，教师要在

原有评价方案的基础上，进行改进和完善。建立合理、科学的评价反馈体系，更全面、客观地评价学生在跨学科融合教学中的表现、分析学生掌握基本数学知识的程度、了解学生应用所学数学知识解决具体问题的基本情况，并以此反馈跨学科融合教学的成效，更准确地了解学生的数学学习情况，并进行有针对性的教学引导和帮助，帮助学生更好地理解自己的数学学习情况，优化学生的数学学习方式，助力其数学学科核心素养的养成与提升。

例如，在"生活中的轴对称"章节的教学中，在跨学科融合教学实践结束之后，教师要能够结合学生在跨学科学习中的表现、对轴对称知识的掌握程度以及运用轴对称知识解决具体问题的能力、美学元素的运用、创新思维的发展等多个方面的综合表现进行全面、客观的评价；可以通过观察学生的作品、口头表达和小组讨论等方式来评价学生的学习效果。通过多元化的教学评价与反馈，强化学生在跨学科融合教学中获得的学习成就感和情感体验，进一步增强学生的数学学科核心素养和综合实践能力。

四、结束语

综上所述，跨学科融合教学在初中数学课堂教学实践中的应用，能够有效提升学生的数学学科核心素养。教师要一改传统的教学观念，正视跨学科融合教学的价值，积极学习相关的教学理论和成功的教学经验，基于学生的数学学习实情，积极整合多元化的教学资源，进行数学课堂教学策略的改革创新，并借助信息技术，完善跨学科融合教学的方案，更全面地进行教学评价与反馈，实现对学生数学学科核心素养的培养，进一步强化学生的综合素质、创新思维和实践能力，为其今后的综合发展和学习进步打好基础。

参考文献：

[1] 张惠."双减"背景下数学跨学科融合作业设计策略 [J].天津教育，2023，(24)：79-81.

[2] 赵德芳.基于核心素养的初中数学跨学科融合教学实践 [J].上海中学数学，2023，(22)：47-50+82.

[3] 钟太连.新课标下数学跨学科融合教学的实践初探 [J].试题与研究，2023，(18)：70-72.

[4] 黄艳芳.核心素养导向的小学数学跨学科融合教育探索 [J].中国教师，2023，(6)：105-107.

[5] 严亚雄.跨学科融合，我们这样做——基于学生核心素养提升的小学数学跨学科融合教学探究 [J].小学教学设计，2023，(11)：26-29.

网络画板赋能小学数学学习

成都市青白江区实验小学　易成勇

摘要：教育部拟定《中小学数学教师信息技术应用能力规范（讨论稿)》中指出：数学教师信息技术应用能力是信息化社会数学教师必备学科专业能力。网络画板作为一款数学教与学的专业软件，如何赋能小学数学学习是我们重点研究的内容。我们从网络画板赋能数学概念理解、实践操作、自主探索、兴趣培养等方面进行实践研究。实践表明，网络画板赋能数学学习能将问题化难为易、化繁为简、化零为整，学生更容易理解、分析、解答，明显提升教学效果，提高学生学习数学的兴趣。

关键词：网络画板；动态演示；赋能

网络画板是一款易学易懂，开发效率很高的软件，是一款入门较低，易于普及的数学软件，体现了极简主义思想的宗旨。它不但是一个制作课件的平台，还是一个学习技术的平台，一个技术交流的平台，一个大家共建共享的资源库平台，尤其是它可以跨平台使用，一个链接，一个二维码，一个嵌入，就可以实现共享，大大方便了师生使用。在教学中，它的动态过程展示让我们以前能想到但看不到的现象变得能看到；以前想不到也看不到的现象，现在通过过程展示能看得到，从而能想得到；以前利用实物不易操作的活动变得容易操作，等等，简单地说，就是把抽象不可见的数学变得直观可见。网络画板赋能数学学习，使课堂更加形象生动、形式多样，能为学生发现问题、分析问题、解决问题提供丰富的直观经验，有利于数学概念的形成与发展，数学思维品质的提升，同时也让学生在应用网络画板解决数学问题的过程中感受数学之美、享受数学之趣、体会数学之味，从而激发学习兴趣，使数学课堂收到事半功倍的效果。

一、网络画板赋能数学，让图形变化无穷，有利于师生感受数学之美

图案欣赏与制作是小学数学的一个重要内容，但在传统的教学中，因为缺少相关材料与手段等，导致这些内容的学习轻描淡写，效果常常不尽如人意。自从

有了网络画板的参与，一方面老师可以利用网络画板的迭代等功能制作丰富的图案来熏陶学生；另一方面，学生在教师的引导下，运用所学的图形知识加上独特的创意再结合不同变换和改变参数亲自创作出千变万化、意想不到、美不胜收的图案，它对学生的视觉冲击是巨大的。学生在创作过程中，为了呈现自己的设计意图，学生会最大限度调动自己所学知识去解决问题，不懂的会主动求教或自学或互帮互学，这个过程既让学生体会到数学的用处，增强了学习的主动性，更让看似枯燥单一的数学变得魅力无穷。实践证明，每当学生看到这些图案都会被吸引，同时也激发了极强的探索热情，如图1所示。

图1　美丽图案

二、网络画板赋能数学，让抽象的数学问题直观可见，有利于学生体会数学之味

（一）网络画板赋能数学，有利于学生对概念的理解

概念教学是数学教学中的一个重要内容，概念理解不清，通常导致数学学不好，但有些概念很抽象，不易理解。比如容积的意义，"容器所能容纳物体的体积"的理解就很难，学生对容器的内空大小与所装物体的体积之间的关系画不上等号，我在教学中利用网络画板制作一个容器，并制作一个与容器内空完全一样的一个立体图形，然后把立体图形放入容器内，让学生观察容器的内空与立体图形的关系，当学生发现它们一样大时，再移出立体图形，然后告知这个立体图形的大小就是这个容器的容积，有了这样一个直观体验，学生就会真正理解容积的概念，如图2所示。

图2　容积概念

（二）网络画板赋能数学，有利于对学生进行数学思想的渗透

数学思想的渗透是数学教学的一个重要目标，理解和运用数学思想能大大提升学生的数学能力。但有些如极限思想往往存在于语言的描述或者是想象当中，缺少实实在在的直观体验。如教学圆的面积计算方法时，如果用纸圆等分，最多也只能分到32等份，拼成近似平行四边形，学生对于把半径当作高总是有些想不

通，毕竟看上去半径和底不是垂直的，底也不是直的。有了网络画板这一利器，这个问题就轻松解决了，我们可以将圆分成若干等份，由于等分的份数非常多，拼成的图形从直观上看已经是一个长方形。当学生看到随着等分的份数越多，圆在动态变化中逐渐变成一个长方形，这个直观体验能非常有效地帮助学生理解极限思想，化曲为直等转化思想。说实话，我和学生在第一次看到这种魔幻般的变化时，都深深地被震撼和折服，如图3所示。

图3 圆面积计公式推导

（三）网络画板赋能数学，有利于突破教学重难点

对于重难点知识，往往比较抽象，又不易直观操作，导致学生不易理解，而我们借助网络画板的过程展示却能帮助学生理解和掌握。如把一个高8厘米的圆柱体增高2厘米，表面增加了25.12平方厘米，求圆柱表面积。如果没有直观演示，有些学生不知道增加的部分在哪里，更不用说计算了，那么通过网络画板的动态演示，让学生观察圆柱的变化，找到变化的部分，发现变化的地方在圆柱的侧面部分，而且这个部分就是2厘米高圆柱的侧面，然后进一步分析，从而轻松解决问题，最后还可以动态演示让学生思考：如果圆柱的高减少2厘米表面积减少了25.12平方厘米又如何解决呢？又如圆锥沿顶点纵切面是什么形状的问题，瓶子倒放等积转化的问题等，通过动态演示都能让学生直观感悟而容易理解，如图4所示。

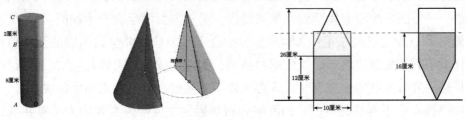

图4 图形的变换

三、网络画板赋能数学，让动手实践常态化、探究问题精细化，有利于学生享受数学之趣

（一）网络画板赋能数学，为学生的自主探究学习提供了更多可能

自主探究学习是新课程理念所提倡的一种学习方式。它要求学生在老师的引导下通过动手、动眼、动嘴、动脑，主动地去获取知识。但在实际操作中由于缺少探究素材或不易准备素材又或是实物不易操作等而影响探究效果，然而利用网络画板则可根据需求轻松制作素材，然后将活动要求及素材操作要求发放给学生，学生根据活动要求操作交互按钮进行探究，保证了探究的效果。

如长方体的切割问题。以把一个长方体的顶点处在平行于各面切下一个小长方体，探究切割后表面积有什么变化为例，在传统教学中，即使进行实物操作，但由于视角、遮挡等因素，学生也不易观察和发现切割后图形表面积的变化规律。利用网络画板的动态演示，可以直观地把新产生的面与切割掉的对应面进行比较，同时通过参数调整改变要割掉的长方体的大小进行多次比较，为学生提供充足的数据进行分析，从而发现规律，让学生在理解中记住规律，更重要的是掌握一些探索规律的方法，如图5所示。

图5　长方体的切割

（二）网络画板赋能数学，有利于学生对数学规律的探索和建模

探索规律性内容是小学数学内容的重要组成部分，探索规律的过程就是合情推理与演绎推理综合运用的过程，所以在数学活动中要为学生提供既有价值又便于操作的素材。如在进行长方形的面积教学时，我们通常会用度量单位去度量图形的大小，然后计算出计量单位的个数，从而计算出面积。但在实际操作中，由于计量单位个数不够或操作不方便等原因导致操作效果不好，或者有些设计为了避免用单位面积去度量出现不是整平方单位的情况出现，就采用几个单位面积拼出长方形再求长方形面积，这样虽然能正确求出长方形面积，但作为面积计算的教学，一方面学生没有体验到计量的过程，另一方面学生会产生疑问：如果度量到最后多一点又怎么办呢？同时学生也体会不到为什么要学习不同的面积单位，这样就不利于量感的培养。我们用网络画板的迭代技术则可轻松应对，如果度量不是整平方分米数的长方形时，需要改为平方厘米或平方毫米为单位去度量，如果实物操作是不容易进行的，但网络画板则通过变量尺改变单位大小重新度量，非常方便，让学生在度量操作中去探索面积计算的方法以及单位间的换算关系，如图6所示。

图6　长方形面积的度量

（三）网络画板赋能数学，开阔学生视野，拓展学生思维

在数学教学中，我们常用一题多解、一题多变的方法开拓学生的思路，克服思维定式，培养发散性思维的创造性能力。比如，正方体的11种展开图，不是每个学生都能想到或做到的，学生对自己动手实践的两三种情况可能印象深刻而易于理解，但对于其他同学的展示可能只是远观而没有足够的时间去观察和理解，

课后很快就会遗忘。网络画板能轻松展示各种情况，学生有机会反复操作观察每一种情况，加深理解，填补学生认识的不足。又如三个圆柱层叠求表面积，一般情况下大家会想到凸出的形状，那么凹进去的又如何计算呢？两者之间又有什么联系呢？如果是又凹又凸的情况呢？这些如果只靠大脑去想，对于大多数学生来说，都是无法理解的，而通过网络画板，把它们的动态变化过程展示出来，学生不但能看清看懂每一种类型，而且不同类型间的联系或区别也动态地展示出来了，这样既开阔了视野，又拓展了思维，如图7所示。

图7 图形的变化

四、结论与总结

网络画板作为信息技术与教育教学融合的一个典型案例，它特有的动态过程展示让抽象、枯燥、神秘、复杂的数学变得直观、有趣、生动、简单。相信你的课堂有了网络画板的参与，教数学会因为生动有趣而更具感染力，学数学会因为易学易懂而变得更具吸引力。

参考文献：

[1] 高正娟.初中数学思想的渗透方法探析 [J].数学学习与研究，2018 (21)：1.

[2] 米雪.小学数学课堂教学中自主探究式学习模式探析 [J].成功：中下，2018 (11)：1.

[3] 马银娟.把课堂还给学生，让课堂充满活力 [J].中国信息技术教育，2012 (5).

[4] 龙奕红.浅谈自主探究式学习 [J].考试与评价，2017 (2).

[5] 陈燕萍.如何提高初中数学教学的有效性 [J].农家科技，2011 (4).

[6] 何间英.一题多解 一题多变 培养发散性和创造性思维 [J].西江教育论丛，2008 (3)：2.

[7] 杨光伟.中学数学案例教学论 [M].杭州：浙江大学出版社，2012 (12).

小学数学深度学习之培养策略例谈

青白江区日新小学   牟少林

摘要：为落实"双减"政策和"减量不减质"的总体要求，现代教育对中小学的课堂教学提出了越来越高的要求。学生对于知识的学习也不仅仅局限于浅层的理解与掌握，而是要让他们在充分交流、探讨、质疑、反思中深入理解知识本质并能迁移运用所学知识解决新的问题。本文结合平时教学中的一些做法，谈谈如何促进学生的深度学习，以充分发挥学生在学习活动中的主体性和主动性。

关键词：深度学习；数学思维；培养策略

数学深度学习，是指能触及数学知识的内涵和本质、提升学生数学思维能力、综合运用所学知识灵活解决生活实际问题能力的学习，学生全身心参与整个数学活动体验，成功获得发展的、有意义的学习过程。深度学习重视知识的理解、迁移运用和问题解决。现结合教学实例，简单谈谈如何在平时的数学教学中引导学生进行深度学习。

一、以趣促学，抓住学生深度学习的起点

深度学习的关键是调动学生的主观能动性，发掘他们对学习的内在需求，让他们能全身心积极参与到数学学习活动中去并获得成功的情感体验。根据小学生的年龄和心理发展特点，教师可以"先从小处入手"，设定一些学生喜欢且具有典型性的问题让其通过自己的独立思考去尝试解决，让他们逐步体验到成功的乐趣，增强学好数学的自信心。

美国心理学家布卢姆说过：学习的最大动力，是对学习材料的兴趣。研究表明由学生兴趣入手，更易促进学生主动、积极、深度地参与到学习活动中，提升学生学习能力。因此，在复习运算律时，课前我通过让学生收集平时感兴趣和易错的题目，在课堂上进行全班交流、分享，学生经历回顾、反思、梳理简便运算计算方法的过程，并在与同学的相互启发与交流评价中取长补短，总结出规避错误的有效方法。整堂课由学生的学习兴趣和学习实际出发，变枯燥乏味的复习巩

固为自主轻松的分享交流，激发了学生主动学习的积极性，学习的内驱力被充分调动起来，师生、生生互动交流真实有深度，充分体现了学生是学习的主人，调动了学生自主学习的积极性和创造性。

二、以问促思，唤起学生深度探究的欲望

《义务教育数学课程标准（2011版解读）》中提出："什么是数学课堂教学中最需要做的事：一是激发学生的兴趣；二是引发数学思考；三是培养学生良好的数学学习习惯；四是使学生掌握恰当的数学学习方法。"其中，关于"引发数学思考"是这样阐述的：数学思考是数学教学中最有价值的行为，题型模仿，类型强化，技能操练固然在教学中需要去做，但如果这些措施离开了数学思考，也只能是无效行为。有问题才会有思考，有思考才会真正感悟到数学的本质和价值，才有可能发展学生的创新意识。因此，在数学课堂中，教师要善于提出能引发学生深层思考的问题，激发学生学习动机，促进学生积极探究，让学生经历数学观察、数学思考、数学表达、概括归纳、迁移运用等学习过程。

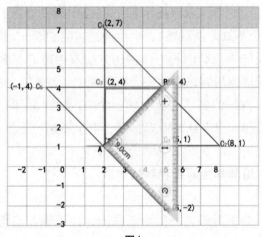

图1

有这样一道题目：在方格图中，数对（2，1）表示点A的位置，数对（5，4）表示点B的位置，如果要围成一个有两条边相等的并且有一个角是直角的三角形，那么点C的位置可能是数对（ ）或（ ）。在解决这道题时，逐一提问：这个三角形的边和角有什么特点？它是什么三角形？A、B两个点可能是这个等腰直角三角形中的哪两个顶点？试着把你的想法在方格图中画出来。根据学生的猜想，运用数形结合的思想，借助希沃白板"尺规"里的等腰直角三角板让学生验证以点B为直角顶点旋转三角板，分别画出两个等腰直角三角形，进而找到点C的两个位置是数对（2，7）或（8，1）。接着追问假设以点A为直角顶点，点C的位置又会发生怎样的变化（见图1）？问题一出，学生的探究欲望被再次点燃，据此迁移、

类推，运用同样的思考和操作方法，很快找出了点C的另外两个位置是数对（-1，4）或（5，-2）。最后，让学生结合方格图观察两种情况下三个点的数对，说说你有什么发现？学生通过观察数对里前后两个数字的特点，也很快找到了三者之间的联系。教师由一个个提问引导学生在自主探索、直观演示、观察比较中加深对知识的理解和巩固，不仅培养了学生的几何直观能力和空间观念，引发了学生的深度学习，还发展了学生的高阶思维。

三、以做代教，降低学生知识理解的难度

著名教育家陶行知先生曾说："行是知之始，知是行之成。"由此可见实践对于知识获取的重要作用。数学作为一门自然学科，知识和方法的获得必定离不开学生的实践操作活动。这样的实践操作不仅能让学生在活动中养成自主思考、探究交流、团结协作的意识，而且对于抽象的重难点知识往往通过亲身体验和操作活动变得直观易懂，知识点记忆更深刻且很难遗忘。

如在教学"长方体和正方体的拼切"时，为便于学生直观感受"拼""切"后长方体表面积的变化规律，我事先给每个小组准备了类似于长方体的卤豆腐干（表面和切面由于颜色不同方便观察），学生通过实际"切一切""拼一拼"，在观察、思考、探究、交流中总结出长方体拼切方法及相应的表面积变化规律，并进一步将发现的规律迁移运用到正方体表面积研究上。这样亲身经历实践操作活动，学生探究兴趣浓厚，真正做到了在玩中学、学中玩，比教师的单纯讲授效果要好得多，让数学思考过程和思考结果得以外显，数学知识也更易被学生理解和吸收。

四、以错促疑，培养学生质疑释疑的能力

华应龙老师说：分析差错背后的真正原因，让正确在差错中生长。教师要不怕学生犯错、要容许学生犯错，因为这些错误或许就会成为你教学的"试金石"，教师要充分利用学生出现的错误资源，善于捕捉、善于发现学生出错背后隐含的教育价值，引领学生从错误中求知，在错误中探究。

学生在做下面这一道题目（见图2）时，出现了这种算法：

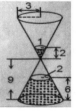

如右图，沙漏是我国古代的一种计量时间的仪器，由上下两个完全相同且连通的圆锥组成，这个沙漏中沙子的体积是多少厘米³？（单位：厘米）

图2

2+6=8 （cm）

$\frac{1}{3} \times 3.14 \times 3^2 \times 8 = 75.36$ （cm³）

课堂上先出示这一做法，让学生判断是否正确？并说明理由。

生1：不对，因为上面圆锥形的沙子和下面圆台形的沙子不能组合成一个圆锥，所以不能直接用圆锥的计算公式来算。

生2：我进行补充，因为上面圆锥形沙子的底面和下面圆台的上面大小不同，如果把上面的圆锥旋转下来中间空了一截，所以不能用这种方法来计算（见图3）。

生3：我同意前两位同学的说法。因为圆锥的底面比圆台的上面要小，如果把这两部分拼在一起，其实是一个上小下大的图形，这位同学在计算的时候没有观察到这两个底面大小不同，所以才会出现这种错误，只能先算出两部分沙漏的体积再相加才行（见图4）。

图3　　　　　　　　　　图4

在这一问题解决过程中，学生经历了知识的质疑—探究—交流—释疑过程，从三位学生的回答中，这个"错误资源"的作用被发挥得"淋漓尽致"，加深了对圆锥体积的理解，培养了学生灵活运用所学知识解决实际问题的能力，学生的空间想象能力也得到进一步发展。

五、以题促通，提高学生数学思考的能力

数学的魅力在于能够帮助你在遇到问题的时候启发你如何想到解决问题的思路，并且能够让你发现解决问题的不同途径。要达到这一目的就要培养学生针对同一个问题研究不同的解决方案的学习习惯，让学生能够将自己所学到的知识进行举一反三，从多个角度去思考数学问题，让学生获得隐藏在知识背后的数学思想方法，从而学会数学思维，达到融会贯通的目的。

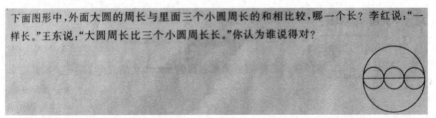

图5

　　如在学习了"圆的周长"一课后，练习中出现了一道这样的拓展题目（见图5）。学生通过观察，先运用设数法计算得出大圆周长等于3个小圆的周长之和，接着启发学生尝试着用字母来证明自己的发现，但仍然得出了相同的结论。继续追问：如果这3个小圆的大小不一，是不是这个结论也成立？如果中间有n个小圆呢？如果小圆的圆心不在同一条直径上（见图6）这样也成立吗？最后通过全班的共同思考，得出：小圆直径首尾相接需与大圆直径在同一条线段上这个结论才成立。接着又出示一变式题（见图7），问道：这4个小半圆的周长之和与大半圆的周长又是否相等？学生通过猜想、验证、交流，也得到了相同的结论。

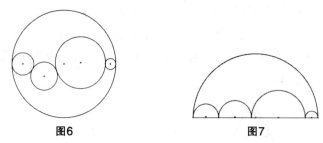

图6　　　　　　　　　　　　图7

　　虽然讲评这道题足足用了一节课时间，但学生却在40分钟内体验到"一题多解""一题多变"深度参与的乐趣，感受到数学思考时思维的缜密性，同时学生运用数学知识分析和解决问题的能力进一步提高，数学高阶思维也得到了很好的训练。

　　综上所述，深度学习的培养并不局限于单元整体教学或项目式学习内容，在平时的教学中，只要教师善于抓住小学生数学学习的特点，深挖教材和习题背后所蕴藏的数学价值与思想方法，让学生的学习在课堂上真正发生，使学生能够在有限的时间和空间内主动学习、高效学习、深度学习，以此达到培养学生数学核心素养的目的。

参考文献：

［1］黄玉梅."双减"视域下的小学数学深度学习策略探究［J］.热点聚焦·教育视野，2022（11）：13.

［2］义务教育数学课程标准（2011年版）解读［M］.北京：北京师范大学出版社，2012.

［3］义务教育数学课程标准（2022年版），摘录于网络。

教学评一致性背景下高中英语课后作业实施策略

成都市川化中学 高红涛

摘要：为了解决目前高中英语教师课后作业内容繁杂、随意性大、表现形式单调、注重结果的突出问题，本文在教评工作一致性理念的指引下，从作业设计与教学评估之间的相互关系入手，系统论述了作业布置的科学性、差异性、丰富性，以及作业评估的多样性，从多种角度充分调动学生的学习兴趣，培养学生良好的作业习惯，进一步发掘学生的潜能，从而推动高中学生英语学科核心素质的提高。

关键词：教学评一致性；高中英语；课后作业；实施策略

《普通高中英语课程标准》（2017年版，2020年修订）提出了教师在教育教学活动中，教学目标的制定、教学活动的实施以及教学评价的设计之间要保持一致性。教育评价活动将一直贯彻于学校教学的全过程，评估教学目标达成的效度。课后作业作为课堂评估中不可或缺的一部分，是教师检验学生课堂目标、反映课堂教学成果的主要手段。开展科学合理的作业设计和评估有助于培养学生的学习兴趣，激发他们的创造力，培养他们的独立性和能力，从而实现全面发展。所以，老师们要致力于把孩子课后作业的设计，与学校课堂评价的方向以及培育孩子学科核心素质的目标相统筹。

一、高中英语作业布置现状

长期以来，大多数高中英语教师一直致力于提高课堂教学质量的研究，但是对于课后作业的有效设计关注度不够，导致在课堂教学质量逐渐提高的背景下，高中英语作业的布置却偏向于传统停滞不前，英语作业布置无法提高学生的学习能力，更无法达到新课程标准下提高学生学科核心素养的方针，严重制约学生能力的发展和提高，违背了新课程改革和实施的宗旨。笔者根据自身教学以及区域内23名高中英语教师及高一、高二、高三各50名学生，从作业的数量、针对性、形式、评价方式等方面进行了调查，发现区域内目前高中英语课后作业布置主要有以下几点突出问题：

（一）作业内容繁多，学生负担过重

大多数高中英语老师都热衷题海策略，并坚信熟能生巧。高中三年的教学过程中，学生每学一课，都必须完成书本上的全部课后练题以及相应练习册中的全部练习。这样短时间可以看到些许成效的题海战术，备受教学时间紧迫、教学压力如牛负重的老师青睐，导致很多学生在规定完成作业的时限内根本无法按时保质保量地完成作业，这就导致了英语作业严重的抄袭现象。

（二）作业内容随意性大，缺乏目的性

在实际情况中，课堂教学实际开展的内容和教科书上设定的教学内容是不相符的。由于没有对课堂教学的反馈状况、各层次学生的掌握状况，以及课堂教学任务的实施状况等方面做出深刻认识与研究，老师在布置作业时往往缺乏反思与分析，很多老师会直接将教材与练习册当成写作的内容，具有很大的盲目性。课堂教学与课下练习之间、本次作业与下次作业之间，甚至是教学目标与作业布置之间相关度较低，衔接性较差，这就直接导致了所学教学内容不能得到及时的巩固与复习，知识内容起不到承上启下的作用，从而学生遗忘现象严重。

（三）作业形式简单，缺乏创新性和开放性

在过去，因为教师能够获取资料的渠道有限，导致英语资料的匮乏，所以高中英语作业布置通常都是围绕着课本内容而设计的。又由于受到高考指挥棒的影响，教师在布置英语作业时，通常都是以提高分数为目的，所以通常都是以书面作业形式为主，缺乏"听、说、读"的口头作业，导致英语学习成为只能应对考试，学生无法开口的"哑巴英语"。长此以往，写作形式枯燥而单调。尽管这一类作业可以让学生更好地适应高考，但千篇一律的写作形式却往往让学生对复习产生了疲劳，收效甚微。

（四）作业评价注重结果，缺乏多元性评价

从目前的作业方式来看，无论从主体还是从方式上而言，都还是比较单一、片面的。首先，教师的评价结果往往较为主观，不能全面了解学生。其次，在评判方式上，老师们通常用对错、分数等作为一刀切的方式，只重视结论的正确性，而极少有描述性语言方式的评判。老师最重视的是学生作业表现的成果，却忽视了学生在完成作业过程中的个人成长。作业评价体系缺乏对于学生作业完成过程的透视和激励。在作业评价中，学生缺乏和教师的交流，作业评价过程缺乏师生互动。

二、教学评一致性与作业设计的关系

"教学评一致性"要求老师必须在单元或整体课程设计下完成课程教学活动设

计，明确单元目标导向下的教学活动、作业、评价等环节的设计，使其互相建立联系，真正达到教、学、评的一致性。作业是对课堂教学的延伸和补充，这就需要老师能系统地考虑课堂内容和作业之间的关联：首先，应保证单元作业内容和课堂教学的一致统一性。可以帮助学习者巩固已学知识，提高他们熟练运用知识的水平。其次，应确保其教育核心在语言能力、人文意识、思想品格、学习能力等方面的一致性。课后作业作为最主要的教育评估方式，既有助于老师及时掌握学生的学习目标所实现的状况，以及取得的成效度，从而及时反映学生的学习状况，也有助于老师发现教育问题，并适时调整教学方式，进而推动学生教育目标的完成。最后，要保证与教材重难点的内容保持一致，提高学生的学习效率。最后还要确保作业的要求，难易度与学生学习水平的一致性。

三、作业布置实施的策略

（一）作业数量的科学性

《学记》曰"时教必有正业，退息必有居学"。意思是说，课堂学习和课外学习相结合，就可以收到良好的效果。作业是对课堂的准备、拓展与弥补，可以使学生巩固知识、锻炼能力、培养能力，从而增长思维并培养学生的优秀读书习惯、促进个人全面发展的重要途径。作业的时间应该限制在一个合理的时间范围内，在评估学生学业目标能否实现或是检测满足的程度的同时尽量激发学生的潜能，而不是加重学习者的压力。

（二）作业布置的差异性

中学英语课程，应针对高中阶段学生的语言知识能力发展的基本特征和学习发展的需要，发展对高中学生语言运用的能力，人文意识的养成，以及思想品格的培养。所以，老师们在布置作业的时候，一定要按照一般学生的能力发展特点，分阶段布置作业。而作业的难易程度要适中，以一般学生的掌握水平为基础，在此基础上对学生作业进行分层设计。

1. 基础类作业

针对基础薄弱、学业上有一定障碍的学习者所设计，作业的分量通常较小，且难点较少，方式以模拟性、基础性居多，而大部分也基本能够借助课本找出正确答案。通过教学，让对学习有困难的学生也有成就感，从而切实缓解学困生的心理压力，并感受到学习的快乐。

2. 提高类作业

针对基础一般、学习程度中等的学生而设计，主要针对的是在班上的一般学生。作业内容主要属于与此段课程知识点相关的基础知识和基本技能的练习。通过练习，让学生了解此段课程的知识点以及相应的基本知识与技巧，完成学业目标明确,并经过一定量的思考练习,以培养学生的学习能力。

3. 创新探究类作业

这一类试题主要面对的是在学习上还有余力的孩子们。以综合能力、发展型为重,每一道题都尽可能进行几个知识点的综合训练。这类试题涵盖面宽、考点灵活、创新能力高。能够开阔学生视野和拓宽知识面,训练学生勇于创新的思维。

(三)作业布置的丰富性

英语语言能力分为听、说、读、写四个方面。而不同的学习者,对四种能力的了解程度也是有所不同的。因此教师应因材施教,给予不同方面的英语能力的训练,提升学生的学科综合能力。

作业内容不能是简单乏味的文字,而必须是充满色彩、富有趣味的丰富复合体,才能充分调动学习者进行多种感官感受活动。在快乐合理的环境中逐步掌握基础知识,养成可持续发展的学习能力,从中累积大量的关于快乐与幸福的经验。

1. 趣味性作业

作业布置的是为了帮助学生复习旧知识,巩固、获取新知识,提高学生学习的效果。随着学生所学内容的扩大和学英语时间的增长,口头学习作业也从单纯的课文诵读、聆听录音、记住词汇短语、看图片说话,甚至造句等逐渐升级到说话、解答提问、课文内容宣叙调、段落大意总结、课堂演讲、情景谈话等的有声作业。可以是游戏类、竞赛类、编故事、演讲类、电影配音、戏剧演出等。作业的内容设计新颖、有趣,才能激发学生的学习内驱力。

2. 思维导图类作业

思维导图是表达发散性思考的有效图像思考工具,运用图像结合的技法,将各个主体的关系用彼此归属和相互联系的层次图像形式展示开来,将主要关键字与图像、颜色等形成记忆链。由学生自己设计的思维导图,可以形成单元认知框架,运用思维导图可以帮助学生对词汇进行梳理总结、对阅读文章过程进行细节信息整理、对短文语篇结构加以把握,从而总结出短文的内部逻辑联系、语言特点、上下文衔接、连贯等,有助于学生学习能力的提高,知识建构能力和创造性思维能力的培养。

3. 课题性作业

题目设置要求教师突破课本、教辅材料的束缚,发掘课本基础知识的潜在作用,根据已有基础知识,进行总结、拓展、演变、扩展,引导他们从常规练习题的对知识点的探索变成对学生思路的激发,使他们从新奇中去探究、去创新、去挖掘出创意,以此训练他们的创新思路。可以提供一个研究课题作为一个课题活动。比如,允许学习者以分组的形式,以一定的课题作为探究项目来展开探究、研究、讨论,并且形成研究成果,进行汇报。

（四）作业评价的多元性

1. 评价方式多元化

为比较全面地掌握学生的知识动态，通过对学习者进行"档案管理"等方式的过程性评估，并尊重学习者的个人差异性，对每个评估对象的过去和现在加以对比，或从个人的有关侧面相互加以对比，并由此得出评估结论的教育评估的类型。评价的功能，主要就是及时地反馈给教师学生学习中的状况，以帮助学生对学习的过程做出主动的反省与总结，但并非最终报告给学习者的下个结果。

与时俱进，利用信息技术进行作业评价。通过利用网络后台的信息资源来评价反馈作业，老师们能够节约大量的批改作业时间，从而比较快捷、精确、清晰地得到每个学生理解困难的主要知识点，通过及时改变教学方法，能有更多的时间、更全面地开展课堂反思。教育信息化的发展，也推动了教学作业评估方法的多样化，让教师从繁重的作业批改中解脱出来，也促进了口头作业的布置和检查，提高学生口语水平和日常使用英语的能力，改变传统英语教学带来的"哑巴英语"的困境，促进英语课堂教学的良性发展。

2. 评价主体多元化

批改作业多样化是指根据每个学生不同的写作内容和形式进行，由老师整批全改、面批，学生进行批改与互评结合。教师评价作为最主要的评估方法，要求老师在每次批改作业后，不但要进行合理与否和水平的评估，而且还应针对学员的个性特征以及每个作业的具体内容，对学生进行评语类的作业评价。

作业评分中，引入学生自评与生生互评。一方面，学生能够相互介绍自己的思考方法和评价办法，从而取长补短；另一方面，通过生生互评，既能够加深学生之间的情感，同时又可以训练学生综合思维、语言表达、逻辑性，以及创造力。所以在作业评估的过程中，老师要给学生们创造互相评价的平台，学生可以通过两人搭档、小组活动等形式进行。

恰当的家长评价。充分调动父母的热情，搭建一座学生和父母的桥梁，了解学生的情况。让父母适时反映他们的学习状况：学生能否自主学习、孩子写作业的情况、学生如何和父母讨论的情况等，同时请父母写出自己面临的困难与意见等。

四、结语

总之，老师们要严格按照最新课程标准，在教学评一致性的指导思想下，从学生的实际水平入手，不但要精选作业教学内容、多样化作业种类、分层设计作业，更要运用多样化的评价方法，在指导他们积极、自主地完成作业的同时，激励他们不断地去尝试、钻研，发掘他们所发挥的潜能，进而养成良好的作业习惯，以推动他们的英语学习能力水平和学科核心素质的提高。

参考文献：

[1] 教育部.普通高中英语课程标准（2017年版，2020年修订）[M].北京：人民教育出版社，2020.

[2] 王蔷.新版课程标准解析与教学指导[M].北京：北京师范大学出版社，2021.

[3] 程晓堂，赵思奇.英语学科核心素养的实质内涵[J].课程·教材·教法，2016.36（5）：82-85.

[4] 孙冬梅.对高中英语作业布置的思考和设计[J].新课程综合刊，2006（7）.

[5] 李银芳.浅谈高中英语作业布置方式[J].课程·教材·教法，2007（10）：47-50.

[6] 倪佩琴.英语教学的作业设计[J].中小学英语教学与研究，2001（2）：22.

[7] 吕秋萍，陶旭珠.例谈初中英语作业设计的策略[J].中小学外语教（中学篇），2018（5）：33-36.

[8] 夏雪梅.项目化学习设计：学习素养视角下的国际与本土实践[M].北京：教育科学出版社，2018.

[9] 周文叶.中小学表现性评价的理论与技术[M].上海：华东师范大学出版社，2014.

英语听力教学中，利用教材插图的实践与研究

成都市福洪中学 程丹怡

摘要： 初中英语听力教学往往遵循传统的应试教育模式，教师将"听"独立出来对学生进行技能训练，忽略了学生的综合语言运用能力和全面素质的提高。在实际教学中，教材插图作为重要的英语课程教学资源没有得到足够重视和充分利用。在九年级教材的听力训练中，有很多与听力练习相配套的插图，英语教师要充分发挥教材插图的优势，在提高学生听力技巧的同时，促进学生思维能力、语言运用能力及文化意识的全面提高。

关键词： 英语教学；听力教学；教材插图

一、研究的背景与问题的提出

随着新课程理念的不断更新与发展，英语教学不仅要求学生掌握语言知识，还要求学生发展语言技能，为真实的语言交际打基础。语言技能包括听、说、读、写、看等方面的技能，其中"听"处于第一位，是学生获取和理解语言信息的主要途径，也是其他语言技能的基础。语言技能中的"看"通常指利用多模态语篇中的图形、表格、动画、符号以及视频等理解意义的技能，这种技能在新媒体时代中日趋重要，在英语教学中越来越受到重视。在英语语言运用的过程中，各种语言技能并不是单独使用的，因此，在训练语言技能的过程中，也应避免孤立的单项技能训练。听力教学中，充分挖掘教材插图的信息内容，引导学生看图、读图、解图，则是将"听"与"看"的技能相结合，将专项训练与综合训练相结合，学生通过大量的专项性和综合性语言实践活动，有利于发展其语言技能，提高学生英语语言运用能力。

教材插图在英语教学中占据着重要地位，在听力课堂中充分利用教材插图，将学生"听"的技能与"看"的技能相结合，提升学生的英语学习综合技能成为一种趋势。但在具体的听力教学中，仍然存在着一些问题。

（一）忽视对学生"看"的技能的培养

在听力课堂上，教师对教材主题图的重视程度不够，上课没有导入、热身等

环节，应试功利化心态严重，直接忽略或舍弃主题图进行孤立的听力训练。

（二）插图教学设计与实施偏离教学目标

忽视教材中的插图而选取一些网络上的图片和视频，这种做法在一定程度上能够吸引学生的注意力。但如果选取的材料与教学内容不匹配，容易使学生的思路出现偏差。

（三）对教材插图的信息呈现不全面

教师对教材插图的内容解读不到位、内涵挖掘深度不足，对主题图的解读顺序混乱、没有整体意识，导致听力教学中未能有效地借助教材插图创设的情景开展语言技能的训练。

二、核心概念的界定与问题的特征

（一）核心概念的界定

教材插图：指在教材中，插在文字中间，用以说明文字内容的图画。

内涵：插图是书刊中为了说明文中内容或为了加深对内容的理解而插入的图片，而教材插图则是指对教材中的文字内容起补充、解释、说明作用的，属于教材内容多种呈现方式之一的图画。

外延：从心理学角度来看，"插图"就是穿插在课文中为文章提供背景信息或对文字内容进行装饰、表征、解释、组织等作用的图片。（高玮洁，2008）本文中研究的插图是《义务教育课程标准实验教科书英语Go for it！》九年级教材中听说活动配置的插图。

（二）问题的特征

1. 学习者特征

初中阶段的学生处于青少年时期，他们在接触事物时倾向于模仿大人，其思维发展也趋向于成人。对于教科书插图的存在，尤其是过于简单的图画，他们不再感兴趣，要求学习更加复杂的内容。根据皮亚杰的儿童认知发展阶段理论，九年级学生的抽象逻辑思维开始发展，因而初三阶段的教学应当符合学生抽象理论思维为主导的心理发展特点。因此在具体教学中，教师应当注意选取与挖掘符合学生生理与心理特点的教材插图和信息。

2. 教材插图特征

（1）引起学生注意：教材中有插图的地方往往能够首先吸引到学生的注意力，从而将学生的注意力导向教学内容，帮助教师创设语言交际的情景，导入话题，让教学内容更加直观、生动、鲜活，有利于学生的进一步学习。

（2）降低学习难度：教材插图能够替代部分文字，为学生提供一些语言难以描述的内容，将复杂问题简单化，能够帮助学生理解学习内容，有助于降低英语学习的难度。

（3）增强学习兴趣：教材插图的内容往往贴近学生的生活，符合学生的认知规律，从而激发学生的学习热情和学习动力。同时，插图之间有较强的连贯性，体现了话题的拓展和延伸，增强了对学生的吸引力。

（4）培养学习策略：插图有利于学生学习策略的培养，如听、读前的预测，词汇的猜测等。

（5）提升文化意识：插图重视文化内容的渗透，开阔学生的文化视野，培养学生的跨文化交际意识。

三、采取的方法、措施和策略

（一）转变教学观念，注重学生全面发展

1. 转变教师应试观念，利用教材插图引领学生思维发展

在过于功利化的教学理念下，教师以考为纲的教学观念根深蒂固，认为利用多媒体等新技术进行教材插图教学对学生的学习不能起到明显作用，且浪费课堂时间，教师着眼于学生的考试成绩，而非学生的思维和未来全面发展。思维能力指的是人的思维个性特征，是人通过分析、综合、概括、抽象、比较等一系列的过程将学习内容转化为理性认识的心理过程。教材插图作为一种重要的教学资源，对学生思维的发展有着重要作用。

2. 充分重视教材插图，有意识地引导学生掌握读图方法

在实际的听力教学中，教师往往注重学生听力策略的培养和做题方法的训练，并未意识到教材插图对于听力教学的重要性。少数教师在课堂上使用插图时也并未给予学生积极有效的指导，没有为学生提供解读教材插图的方法，这样教材插图就失去了它存在的价值和意义。

3. 培养学生"听""看"技能，综合提升学生语言运用能力

传统的听力教学模式往往只注重了学生的"听"，九年级听力教学更是侧重于听力试题的做题方法。通过听、做题、核对答案这一机械的过程，学生的语言技能并未得到提升。随着科技的发展，社会进入新媒体时代，多模态教学在英语教学中越来越受到重视。理解多模态语篇除了需要传统的文本阅读技能，还需要观察图表中的信息、理解符号和动画的意义。在听力课堂中，学生所接收的信息不应当仅仅来自听力录音，同时还应该来自学生观察教材插图之后所获取的信息，这两大信息相辅相成，在帮助学生理解听力材料的同时，也能够促进学生"听"的技能与"看"的技能共同发展。在设计教学活动时，也应当注意在听力训练中穿插看图的活动，将"听"的技能与"看"的技能相结合，促进学生语言运用能力的提升。

（二）结合学生喜好，优化听力教学设计

1. 了解学生认知特点，创造性、多方式使用教材插图

九年级学生的抽象逻辑思维开始发展，他们对具体形象事物的依赖也是循序渐进的，因而教师在具体教学时应当遵循学生认知的特点。英语课程标准要求英语教师应"创造性地使用教材，合理开发和利用各种教学资源，更好地激发学生的学习兴趣，拓宽学生的思维，提高学生的学习效率"。在教材插图的使用方式和策略上，教师也应当注意多元化，不应过于单一。如在九年级教材中的Unit3 Could you please tell me where the restrooms are? Section A 1a~1c部分，听力材料的内容主要是asking directions和giving directions，教师就可以在教材插图的基础上，对插图进行深加工和再创造，应用Flash技术对插图进行设置，增加场景和人物对话，从而充分调动学生的视觉、听觉等感官。在听力训练结束后，还可让学生以教室为背景，想象自己身处插图中的情境，进行角色对话，从而巩固听力训练之后的成果。

2. 培养学生自主性意识，最大限度实现听力教学效果

九年级的绝大多数学生学习还比较被动，从家庭作业的布置和完成就很容易看出，只有教师布置了家庭作业，学生才会去被动地复习和巩固已经学过的知识。对于课前预习来说，被动性则更为明显，多数学生在预习时极少关注教材插图，或者是观察教材插图时没有目的性，看过就完了。因此，在日常教学中，教师要有意识地提醒学生学会预习，学会用自己掌握的读图方法去识图、解图。久而久之，学生就会养成主动探究的好习惯，会更加主动且有目的地观察和研究教材中的插图，这样不仅对听力教学有帮助，而且也能够培养学生独立学习的能力，促进学生整体素质的发展。比如在教学Unit1 How can we become good learners? Section A 1a~1c部分时，由于本单元主题就是Talk about how to study，因此结合图片可以给学生布置预习作业，让学生列出the ways they study，一方面培养学生的自主学习意识，另一方面也契合了本单元主题。

（三）全面呈现信息，合理利用教材插图

1. 听前利用插图

（1）解读插图，降低听力难度

插图对于学生来说是比听力材料更为直观的学习资源，因此在听力开始前，教师引导学生一起观察插图、解读插图，能够让学生对即将听到的内容做到心里有数。这样一来就可以大大降低学生的畏难情绪，观察教材插图所得到的有效信息也能够使得听力难度降低。如九年级教材Unit12 Section B 1c~1e中，若不提前对图片进行解读，学生可能会找不到图片的重点，所以教师通过Where were they? What happened? How did they feel? 三个问题来引导学生解读插图，为之后的听力做准备。

（2）整体把握，预测材料内容

学生总是会对即将听到的内容进行预测。教师应当培养学生听前预测的习惯，运用教材插图，引导学生根据图片的场景、人物、表情、动作等信息，对即将听到的内容进行预测。同样以九年级教材Unit12 Section B 1c-1e为例，教师可以为学生提供April Fool's Day的会话背景，学生就可以根据图片猜测图片上的人物究竟发生了什么故事。这样一来，学生会对所听内容有较强的期待来核实自己的判断结果，在听的过程中就会更加专心且更加具有目的性。

2. 听中利用插图

（1）任务分层递进，降低听力难度

听力活动必须符合学生的认知水平。如果听力活动太难，会挫伤学生的自信心，使学生产生不安或者畏惧情绪。因此，教师要把握好听力活动难度，使其呈现阶梯式递进，形成有效的听力任务链。在学生听听力时，教师可以借用教材插图设置由易到难的任务，帮助学生理解所听内容。

（2）准确把握关键信息，创设真实语境

教师在对学生进行听力训练时，可以提供相关内容的插图，让学生根据插图寻找相关关键信息，使听力材料情景化。

3. 听后综合利用插图

（1）运用听力插图，进行听后复述巩固

在语言学习中，听说活动往往是联系在一起的。九年级英语教材中往往在听力活动之后设计了一个Pair Work 活动，这个活动是听力活动的复现和巩固。这个时候教师便可鼓励和引导学生根据插图开展对话，因为单元插图往往是教材内容的浓缩且生动形象，有利于学生进行目标语言的操练，促进学生对所学知识的更好吸收。

（2）运用听力插图，提高学生语言运用能力

听后活动中，我们既可以利用教材插图进行小组对话，培养学生的口语交际能力，同时我们还可以利用插图培养学生写的能力，比如依据图片鼓励学生写一段对话或者是写一则小故事，这样既锻炼了学生的想象力和联想思维，同时也锻炼了学生的写作能力。说的活动和写的活动的基础都是要学生看图、读图，因而学生"看"的技能也得到了锻炼。因此，合理充分地使用教材插图，能够促进学生听、说、读、写、看技能的全面发展，综合提高学生的语言运用能力。

（3）重视文化渗透，开阔视野，提高人文素养

新课程标准要求学生具有一定的文化意识，除了教师的教学和文本内容能够培养学生的文化意识之外，插图的存在直接为学生呈现了更加具体和鲜明的英语国家文化，使得抽象的目标语言具体化、情景化，起到了很好的辅助作用。

四、研究的成效

（一）教师转变传统观念，多方面发展学生英语语言技能

1. 学生的思维得到了丰富发展

在本课题的研究过程之中，我们不断转变教学观念，不再坚持"唯分数论"，而是在听力教学过程中注重培养学生的概括能力、比较能力、想象能力，活跃学生的思维。可以明显感觉到，上课时学生回答问题的人数增加，回答的积极性越来越高，课堂气氛更加活跃，其思维也不再局限；同时从学生交上来的作业和试卷也能感觉到学生的概括能力、分析能力、抽象能力等方面有了很大进步。

2. 学生掌握了有效的读图方法

在听力教学的过程中，教师不仅对教材插图引起了重视，同时还提醒学生对插图也应该给予一定的重视。为了让学生对教材插图有更好的理解，教师教会了学生如何读图，学生将学到的方法运用到学习中，极大提高了学习效率。对于考

题中出现的图片，学生能够很快抓住重点，不会出现以往因为对图片解读错误或是偏离图片主题而丢分的情况。

3. 学生的综合语言运用能力得以提升

不同于以往的教学方式，教师不再是对学生进行孤立的听力训练，而是将听、说、读、写、看几种技能相结合，将其贯穿于听前、听中、听后的活动中，将专项技能训练与综合技能训练相结合，促进学生综合语言运用能力的提升。可以肯定的是，重视教材图片、培养学生的"图片意识"，学生能够正确理解、解读图片之后，对于学生的阅读能力以及读后续写的能力都有很大提升。

（二）深入挖掘教材插图内涵，以图促"听"得以实现

1. 听前：学生不再害怕听力

在听力训练开始之前，教师带领学生进行图片解读。一方面是让学生对即将听到的内容心中有数，另一方面也让学生在心中对听力材料的难度大大降低。问卷调查显示，学生不再像以前一样害怕听力。

2. 听中：学生能够抓住关键信息

在听力训练的过程中运用插图可以很好地让学生筛选出有用信息，抓住关键信息。同时教师设置了由易到难的听力任务链，能够使不同层次的学生都参与其中，学有所获。

3. 听后：学生综合素质得到提高

在听力结束之后的活动中，我们可以根据教材插图设置其他的说、读、写的活动，也可以将文化意识教学渗透其中，这样不仅提高了学生的语言运用能力，也增强了学生的文化意识，学生的综合素质得到提升。

参考文献：

[1] 中华人民共和国教育部. 义务教育英语课程标准（2011年版）[S]. 北京：北京师范大学出版社，2012.

[2] 高玮洁. 初中英语教材插图效应研究 [D]. 南京：南京师范大学，2008.

[3] 李颂降. 教材插图在初中英语教学中的运用探索 [J]. 英语教师，2016 (16)：125-128.

[4] 李宇红. 浅谈插图在初中英语阅读教学中的运用 [J]. 中学生英语，2017 (6)：28.

[5] 苏永超，张爱玉. 小学高段英语单元教学中插图的应用策略研究 [J]. 教师教育，2017 (3)：65-70.

[6] 文秋芳. 英语学习策略理论研究 [M]. 西安：陕西师范大学出版社，2004.

"双减"背景下，提高初中《道德与法治》学科课堂教学效能的思考

青白江区教育研究培训中心　冯祥太

摘要："双减"是时代对我们教育者提出的新要求，作为初中《道德与法治》教师，从提升学生学业水平的要求出发，要从课堂教学的全环节、全过程为自己提出更高的要求，为我们的课堂教学赋能增效。

关键词：双减；课堂教学；效能

一、引子

在一次我区的教师培训上，一位大专家介绍了他关于学科素养的认识。他认为，学科素养不是通过学习和培养获得的。他的这个观点引发了我的思考：既然学科素养不是通过学习和培养获得的，那么我们的课堂教学做什么呢？于是我怀着万分崇敬的心情听了这位专家的讲课，原来他是说怎么通过高效的课堂来应对考试，即训练学生的应考技能。由此，引发了我从"应考"这个前提下思考"怎样在"双减"背景下提高学科课堂教学效能"。

二、初中《道德与法治》的课堂效能的思考

（一）把准学业起点，增强教学的有效性

就学生的学业发展来说，我们教师工作的目标就是通过阶段性教学将学生的学业水平提高。实现这个目标的必要前提是准确把握学生学情。

对学情的认识有很多方面，但就学业而言，最起码的学情就是学生现在处于什么样的起点？我们可以通过问卷调查、学生座谈、技术工具、课堂反馈等途径来了解学生的学业现状。只有把准了学情，才能让我们的教学内容符合学生的需求，而不是想当然地假设学生的学业需求。

（二）把握能力要求，增强教学的针对性

1. 目前，成都市初中《道德与法治》会考的能力层次包括了解、理解、迁移应用三个层次，其中，前两个层次的分值占70%左右。但是，我们真正地把握了

这三个能力层次要求的内容吗？如果要准确地把握，需要我们主动地深入研究会考试题，通过多向细目表，来把握哪些题目属于哪个能力层次，会考是怎么考这些能力层次的。只有了解了会考中能力要求是怎么呈现的，我们的教学才有针对性。

例题：

（2019了解层次）全国扫黄打非工作小组办公室，扎实开展了整治各地中小学校园周边文化市场环境、涉未成年人网络有害信息的"护苗2018"专项行动。下列选项体现的特殊保护类型与"护苗2018"专项行动一致的是（　　）。

A. 教育部印发《2019年教育信息化和网络安全工作要点》，治理校园App乱象

B. 王某外出打工前，委托在政府部门工作的表哥张某代为行使对儿子的监护权

C. 某学校制定应对突发事件的预案并进行必要的演练，增强学生自我保护意识

D. 某法院在审理初中生小陈偷窃案件时，认真贯彻教育为主、惩罚为辅的原则

这是属于了解层次的试题，通过例题分析，我们可以发现，了解层次不是让学生只晓得知识是什么就完了，还要能够在具体的情境之中认得是什么。显然，这个会考中的了解层次和我们日常生活中的了解是不一样的。

2. 每个会考题都设置有试题情境的，在情景之中考查学生的知识与能力，是试题呈现的鲜明特点。在日常教学中，我们就必须以此为参照，来设置我们的教学内容与教学流程。杜绝就知识讲知识的简单的知识演绎。教学必须有真实、现时的教学情境，必须有真实的问题，通过设置真实、现时的教学情境和真实的问题，引导学生掌握知识、获得学科思维方式、培养学生的应试能力。

（三）把准课标教材，增强教学的精准性

1. 清楚课标与教材的关系。教材是对课标的解读，备教材时首先要弄清教材编写的课标依据，课标中有课程内容、课程目标、实施建议等内容。这样才能使我们的教学不会局限于教材的视野而说某试题在教材中没有讲过的笑话。

例题：

"有话好好说"是一种艺术，更是一种修养。下列情境能体现"有话好好说"的是（　　）。

A. 谁让你收拾房间？就不听！东西都不见了！

B. 你太小心眼了，还当什么男子汉，烦死了！

C. 对此，我有不同的看法，可以和您交流吗？

D. 其他同学犯错你为什么不管？就知道管我！

　　课程目标：了解我与他人和集体关系的基本知识，认识处理我与他人和集体关系的基本社会规范与道德规范。

　　课程内容：我与他人和集体——交往与沟通

　　教材知识：没有明确的内容呈现！

　　2. 备教材的基本要求：站位要高、思考要精。站位要高，即要将我们的视野放在"立德树人的关键课程"来思考教学内容。"立德"，即要立个人私德，又要立社会公德、立国家大德！例如，8年级上册基本每年都要考责任与贡献。那么，我们的站位，就不能仅仅引导学生知道什么是负责任的人，更应引导学生明白做负责任的人，有时意味着牺牲和全身心的奉献，意味着不计回报和付出。有时，为了社会的安宁与发展，需要毫不犹豫地牺牲个人利益。

　　思考要精，即要思考我们怎么通过有效的情景、精巧的设问来引导学生有效思考、有效学习。

　　3. 明确了课标与教材之后，备课时必须明确教学主题，弄清教学的逻辑，有机整合教材，才能把我们教学内容做到详略得当、做到取舍有据。

　　课例：八下第二单元第五课《做守法公民》共3个框题：法不可违、预防犯罪、善用法律。个人认为，第五课的主题就是"做守法公民"，其逻辑关系是："法不可违"，引导学生认识我国的法律具有刚性的社会规则，体现国家和人民的意志，不能违反法律，违法，就是与人民为敌，会被人民唾弃，因此要守法。"预防犯罪"，引导学生认识犯罪是所有违法行为中最为严重的一种违法行为，走上犯罪道路是从轻微违法开始的。一旦犯罪，会让自己受到严厉的惩罚，即犯罪的后果很严重，因此，要守法。"善用法律"，即不仅自己要做守法公民，还要运用法律，通过自己合法维权、智斗违法的行为影响和带动他人做守法的公民。如果老师在一节40分钟的课堂上，用了25分钟以上的时间去引导学生认识规则与法律、罪与非罪等细枝末节的知识，那就是没有把准教学主题，导致教学低效甚至无效。

　　4. 理论联系实际，是道德与法治课程的基本准则，因此，作为道德与法治课任课教师要了解时政，并将其运用于教学之中，真正做到学以致用，这也是我们这门学科的生命力之所在。这里的时政，应该是社会生活中的热点话题、国家的重大方针政策、有重要社会示范和引领作用的先进人物、对未来生活有重大影响的科学技术创新等。

　　例如，第七次全国人口普查的数据在2021年5月已经陆续公布，同时，成都市的人口状况在微信小程序中也可以查到成都市每个乡镇的基本情况。九年级的老师备"我国的国情"这一课时，引用了这些数据引导学生来认识和分析我国基本人口国情，并由此展开认识我国的其他国情。

（四）高效课堂教学，提高课堂教学质量

关于高效课堂教学，我的认识有以下几个方面。

1. 高效课堂教学，首先是教学过程中设计的问题应该是精准的。精准，首先是和会考的设问要求相一致；其次，设问应该和我们的课堂教学内容相一致。

案例：（以8年级上册第三单元第六课第二框《做负责任的人》为例）

20世纪70年代以来，毛相林坚守偏远山村，坚持苦干实干，带领村民用最原始的方式在悬崖峭壁上凿石修道，历时7年铺就一条8公里的"绝壁天路"。他打通绝壁、誓拔穷根的事迹传遍了全国各地，被誉为当代"愚公"。

2005年以来，他带领村民培育特色经济，发展乡村旅游，推进移风易俗，把绿水青山变成了金山银山，让当地改变了贫困落后面貌，乡亲们过上了富裕文明的生活。毛相林先后获得"时代楷模""最美奋斗者""全国脱贫攻坚奋进奖"等荣誉称号。

老师的通常设问是：读了材料，你有什么感想？毛相林的做法给了你哪些启示？

这类问题，都是没有明确指向、没有层次的泛泛设问，对提高我们课堂效能没有多大帮助。这些问题，只要学生没有从违反根本原则方面作答，都是可以的，但可能会与本框题的内容大相径庭。我认为，可以从以下这些方面进行精准的设问，使之符合教学主题：

（1）毛相林参与的我国的什么国家行动？

（2）毛相林个人为此做了哪些具体的事情？

（3）毛相林做的这些事为什么能荣获"时代楷模""最美奋斗者""全国脱贫攻坚奋进奖"等荣誉称号？

（4）依据上述问题，请你归纳怎么才能做负责任的人？

2. 高效课堂教学，还需要注重思维训练。一节课，应该是知识与思维相互作用而存在的，我们在上课时，通过设置教学情景，精准设问，引导学生明白知识是怎么来的，可用于解决哪些问题。通过我们事先的教学设计，在实际教学中来实施，使知识与思维相得益彰。

（五）精准练习测评，增强反馈的真实性

1. 在会考以纸笔测试为唯一方式背景下，我们的课堂测评应该是通过纸笔测试为主要方式进行。

2. 对练习测评要做精确的分析。比如，通过选择题学生错误选择项集中的选项，分析学生错误的原因，进行有针对性的弥补。同时，我们不必每个题都去讲，如果每题都讲，那是没有效果的，也就谈不上效能了。主观题需要学生真正地用笔写出，然后从学生个体层面追问学生答了哪些内容，答这些内容的在试题中的依据是什么，学生错误地作答为什么不符合要求。而不是问学生这道题在书上哪个地方。

（六）科学记忆背诵，增强巩固的长效性

记忆是学习之母，没有记忆，肯定没有学习。不管怎么考，知识永远是基础。问题是怎么引导学生记忆。

有的教师在学期即将结束时，印发一些复习资料学生，这资料上有标号，老师让学生以序号每天记忆一些内容，检测学生记忆情况时，抽查从××号至××号；甚至有老师说今天我检查你们记忆××题至××题的情况。

老师是不是没有想过，以题为单位来要求学生记忆知识，当学生在考试时，会不会去回忆当时老师是要求记忆的哪道题呢？这样能够应对考试吗？

科学记忆，首先，必须遵循记忆本身规律，特别是遗忘规律，进行滚动式的反复记忆；其次，要遵循学科规律，在情景中记忆知识；再次，依据学科内容特点，抓住关键词语记忆；最后，依据考试特点，归纳知识体系记忆。

总之，"双减"背景下，提高初中《道德与法治》课堂教学的效能需要我们任课教师积极思考，认真实践，做到学生减负，自己增能，学业提升。

参考文献：

[1] 义务教育道德与法治课程标准（2022版）.北京：北京师范大学出版社，2022.

[2] 成都市2019年—2021年初中毕业会考《道德与法治》试题。

基于关注生活缺失的初中物理教学策略

成都市大弯中学初中学校　伍向东

摘要：物理学习是建立在孩子的生活经验基础之上的，但随着社会的发展，初中生实践观察与体验存在严重的缺失。因此，我们的教学采用了以下策略：情景生活化，从间接学习到体验式学习；设计生活化，从机械性学习到有意义学习；过程生活化，从个体性学习到合作性学习；应用生活化，从做题到建立物理模型解决实际问题；拓展生活化，从接受性学习到探究性、发现性、研究性学习。

关键词：关注生活；缺失；初中物理

教育与生活是怎样的关系呢？陶行知先生提出了"生活即教育"的主张。他认为：教育与生活是紧密联系的，学习的内容要从实际生活和经验出发，在实际观察、探索中受到启示与学习。提倡积极投身到生活中去，在生活的矛盾中、斗争中发现问题、提出问题，对自然进行探究，获得关于生活的知识与技能。杜威提出了"教育即生活、教育即经验的改造"的观点，他认为：教育是为了人的生活，是生活的需要，是生活的重要组成部分。建构主义认为：学生学习与获取知识的过程，是建立在自己的生活经验基础之上，在主动的活动中建构自己知识体系，而不应该是一个被动接受的过程。初中物理的价值体现在：通过从自然、生活到物理的认识过程，激发学生的求知欲，让学生领悟自然的美妙与和谐，培养学生终身探索的兴趣。可见，对物理的学习是建立在对生活关注的基础之上的。

一、关注生活缺失的调查情况及原因分析

随着社会的发展，现在初中生除了节假日，平常时间都在学习，空闲时间很少。初中学生在闲暇生活中，做了什么事情呢？在调查中（样本数582人）我们发现：看电视剧、电影占80%；阅读报纸、课外书籍占75%；上网聊天占67.3%；玩电子游戏占60.9%；体育锻炼占55.2%；参观、旅游占24%。由此可见：现在的初中生闲暇时间大部分在看电视、阅读书籍或者是上网玩游戏，而关注生活、动手、实践的机会较少。尤其是进入高年级后，作业的负担重了，家长的要求更高了，

学生自己忙里偷闲进行网络游戏和聊天，此外难有其他。孩子们实际观察与探索存在严重的缺失。

二、关注生活的缺失对初中物理教学的影响

（一）不能激发学生的求知欲，难以领悟自然的美妙与和谐

生活当中常见的物体，发生了不平常的物理现象，能引起学生的注意。如果没有对生活的关注，就不能激发学生的求知欲。如学习《物态变化》时，学生观察到在高空中形成了云，分析知道：高空的气温低，地面附近的水蒸气上升遇冷发生了液化现象。老师可以让学生再说一说生活中还有哪些降温液化的例子。有的学生谈到雾是早上气温低的时候形成，也有学生说夏天下雨前会很闷热，是不是不用降温也能液化？我们帮助学生弄清：大气中含的水蒸气多，已趋于饱和，人身上出的汗不容易蒸发，就会感到闷热难受。空气在局部地区出现强烈对流，使大量的湿热空气急剧上升，遇冷形成积雨云。让学生感受到自然的神奇与和谐。

（二）不能充分理解相关的物理学概念

不能充分理解相关的物理学概念，影响运用所学理论知识分析、解决问题的兴趣和热情。学生对物理知识的记忆理解，需要有相应的物理过程模型在头脑当中作为支撑，只有联系学生的生活实际，才能建立学生记忆与理解的支撑点。学生熟悉的物理现象与过程，能激发学生分析与解决问题的热情。

（三）不能树立正确的科学价值观

只有引导学生关注生活，才能体会到物理知识运用的价值，如学习电磁波，给人类带来通信便利的同时会造成电磁污染的问题，让学生认识到科学技术是双刃剑，会对人类社会带来正、反两个方面的作用。

三、教学策略

在初中物理教学中，我们要有意识地培养学生观察生活、留心社会活动的习惯，这样才能使学生有丰富的生活经验和社会认识；同时我们要充分认识到学生关注生活缺失的实际存在，在物理课堂教学的不同环节，可以采取以下策略。

（一）情景生活化，从间接学习到体验式学习

课堂教学的引入可以从两个角度：一是从学科的角度引入，学生感觉比较生疏，不易产生学习兴趣和探究欲望。二是从生活的角度提出问题，符合学生的认知特点，让学生产生解决实际问题的欲望，让学生感受到物理学习的生活意义和生命价值。

如对力的认识，可以分析木块、小球、弹簧等模型化物体之间的作用，也可

以用脚踢球、人坐沙发等学生日常熟悉的事例来引入力的概念。引入"内能"时，可以从分子动能与势能的角度在理论上分析什么是内能，更好的是让学生双手搓一搓，请学生谈一下双手感觉，老师追问为什么会发热？利用生活现象引入新课，学生对物理有一种亲切感，感受到生活中处处有物理，即"从生活走进物理"。

(二) 设计生活化，从机械性学习到有意义学习

教学设计当中，我们要有意识地列举学生生活中熟悉的事例，帮助学生理解。如滑动摩擦力的学习，可以抽象为一个物体在另一个物体的表面上发生相对滑动时，在两个物体接触面之间产生阻碍物体相对运动的力叫滑动摩擦力。更好的方法是让学生用手在桌子上往前推，感受摩擦力的存在以及充分理解摩擦力的方向，并结合生活中写粉笔字、溜冰、拔河比赛等运动，家中推动各种家具等的实际体验来说明什么是滑动摩擦力。

(三) 过程生活化，从个体性学习到合作性学习

学生个人的生活体验是有限的，怎样解决这个问题，我们想到了依靠集体的力量：在课堂教学中教师要给学生讨论、合作学习的机会，让学生充分发言，经验才能得以交流；教师要积极倾听学生的发言，把学生的经验、困惑、生成性资源、创意等进行整理、归纳与反思，使其成为教学的新课程资源。例如学习了省力杠杆这个知识点后，老师提出一个问题：生活中同学们见过哪些省力杠杆的例子？让学生通过小组讨论、交流、合作、相互启发、学生发言等活动，利用集体的智慧弥补个人的不足。

(四) 应用生活化，从做题到建立物理模型解决实际问题

学习相关的物理知识、概念后，我们会加以应用。怎样应用呢？很多时候是让学生做题。我们应该认识到：物理知识源于生活，但高于生活，是对生活知识的提炼、概括，最终是解决生活中的问题。怎样把物理从现实生活背景中构建起来，解决问题？可以利用建模的思想，基本原理如图1所示：

图1

如学习《运动》的过程中，展示一幅图：公路上行驶的汽车上坐着一个司机和一个乘客，为什么路边小朋友说乘客是运动的，而司机却说乘客是静止的？在这个原型的基础上抽象为模型：将课本放在课桌上，再将文具盒放在课本上，用手慢慢拉动课本，观察并思考：①如果以课桌为参照物，文具盒是运动的还是静止的？ ②如果以课本为参照物，文具盒是运动的还是静止的？总结出理论：判断物体是运动还是静止的方法：①看选哪个物体作参照物。②看被判断物体与参照物之间是否发生位置变化。接着具体化模型：我们通常所说的"太阳东升西落"，是以什么为参照物呢？最后来解释原型：第一次世界大战期间，一名法国飞行员为什么能抓住子弹？在这个过程中，学生思维是螺旋式上升的！

（五）拓展生活化，从接受性学习到探究性、发现性、研究性学习

例如学习了温度计，我们不能简单地让学生测出一杯水的温度，而应该让学生设计一个表格，早晨到晚上每隔半小时测量一下气温，并把测量结果绘制成气温随时间变化的图表。这样不仅训练了学生测量绘图的能力，还能够了解一天当中气温变化的特点。

学习了凝固放热之后，我们开展了研究性学习。老师提问：冻肉的解冻用冷水还是用热水好？引导学生分析：热水解冻是利用高温物体降温放热；冷水解冻是利用液体凝固放热。然后让学生在家中去实践，会发现：用热水解冻，冻肉的表层融化，但是里面还是冰冻的，并影响到肉品的鲜嫩度；用冷水解冻，冷水在凝固过程中放出大量的热，可见用冷水解冻更好。进一步深度思考：如果把冻肉放在盐水里解冻，为什么能大大缩短解冻时间？引导学生分析：加盐降低了水的凝固点，能够放出更多的热。最终形成如图2所示的思维分析过程：

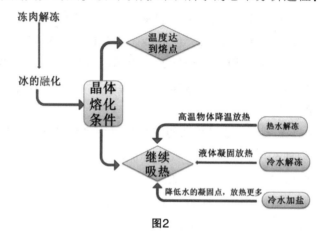

图2

四、结束语

物理学核心素养强调经验事实是科学最重要的基础，但随着社会的进步，学生关注生活缺失的问题越发突出。新课程改革的基本理念重视以学定教，这就要求我们在教学当中要不断地研究学生，改革我们的教学形式，以适应时代的要求。

参考文献：

[1] 李贺.基于生活情境的中学物理教学对学生能力培养的研究[D].山东：山东师范大学，2012.

[2] 张大均.教育心理学[M].北京：人民教育出版社，2004：68-71.

[3] 张凯.初中生闲暇教育现状调查及对策研究 [D] .甘肃：西北师范大学教育学院，2012.

[4] 苏明义.新版课程标准解析与教学指导初中物理 [M] .北京：北京师范大学出版社，2012.

[5] 李强.初中物理教学生活化的认识与实践 [J] .现代教育科学，2012年第6期：20-23.

[6] 王海兵.践行生活教育理论 探索物理"生活化教学" [J] .中学物理，2014年12月：15-16.

浅论小学音乐教学中川剧的传承与变革

成都市青白江区外国语小学　翟　寻

摘要：戏曲是中华民族十分宝贵的精神文明财富，近年来，国家逐步将戏曲文化融入基础音乐教育，2015年国务院办公厅印发《关于支持戏曲传承发展的若干政策》，旨在"加强学校戏曲通识教育，大力推动戏曲进校园"。川剧是国家非物质文化遗产，是天府文化的一大特色，也是中国戏曲宝库中的艺术瑰宝。它发源于四川，又在四川广为流传，代表了四川地方音乐文化一大特色，是四川本土不可缺失的精神食粮，学生在义务教育阶段接触和学习川剧，可以更早地感知中国传统文化的精髓，熟悉并热爱四川本土的音乐文化，进而为川剧的复苏、发展、繁荣、创新做出贡献。近年来，高新新华学校深入推动儿童川剧创编实践探索，川剧在四川省甚至是全国都有十分重要的艺术价值，国家非物质文化遗产项目第一批就将其列入其中，所以在四川本省，在音乐课堂中加入川剧的学习十分必要。本文简要论述了笔者近几年将川剧进校园与日常学科相融合，让传统川剧文化重新在孩子心中"活起来"，同时也让家国情怀在他们心中生根发芽的具体做法。

关键词：川剧；课堂；传承；变革

一、概述

随着经济全球化的深入，人们的娱乐方式更加多元化，流行音乐、摇滚乐、电影等外来文化和新兴大众文化在现代媒体的强劲推动下，占据了我国文化市场的半壁江山。曾经作为人们娱乐消遣的川剧已进入我国首批非物质文化遗产名录。振兴川剧三十余年来取得了不少成果，但川剧的传承现状依然不容乐观。没有观众就不能构成真正意义上的戏剧。川剧仿佛已经脱离了它戏剧的身份，即将成为一种文学作品。人们不了解川剧就很难对川剧产生兴趣，没有兴趣就不会去欣赏川剧，导致川剧的观众群体老龄化，没有新兴力量，就无法发展川剧。所以发展和壮大川剧观众群体，培养川剧接班人是振兴川剧的突破口。

"任何一门学科都不能脱离社会背景，不能脱离民族文化传统。"教育是文化传承的重要手段，川剧进入学校最主要的目的是让广大学生接受川剧文化的熏陶。

川剧在学校传承虽然不能让所有学生都喜欢川剧，但通过适当的教育手段进行引导能在一定程度上激发他们对川剧的兴趣。在壮大川剧观众群体的同时，还能发现川剧"好苗子"，为培养川剧接班人寻找人才。

二、传承——川剧进课堂初探

(一) 邀请剧团，激发兴趣

学生对新事物接受度很高，对中国传统文化的学习，则需要有人引导。邀请本地川剧团到学校演出，通过孩子们接受、喜爱的方式——变脸、吐火、滚灯、经典唱段，激发孩子们的兴趣，让他们接受、喜爱川剧，愿意去了解、学习川剧。

(二) 视听结合，初步了解

在音乐课堂中，由于人教版教材四年级下册第四单元《学戏曲》正好是京剧知识的了解和经典唱段欣赏及演唱，我适时地对学生进行川剧知识的输入。近一年来，主要通过以下方式对学生分阶段、分层次地进行川剧文化教育。走进川剧的第一步，给学生简要介绍川剧的起源后，重点通过认识川剧行当——生、旦、净、丑，以图片和介绍的方式，让学生对演员所扮演的角色（即行当）有一个大致的了解。在老师以图文形式介绍完行当过后，分别找到川剧经典唱段，让学生们参看、模仿，了解角色，参与表演，为理解人物性格和情绪提供帮助。

除了让学生欣赏传统川剧外，为了增强学生的兴趣，我还会见缝插针地给他们播放一些新的，具有川剧元素的视频。比如2009年新编的川剧动画《火焰山》，由四川省川剧院与加拿大一家动画公司合作创作。利用三维立体动画的形式来表现此剧。其中孙悟空的面部就是完全遵照川剧脸谱来定制的，扩宽了川剧的传播途径。再如2013年四川音像出版社制作了川剧动漫《请医》，取材于元代施惠《幽闺记》传奇，是一折风趣十足的讽刺喜剧。"为川剧名角们重新设计神韵俱佳的卡通形象，将川剧表演艺术精华融合现代动漫表现技巧，重新演绎川剧的经典，包装传统的川剧文化。"还有2014年四川省艺术研究院与四川师范大学动漫工作室合作，打造的川剧动画片《金山寺·变脸》，其以著名川剧大幕戏《白蛇传》中"金山寺"一折的故事为主要剧情。将有悠久历史的传统艺术与现代流行的动漫艺术形式相结合，更适合青少年观看。

(三) 学习唱腔，初步探究

《白蛇传》是最具民间性的中国故事，各门艺术长年演绎，其影视版本迄今已多达二十几个，是学生比较熟悉的故事，特别是2019年由追光动画、华纳兄弟联合出品的动画电影《白蛇：缘起》深受学生喜欢。以这部动画电影为切入点，我为学生选择了《白蛇传》中"游湖"这一折戏来学习川剧的唱腔。这是一段文戏，唱腔多以念白为主，相对简单，人物也比较丰富，学生可以通过合作来完成。通过以下情节学习戏曲发声方式。

老船翁：（念白）客人，钱塘门到了。

小青：（念白）咱们下船吧，这伞~（这时候小青拿着雨伞犹豫了一下，白素贞一个眼神，转身施法又开始下雨，小青会意，）哎哟，又下雨了，这伞~

白素贞：（念白）是啊，又下雨了，如何是好？

小青：（念白）真是的，这伞~

许仙：（念白）无妨，这伞小姐拿去，我改日再取就是。

白素贞：（念白）多谢了。（白素贞这句话几乎是迫不及待地说出来的，她和小青演绎的又下雨，期待的结果正是如此，想与许仙再次见面）

如果川剧进课堂只是以上三种方式，最多一年，老师会没有东西可教，学生也会失去好不容易培养起来的兴趣。初步了解掌握了川剧的演唱方式（唱腔）后，我们需要继续探索出一条适合普通中小学生学习川剧的道路。

三、变革——五育并举让传统川剧焕发现代活力

（一）五育并举川剧秀

《经典咏流传》是央视综合频道推出的中国首档大型诗词文化音乐节目。用"和诗以歌"的形式将传统诗词经典与现代流行相融合，在注重节目时代化表达的同时，也将深度挖掘诗词背后的内涵，讲述文化知识、阐释人文价值、解读思想观念，为现代文明追本溯源，树立文化自信。其中张杰演唱的歌曲《蜀道难》能让大众再一次认识诗仙李白的作品，从现代人的角度了解曾经的蜀道，惊叹于中国铁路的无所不能和中国速度，根植文化自信。《蜀道难》以川剧高腔为起点，那种发自内心的高亢歌声，瞬间将人带入直上云霄的奇险蜀道。《蜀道难》在创作的过程中，加入了浓墨重彩的天府文化，方言说唱、川剧念白、帮腔、高腔等多种元素，将《蜀道难》原有的律动感与现代音乐完美融合。一曲放完，学生们都很震撼，在这样的情感下，我让学生自由发言，提出自己印象最深的一句并尝试模仿演唱，然后再由老师带领学生一起演唱。当然，在这一过程中，也有一些同学不愿意发言，这时就由老师分享自己喜欢的片段，抛砖引玉。在这首歌曲中，学生还可以很明显地感受、了解到高腔"一唱众和"的特点。

以上是变革的第一步，从他人的变革中找到灵感。接下来，我会将学生分成唱跳两类，让他们进行创作。唱的同学，通过改编歌曲、诗词，使它们听起来像川剧；跳的同学可以选择一首具有川剧特色的歌曲进行创编，最后我们将所有作品录制，制作成视频供全校师生家长观看。最后，我还联合美术老师，将美术课

堂上学生创作的川剧作品借来，配以《蜀道难》的音乐，用现代走秀的表现形式，编排了川剧秀，深受大家的喜爱（见图1）。

图1　蜀秀

（二）用儿童视角创编川剧

笔者作为一名主修舞蹈的小学音乐老师，也在戏曲舞蹈上下足功夫，不断探索。2020年，改编的川剧舞蹈《乖幺妹儿》（见图2），形象是川剧中的闺门旦：一群幺妹儿在街头偶然听到不远处的戏台传来的戏曲声，从最初的不理解觉得好笑，慢慢接触了解，到最后能跟着表演。在这个舞蹈中，我们不仅学习了川剧的唱腔、鼓点、动作，也身临其境地感受了川剧的魅力，同时通过一次次的训练和表演，站上更大的舞台，获得成功的喜悦。

图2　川剧舞蹈《乖幺妹儿》

2022年改编的川剧舞蹈《小小刀马旦》（见图3），舞台形象是戏曲中的刀马旦，有了前一次的成功经验，这一次加大了难度。学生们对川剧的扮相都很好奇，所以这一次我选取了扮相比较复杂的刀马旦，舞蹈中间有背旗的穿戴，要求学生们熟悉掌握，并且在有限的时间内穿戴好完成表演。道具——花枪的使用也是一大难点，课堂上反复教学、练习，第一次正式表演还出现了小演员掉花枪的情况。也是经过一次又一次的练习和表演，最后孩子们取得了成都市一等奖的好成绩。

图3　川剧舞蹈《小小刀马旦》

四、遇到的困难

在川剧进入课堂的过程中，遇到的最大困难，应该是老师本身缺乏川剧专业的技能。但我们不能以此作为不给学生普及川剧文化的借口，应该利用互联网多多了解、学习。当然，如果学校、上级部门能有经费支持或能请到川剧艺术表演者对老师和学生进行专业的指导，就更好了。上述的两个舞蹈节目，都是学习节目，如果能有一个原创节目，有更专业的老师指导，学校老师学生都参与其中，相信在川剧进校园的活动中能取得更大的成功，对学校师生也是更大的激励。

五、综述

习近平同志指出："在实现中华民族伟大复兴中国梦的征程中，需要传承和弘扬中华优秀传统文化。"2014年3月26日，教育部印发了《完善中华优秀传统文化教育指导纲要》，这为中国传统文化在学校教育中传承与发展提供了政策支持；作为当代青年教师，应将保护和传承川剧文化当作责任和义务。川剧作为四川本土最珍贵的艺术瑰宝之一，其声腔艺术、绝活特技等艺术文化内涵值得四川本土的小学生不断认识，在学校的音乐教育中加入川剧的欣赏和学习，目的不是要教授学生川剧的技能，而是让学生能够在潜意识里认识四川地方民族民间音乐的魅力，不仅可以达到让学生爱祖国、爱家乡的情感态度与价值观的目标，同时可以深层次增强当代少年儿童的民族责任感、自豪感与自信心。

参考文献：

[1] 曹理.普通学校音乐教育学 [M].上海：上海教育出版社，1993.

[2] 胡小力.《动画片带来新体验》.川剧动漫《请医》四川新闻网首播，

2012.

　　［3］桐苑秋语.《京剧〈白蛇传.游湖〉解析》.简书，2019.

　　［4］崔迁.川剧进入四川地区小学音乐课堂的策略研究——以四川省巴中市巴州四小为例［D］.成都：四川师范大学，2018.

中华武术理论研究"热"与教学实践"冷"

四川省成都市城厢中学　舒伊刚

成都市工程职业技术学校　吴　静

摘要：漫漫历史长河，积淀着中华民族生生不息、长盛不衰的文化基因，也激荡着为实现中华民族伟大复兴而不懈奋斗的精神力量。近年来，我国对于中华优秀传统文化以及非物质文化遗产极为重视，掀起一股中华武术理论研究的狂潮，但中小学体育课堂武术教学实践却少见其"波澜"。教学实践与理论研究呈现出的"冷""热"之状，发人深思。本文从中华武术在中小学体育课堂中的教学实践出发，希冀通过价值审视与实践反思，提出推进策略，为中华武术及其优秀传统文化融入中小学校和中小学体育课堂，增进中小学中华武术理论研究与教育教学实践的结合度，促进传承和发扬中华优秀传统文化提供一定参考。

关键词：中华传统体育；理论研究；教学实践；体育课堂

2023年6月，习近平总书记在文化传承座谈会中指出"要继续推动文化繁荣、建设文化强国，坚定文化自信，建设中华民族现代文明"。这就要求我们在新的起点上，加快实施创新驱动发展战略，创造性地转化中华传统体育文化，以学校场域为主阵地，创新性地对其进行延续发展，从而为体育强国建设、中华民族之复兴注入强大的精神力量。文章以"中华武术"为关键词检索文献并进行可视化分析，通过高级检索→文献分类目录→社会科学Ⅱ辑→体育→中华民族传统体育→期刊检索（共125条结果，检索时间20240218）→计量可视化分析→全部检索结果分析，其中检索北大核心文献123篇，CSSCI文献95篇，以体育为主的中等教育理论研究占比为94%，其总体发表趋势如图1所示。

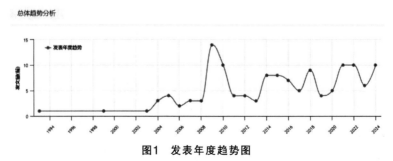

图1　发表年度趋势图

　　面对图1中整体研究态势呈增长趋势的现象，本文将采用田野调查法、访谈法、文献资料法等方法对中华武术理论研究现状和中华武术运动在中小学体育课堂中的教学实践现状进行研究，厘清思路，总结出对中华武术的价值审视，找出关于中华武术理论研究"热"与教学实践"冷"的根本原因，提出中华武术融入中小学体育课堂的推进策略。

一、理论研究"热"之成因——中华武术的多重维度分析

(一) 中华武术的德育维度分析

　　中华武术作为民族传统体育文化的重要组成部分，是体现中华民族精神，展现中华民族礼仪风采的优秀文化，其独有的武德教育塑造着青少年的人格修养、精神品质，且以"自强不息"为代表的武德精神更是内化为了中华民族自身发展的道德取向，助推着中华武术的蓬勃发展。因此，强调在学校教育中贯彻中华武术的武德教育，在"学、练、赛、评"中培养青少年"以国为先"的大德向度；"无私奉献"的公德向度；"谦逊和善"的私德向度，对于培养青少年正确的世界观、人生观和价值观有重要的促进作用。

(二) 中华武术的美育维度分析

　　中华武术的美育教育是中国式具身教育最为典型的代表，其是一种身心交互影响的体验性美育，强调身体—主体的自我塑造和自我培育。在青少年中提倡中华武术这一身体—主体自我关怀的美育实践，能在学生群体中建立起联觉体验的认知理念、见微知著的传习以及怡情养性的美育情怀，从而树立起身心合一的美育观。

(三) 中华武术的体育维度分析

　　中华武术的体育属性由来已久，自1915年许禹生等人提出的《拟请提倡中国旧有武术列为学校必修课》的议案通过之后，武术便逐渐由军事属性转为了体育属性，并被添为中小学之必修课。且由于中华武术的种类繁多，其自带的体能训练之法、攻防技击之术、器械运用之技、锻炼养生之效更是应当深入挖掘的文化宝藏。在学生群体中积极推广武术课程，既能加强学生身体素质锻炼，也能实现武术在现代化语境下的"体育化转型"，为世界体育发展贡献中国力量。

(四) 中华武术的情感维度分析

　　当前学校教育已从读、背、算等硬技能培养的传统模式中抽离出来，转而更加重视对于学生情感能力的培养。而在课程教育中加强中华武术培育，不仅是加深学生对于民族精神和传统文化的认识和培养，更是对培养学生情感能力作出的重要探索。中华武术能发挥自身传统文化因子诱发作用和感染力，借助学校场域使学生感知中华文化的核心精髓，使学生参与并体验武术文化带来的共情状态，

进而建立起积极的情感能量，实现正向的情感培养。

二、教学实践"冷"之成因——中华武术的多重维度分析

（一）中华武术运动理论维度分析

现有中华武术教育教学相关的理论研究，大多针对的是顶层设计和中层推进，少数的底层落实，更缺乏教学教法创新相关研究。导致中小学中华传统体育教学方式方法仍是"分解与完整式"，大多数中小学体育教师对中华武术的教学实践停滞在"摸着石头过河"阶段。

（二）中华武术实践维度分析

政府部门和学校只关注"一校一品"的建设，而未有将中华武术及其蕴含的优秀文化深深根植于学校的意识。此霉变中华武术本质的行为，不仅降低了"全民参与""全校实践"的运动参与效果，还使中华武术中的优秀文化在过度异化的教学中逐渐隐没。

（三）中华武术归因维度分析

在中华武术相关人才来源本就匮乏的情况下，中小学人才培养方式却多是注重运动形式的传承、运动技能的习得，而缺乏教学技能的深化和创新，缺少对中华优秀传统文化的注重。导致中小学呈现出"教师多，而溃于无法；教师少，则败于不精"的中华武术教学实践师资"冷"的局面。

（四）中华武术发展维度分析

中华武术包含多样的文化源流、多彩的人文精神、多种类的技术动作。要将中华武术的文化精神和运动技能全面根植于中小学体育课堂中，不仅要求体育教师具有深厚的传统知识底蕴，还要具备将传统体育运动技术拆分、归类、组合的教学设计能力和将传统体育运动技术以情景化、游戏化、"学、练、赛、评"一体化的方式实施于体育课堂的教学能力。

三、中华武术融入中小学体育课堂的推进策略

（一）加强中华武术课堂实践

中国有3亿多青少年，学校是最重要、最广泛地传承中华武术的阵地。只有将中华武术放置于学校场域之中，才能更好地实现文化传承，才能更好地弘扬中华民族精神，才能更好地传承中华文明优秀文化的历史使命。在体育课堂中融入中华武术实践，不仅仅是实现"传统体育"的简单回归和对"世界体育"的单纯皈依，而是在融入课堂的基础上实现"螺旋上升"形式的创新和传承，使中华武术成为现代体育发展的有机部分，成为适合中小学课堂教学实践的优秀成果，为中

小学体育教师创新中华武术的教育教学方法和跨学科教学方法提供更多的实践参考。

(二) 加快中华武术学科建设

科学而完善的理论是正确地继承和发展中华民俗体育文化的保证。中华武术是在中华文明基础上的发展和深化，是带有中国特色的特有体育体系，其能够深刻演绎出各民族传统体育的本质特征。因此要以多学科的角度透视为基础，实现对中华武术多层次、多方位、多结构的科学探索，鼓励中小学体育教师积极开展中华武术教学探索，在打造好校园特色、落实好课堂教学、营造好传统体育文化氛围的基础上，踊跃进行传统体育成果分享和交流，以实现对中华传统体育的学科建设。

(三) 优化中华传统体育师资队伍建设

教师是提高学校教育质量的重要推动力，只有教师对中华武术项目有深入的了解与研究，自身具有充分的民族传统体育文化知识，才能让民族传统体育在校园中开展得好、传播得开，才能充分让民族传统体育文化深入人心，真正达到立德树人、铸魂育人的教育目的。因此要拓宽传统体育运动生源渠道，优化培养模式，为中小学输送更多"会运动""能教学"的"大师"，为社会输送更多"懂其道""精其术"的"大使"，以实现在中华民族传统体育中以文化育人的根本目的，促进中华武术的长远发展。

(四) 加快中华传统体育与时代相适应

《中华民族传统体育志》的普查结果显示，我国少数民族的传统体育有676项，汉族传统体育有301项，共计977项。要使中华传统体育融入中小学课堂，不能简单地将其以数值方式而显现，而是要将其作为更多身体力行者投入锻炼体魄的广阔天地，使其与现代体育相适应，从而妥善继承和发展这一宝贵的体育文化财富。因此要加强社会宣传力度，浓郁中华武术的社会氛围，使各阶层、各单位的各类人群明白中华武术的传承之"意"和运动之"效"，发展、形成当地特色传统体育运动项目，以提高项目社会认同，增强人民群众的文化自信。

参考文献：

[1] 邱丕相.全球文化背景下民族传统体育发展的思考 [J] .中国体育科技，2006，44 (8) 63-66.

[2] 胡小明.拓展民族传统体育赖以生存的理论空间 [J] .体育学刊，2003，10 (5)：1-3.

[3] 尹国昌，涂传飞.钞群英当前我国民俗体育文化发展存在的问题及其对策 [J] .南昌大学学报 (人文社会科学版)，2007，38 (5)：139-142.

[4] 马秀杰，唐双双.新时代新征程民族传统体育文化的历史使命、价值意

蕴、遵循原则与实践路径 [J].体育科学，2023，43（06）：13-20.

　　[5] 刘凤虎.从文化学的视角谈民族传统体育的传承与发展 [J].体育与科学，2010，31（5）：73-75.

　　[6] 白晋湘.弘扬中华民族传统体育丰富世界现代体育宝库——民族传统体育研究述评 [J].北京体育大学学报，2001，24（4）：433-435.

MHT测试中冲动倾向高分学生
团体心理辅导的实践研究

成都市青白江区至佳中学 杨青春

摘要：社会竞争日趋激烈、初中生学业水平难度提升，加之新冠疫情下身心疾病和经济困难等多重因素的影响，初中生的心理危机问题显著。研究的对象及范围就是冲动倾向非常明显、情绪自控力很差的城市初中生，其是潜在的心理危机干预的对象。研究的内容是如何有效地帮助MHT冲动倾向测试高分（8—10分）学生的方法即用一系列的团体心理辅导的形式开展活动。研究的注意事项是：怎样以无伤害的形式通知学生从而组成团体辅导的小组；所设计的团体心理辅导活动的针对性及有效性怎样体现；最终对研究成果的评价、鉴定，是否具有普遍性。

关键词：初中生；MHT冲动倾向高分；团体心理辅导

一、研究的背景与意义

（一）研究的背景与问题的提出

新冠疫情背景下，生活节奏被打乱，有时让人难以喘过气来。对于初中学生而言，学习难度增加、应考心理加重，还有与老师同学的人际交往、与父母的相处摩擦……使他们越来越容易情绪失控，很轻易产生过激想法。

根据《中国国民心理健康发展报告蓝皮书（2019—2020）》，24.6%的青少年抑郁，其中7.4%的为重度抑郁，初中阶段的抑郁检出率约为三成，重度抑郁的检出率为7.6%—8.6%。当前初中生的心理危机问题显著，为了有效帮助学生解决心理危机问题，各个学校试图找出心理危机干预的有效方法。其中团体心理辅导的方式广泛地应用于学校心理健康教育中。

我校心理测评采用了华东师范大学周步成等修订的《心理健康诊断测验》（MHT），该测验适用于综合检测初中生的心理健康状况。MHT共有100个题项，包括8个内容量表和一个效度量表（即测谎量表）。MHT冲动倾向高分是指冲动倾向量表得分为8分及以上的分数，即8—10分。

在对学生在进行心理健康教育课程的过程中，发现MHT冲动倾向高分学生的冲动性很强，自控力差，容易出现危机事件。所以想通过实践研究，对这一类学生进行有效的帮助，甚至可以推广到所有学生的教育上。

在我们的教学实践过程中发现，MHT冲动倾向高分的学生当前存在以下两个方面的特点：

1. 对自我认知的偏差；

2. 在处理问题和人际交往时存在不合理的想法。

对此，我们以团体心理辅导的方式展开对MHT冲动倾向高分的同学的心理危机干预。

（二）研究意义

通过对MHT冲动倾向高分的学生进行团体心理辅导，让学生之间互相理解、互相支持、互相帮助，用团体的力量帮助学生发现问题、解决问题，能够使学生在特有的气氛中认识自我、了解自我、发展自我，大家在集思广益的过程中，一起找到解决困惑的有效方法。同时让学生在和谐的团体活动中获得成长，提高这部分学生的心理健康水平。

相对于个体咨询辅导来说，团体心理辅导可以让心理老师同时为多名学生提供帮助，有效地解决了学校师资力量不足与需求学生人数众多的矛盾。

二、核心概念的界定与问题的特征

（一）核心概念的界定

1. "MHT测试结果的冲动倾向高分"是指MHT心理诊断测试中的冲动倾向分值是8—10分的学生，只要有轻微的情绪波动，就容易产生过激的想法，甚至出现危机行为，如自残、自伤、自杀等，这些行为就是MHT冲动倾向高分的具体表现。

2. 团体心理辅导是指针对有共同心理困扰的学生，通过团体成员之间的相互分享、互动、支持，发现问题、认识问题，最后尝试解决问题的一种心理辅导方式。

（二）问题的特征

MHT的冲动倾向8—10分的初中学生存在的显著问题有以下几个方面。

1. 冲动性强

遇到微不足道的事情就会焦虑到寝食难安的地步。有时出现一些负面情绪便会无限地蔓延，容易产生"自我了结"的想法，出现危机事件。情感波折非常大，容易陷入情绪低谷并且很难走出低谷，无法克服困难。

2. 自控力差

无法良好控制自己的情绪波动，无缘无故地想大哭大叫，频繁出现自残自杀的念头等过激想法且无法抑制下去。任由情绪带领自己的行为，无精打采，对所有事都提不起兴趣，成为情绪的奴隶。

三、采取的方法、措施和策略

(一) 调查分析，了解真实情况

通过观察学生本人、进行问卷调查、组织团体心理辅导等方法，清楚了解学生的心理状态，深入分析影响学生情绪波动的原因和有效抑制消极情绪的方法。

在心理课上，首先，对每一位同学进行MHT心理测试，然后找出每班MHT测试中冲动倾向8—10分的学生，让这些学生组成一个"逐梦飞扬"的心理团队，利用心理选修课的时间对这些学生进行团体心理辅导的活动。其次，在每个班级进行心理课时，有意识地关注这些学生。

(二) 以团体心理辅导为主要方式展开研究

针对学生的具体情况，用团体心理辅导的方式，教给学生控制情绪的方法，合理解决自己的情绪需求。

1. 在课堂上运用团体辅导的方式，进行多个有趣的活动，让学生感悟团辅活动的意义。

2. 活动结束后，小组交流沟通，发现优点，总结不足。

3. 在分享后由全组选出来的代表总结发言，即同学们的总结、运用能力得到锻炼，从而使自信心得到提升。

组长与全班同学分享本组的游戏经验，再与老师、其他组长交换心得。这样也有了更加准确、正确、丰富的经验。同学们在一次次的感想中，取其精华去其糟粕，用更多的视角看待事物，学会更多有效的人际沟通技巧。能自发地去努力融入新环境、在总结接触中成长，这也是团体心理辅导的独有优势。

四、环节设置

团体心理辅导中的环节是层层递进的。这里的环节设置可以作为参考。

1. 由主讲老师组织整个活动，在课堂最开始的时候就明确表达本活动的规则、同学该如何完成、意义及目的、最后游戏结束的奖惩。

2. 开始活动。根据活动规则进行活动，要求他们遵守活动规则，不出现违纪的严重行为。活动进行时观察同学们的行为，让同学们在游戏中表现自我，充分感受活动的趣味与意义。

3. 根据活动要求的次数完成（如"心花朵朵开"这个游戏需要进行3次）。

4. 活动做完后，各个小组进行讨论。各个小组在讨论时主讲老师可以进行启发、引导、提示，使同学们向正确的中心思想靠近。

5. 各个小组的组长发言交流心得。例如，可以让第一名的小组分享自己组的经验，发表本组讨论后的感想与还有哪些地方可以有进步。让最后一名的小组阐

述本组的缺点，今后遇到此类问题会有哪些改进，如何弥补不足。

6. 主讲老师总结各个小组的观点精华，肯定同学们的正确想法与作为，提出这之中的不足。最后表达这个活动的中心思想与目的。

7. 颁发奖品，增加同学们的积极性。

五、研究的成效

（一）MHT测试中冲动倾向高分的学生对自我认知有较积极的改变，人际关系处理能力上升

在课堂上多次进行团体心理辅导后，来心理咨询的学生的冲动程度有所减轻，并且在与心理老师交流中更容易敞开心扉并用较为冷静的语言表达自己的问题。例如在"心花朵朵开"活动后，就有小组长发表自己的心得，在与陌生人相处时要明白双方的性格，要用合适的方法与其交流合作。自己在性格方面有哪些问题，自己在与同学交往时要克制哪些……这样，人际关系的处理方式就得到了很大的提升。

（二）MHT测试中冲动倾向高分的学生学会用多角度看问题，能较好地控制情绪、树立正确的观念

在活动"超级画像"中，我们就可以看到多个角度：

1. 同学们对老师的命令的执行情况也是对外界倾听能力的反映。

2. 同学们对要求反应迅速，对"组员特征"的仔细观察与欣赏，这是在培养学生对外部世界的观察力。

3. 在看到其他同学的评价后，学生有怎样的反应？这都能反映学生们对情绪的管理从而进行干预。积极的评价对我们都很重要，学生需要的是一个温暖包容的"小团体"，这样就产生了积极的情绪体验。

以上这三个都是多个角度中的一种，我们还可以看到更多的角度。因为参与同学的多样性，所以能从一个游戏引发出更深刻的认识与思考，这也是团体心理辅导能达到的研究的目的。

（三）团体心理辅导的适用性得到了充分的体现

针对冲动倾向高分学生自信心不足的现实，设计的团辅活动"超级画像"，让学生在共同画像的活动中彼此进行观察、鼓励、分享，使成员在心理互动的过程中，认识自我、悦纳自我，发现他人眼中的自我，改善人际关系，提高自我效能感。因此，学生们在参与团体辅导后可以得到心理成长。

在一系列心理团体辅导后，MHT测试中冲动倾向高分的同学们解决、思考人际关系的问题的能力有明显的提高，情绪波动大、冲动、思考困难的问题明显减少。

参考文献：

[1] 张翔，杨悦.高中生心理危机干预策略例析 [J].中小学心理健康教育，2021 (22)：31-34.

[2] 董旻晔.基于模拟教育的心理危机干预核心能力发展模式研究 [D].上海：上海交通大学，2019.

[3] 董旻晔，贾芷莹，王建玉，张海音，施贞凤，李国红.情境学习对心理危机干预技能提升效果的评价 [J].上海交通大学学报（医学版），2019，39 (5)：539-543.

[4] 孟长治.心理危机干预六步法案例探析 [J].北京劳动保障职业学院学报，2018，12 (3)：46-49.

[5] 马孝月.积极情绪团体辅导对于职高生心理韧性的影响研究 [D].杭州：杭州师范大学，2017.

[6] 高金妮.中学生心理危机管理研究 [D].长春：吉林大学，2017.

[7] 杨慧.团体心理辅导对高一学生人际交往状况改善的研究 [D].呼和浩特：内蒙古师范大学，2014.

[8] 刘慧婷.希望与乐观：对心理危机预警干预研究 [D].西安：西安石油大学，2013.

[9] 柯文.心理危机干预六步法 [J].科学24小时，2010 (3)：9.

[10] [美] Richardk.James&Burl E.Gilliland著，肖水源，周亮等译校.危机干预策略（第七版）[M].北京：中国轻工业出版社，2017.

[11] [美] 克拉拉·E.希尔（Clara E.Hill）著，胡博等译，江光荣等校.助人技术——探索、领悟、行动三阶段模式（第3版）[M].北京：中国人民大学出版社，2013.

回归儿童的幼儿园安全教育活动设计探索

——以大班《健康食物我爱吃》系列活动为例

成都市青白江区巨人树幼儿园（北区）　肖　荷

摘要： 保护幼儿的生命和促进幼儿的健康是幼儿园的首要工作。幼儿园作为幼儿主要的生活与学习场所，安全教育活动中幼儿的深度参与决定了安全教育的质量与效果。但幼儿教师在设计安全教育活动时易忽视儿童的主体地位，导致安全教育活动出现缺乏系统性、时效性、多元性等问题，偏离了"儿童本位"的宗旨。通过基于儿童已有经验与能力，确定活动主题、链接儿童真实生活与需要，预设活动内容、依据儿童学习特点与方式，采取多元策略、关注儿童个性化与差异化，延伸活动空间的四步走安全教育活动设计思路，可以支持教师在安全教育活动中回归儿童、引发学习、提升实效，实现安全教育的纵深发展。

关键词： 幼儿园；安全教育活动；回归儿童

幼儿的安全是幼儿园生存发展的生命线，从政策法规及幼儿园教育实践来看，保护幼儿的生命和促进幼儿的健康是幼儿园的首要工作——教育部颁布的《幼儿园教育指导纲要（试行）》将安全教育作为健康教育的有机组成部分，明确安全教育就是要"提高幼儿的自我保护意识和能力"。《幼儿园工作规程》专设"幼儿园的安全"一章，从幼儿园安全管理、园舍、食品药品安全、教职工安全意识和安全技能及幼儿园安全教育等多方面进行了规定和要求。然而，近年来幼儿园在安全教育方面虽然开展了相应的课程，但是实践操作内容较少，幼儿参与积极性不高，安全教育实际效果有限。结合相关研究与一线实践，笔者认为出现以上问题主要源于幼儿园教师在设计安全教育活动时儿童主体地位的缺失。

一、缺失儿童的幼儿园安全教育活动显著问题

（一）缺乏系统性

儿童的发展是相互联系、相互作用和相互影响的多要素网状结构，因此，安全教育不单是某一部门单一层面的事情，是全园卷入、多重角色交互作用的过程。对系统性认识的缺乏可能导致：（1）安全教育活动内容缺乏系统性，各年龄段的

内容同质化，或直接依据上级部门的相关要求，"见子打子"开展单个、割裂的应付式活动；（2）安全教育活动未能融入园级、班级的课程中，缺乏整体课程的系统性，影响班级课程推进中的连续性以及活动目标的达成。

（二）缺乏时效性

随着时代的发展，幼儿园安全教育内容也在悄然拓宽（如信息安全、国家安全等内容的增加），园所需要充分关注幼儿生活中面临的真实具体且具有个性化的问题与挑战，若一味复刻传统的安全教育内容整体框架和活动教案的壁垒，未能深刻把握、深入分析、深度考察并充分链接新时代幼儿的现实生活，进行园本化、班本化、生本化的调整，将会导致安全教育缺乏时效性。

（三）缺乏多元性

幼儿园安全教育活动普遍存在内容、形式单一的问题。多数幼儿园主要通过口头教育、集教活动、安全演练等形式开展，且安全教育地点、空间、时间、课件、方法都比较单一。这一类安全教育活动更侧重于向幼儿讲授与安全有关的理论知识，师生互动少，缺乏幼儿自我输出、互动体验、角色扮演等多种教育形式。未考虑幼儿学习方式与特点的安全教育活动，使安全教育仅停留在理论上，达不到其应有的效果。

二、回归儿童的安全教育活动设计思路

（一）基于儿童已有经验与能力，确定活动主题

在设计安全教育活动时，首先应基于本班儿童目前已有的安全知识和其他领域的相关能力，根据幼儿园安全教育课程的整体内容，科学选择活动主题。例如，笔者在大班下期，观察到本班级儿童对于什么是健康的食物？如何判断食物是否能吃？等问题非常感兴趣。同时，他们具有一定的时间意识，对年、月、日、二十四时计时等时间概念有一定的认识与了解，能在一定的情景下进行时间估计，且具有一定的数运算能力与数感，能完成10以内的加减运算，并能借助工具进行数量表征完成更大范围的数运算。因此，笔者借鉴成都市中小学幼儿园安全教育课程标准中大班的课程核心内容"掌握饮食健康的相关知识"，并参考我园大班饮食安全课程，确定了安全教育系列活动主题——《健康食物我爱吃》。

（二）链接儿童真实生活与需要，预设活动内容

教育即生活。著名教育家杜威认为，教育不单单要让孩子接受知识，更要让孩子学会生活。孩子们的生活中时时有安全，处处有安全。因此，我们应主动链接幼儿的真实生活，将其生活中涉及的安全内容纳入课程中，不断更新与丰富其生活安全经验，让其进一步获得生活能力。于是，笔者发放了《健康食物调查表》，了解分析本班儿童区分健康食物的水平；组织谈话分享活动，倾听幼儿的认

识与问题；与幼儿共同预设《健康食物我爱吃》系列活动内容（如下图所示）。

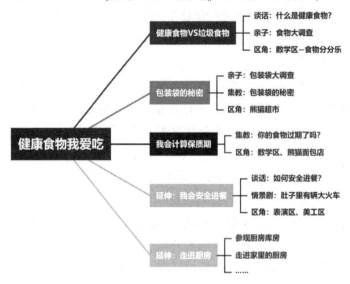

（三）依据儿童学习特点与方式，采取多元策略

《3—6岁儿童学习与发展指南》中指出幼儿的学习应通过"直接感知、实际操作、亲身体验"进行，同时强调"游戏是最基本的学习方式"。因此，笔者依据儿童学习特点与方式，以更加多元的教育策略实施安全教育内容。具体如下。

1. 创设主题情景

苏霍姆林斯基曾说："儿童年龄小，经验有限，生活中的形象再现得越明显、越具体，对他们的思想影响就越强烈。"在安全教育活动中，我们可利用真实场景、角色扮演和互动体验等方式，帮助幼儿更加直观地获取安全知识与经验。例如，在《我会计算保质期》集体教育活动中，笔者以熊猫努努要开面包店，需要招聘能够对货品进行保质期检查的店员为由，利用电子白板、货柜、真实面包包装袋等，创设了逼真的场景，激发儿童的探究兴趣，支持儿童在体验中更加深入理解"保质期"，获取推算食物是否过期的相关安全技能。

2. 联动多个区角

区角游戏是儿童在园一日生活中的重要组成部分，也是儿童学习发展的主要活动。教师需主动将安全教育内容有机融合到游戏中，创设供幼儿主动参与探索的环境，提供适宜材料。幼儿则通过参与各区角游戏，获得更加丰富的安全知识与技能，从而促进安全教育活动的深入开展。例如，在"数学区"提供日历、时钟、记录表等，供儿童探索，为《我会计算保质期》集教活动做好前期经验铺垫；在"树宝医院"收集提供各种药盒，有计划引导幼儿关注药品的保质期；在"小小超市"中收集提供各种食品袋，引发幼儿对《包装袋的秘密》活动后的持续探索；在"萌宝剧场"提供各种服装，为儿童表演《肚子里有辆大火车》情景剧提供支持等。另外，班级教师也根据系列活动的开展，不断更新区角材料，促使儿童主动学习。

3. 体现层层递进

基于最近发展区理论，笔者认为在开展安全教育系列活动时，应实现各个活动中儿童能力发展的层层递进，同时也要关注某一活动的环节设计或某一区角的材料提供是否层层递进。例如，在开展集体教学活动《包装袋的秘密》后，为了巩固幼儿对食品生产日期、保质期的理解，提升对食品保存期限的运用能力，提高饮食安全的自护意识，笔者在班级游戏区角中投放学习性游戏材料，提供不同难度、不同层次的游戏操作卡，设计3阶游戏活动：①基础玩法的游戏卡，进一步巩固对食物的生产日期和保质期的认识及推算过期时间的方法；②进阶玩法的游戏卡，获得判断保质期有具体时间点的食品是否过期的能力；③挑战玩法的游戏卡，借助工具推算保质期"跨月"和"跨年"的食品是否过期。儿童可以自由选择操作卡的难度，在师幼互动、幼幼互动的游戏过程中巩固食品保质期计算的已有经验，筑牢饮食安全防线。

（四）关注儿童个性化与差异化，延伸活动空间

儿童的发展具有个性化和差异化特点。因此，在开展《健康食物我爱吃》系列安全教育活动时，一是通过邀请厨房的厨师叔叔、保健医生等人员进课堂，组织幼儿参观库房等地，拓宽园内参与此活动的人员和环境空间。二是注重在一日生活的各个环节中，帮助儿童巩固安全知识。基于"健康食物"，开发《我会安全进餐》等活动，根据每日不同餐食，共同讨论如何安全进餐，如在吃鱼前引导幼儿如何避免鱼刺卡入的风险等，拓宽安全教育的渗透环节。三是在幼儿园"3+4"的安全教育协同制度的指导下，协同挖掘安全共育资源，由食品工厂、医生、商店老板等不同职业的家长资源参与家长助教或儿童小组化进到不同职业场所进行观摩；协同发挥家长主体作用，鼓励班级家长在周末带领幼儿走进不同商店，了解食物的包装袋秘密，并完成调查表；协同参与四级联动活动，师、生、家长共同演绎原创安全情景剧《肚子里有辆大火车》，实现安全知识输入到输出的转化，促进家园、亲子之间的有效互动。

三、实践成效与反思

（一）回归儿童，更新理念

将儿童的生命安全放在首位不仅是政策文件对教师和幼儿园的要求，也是教师个体的职业自觉。当教师把安全教育应然的结果当作必要目的时，就会在设计安全教育活动时，忽视儿童主体地位的重要性，安全教育活动的效果必然出现偏差，儿童的生命成长与自我保护能力的发展也将受到阻碍。通过设计组织此次《健康食物我爱吃》安全教育系列活动，教师对于儿童在安全教育活动中的主体地

位有了更为深刻的认识。同时，也引发教师不断思考"回归儿童"的班本课程、区角游戏活动、主题墙创设等内容的样态，持续更新以儿童为本的教育理念和行为，最大化表达对儿童的尊重。

(二) 多元策略，引发学习

安全教育活动内容、形式的丰富性，环境创设的情境性，材料的层次性都无一不在引发幼儿的深度学习。幼儿在集教活动、区角游戏中，认真专注地倾听、操作，并在幼幼互动、师幼互动中不断拓展自己的最近发展区。教师也通过智慧的参与、积极的支持、适时的介入来关注幼儿的真实需要并进行适切的指导，进一步支持幼儿将游戏向纵深推进。现阶段，班级儿童还自发地生成了"熊猫超市小店员"的创造性游戏，我们惊喜地看到幼儿将"被动游戏"转变为"主动游戏"，从无意识的"模仿学习"转变为受主观意识支配的"探索学习"。

(三) 拓宽渠道，促进实效

开展安全教育活动保障幼儿生命安全不是单个教育机构或行政部门的任务，而是整个教育阵线的责任。在中共中央、国务院印发的《中国教育现代化2035》中提及2035年的主要发展目标是"形成全社会共同参与的教育治理新格局"。因此，本次安全教育系列活动也充分关注家、园、社三方的教育联动与资源挖掘，不仅拓宽了参与安全教育活动的人员资源渠道，也拓宽了开展安全教育活动的场地资源渠道。逐步形成安全教育"家园社"协同育人的良好局面，支持幼儿获得全面健康的发展。

参考文献：

[1] 刘晓妹. 幼儿园安全教育的现状调查及其对策研究 [D]. 保定：河北大学，2013.

[2] 刘建君. 关于儿童安全问题的思考 [J]. 幼儿教育，2002 (4)：16-17.

[3] 朱良. 幼儿园的安全管理与安全教育 [J]. 学前教育研究，2003 (12)：11-12.

[4] 白鹭. 幼儿园安全教育问题与对策研究 [D]. 重庆：西南大学，2009.

[5] 柳倩，周念丽，张晔. 学前儿童健康学习与发展核心经验[M]. 南京：南京师范大学出版社，2016：257.

绘本阅读在培智学校班级中的实践探索

青白江区特殊教育学校 胡润江

摘要：绘本阅读在培养培智学生热爱阅读的同时，习得语言、获得表达能力，还可以促进培智学生观察力、想象力和审美能力的发展，并从中获得积极的情绪和情感体验，形成良好的品格，且在快乐中增强综合能力。

关键词：绘本阅读；培智学校；培智学生

绘本又被称为图画书。大多数学者提出它是由图像和文字共同组成的。彭懿认为图画书是依靠一连串的图画和为数不多的文字结合，即图文合奏来共同讲述一个完整的故事。图画与文字的碰撞合力完成了绘本的艺术和故事体现，诸多研究者从不同角度阐述了绘本对儿童的教育意义和价值。松居直先生认为图画书能使儿童了解书的世界的魅力，对于所有孩子来说，图画书不是用来读的书，它是请别人读，而他们用耳朵接受语言的书。绘本适用于所有孩子，培智学校的培智学生也不例外。

一、绘本阅读在培智学校中开展的必要性

培智学校，亦称"弱智学校""启智学校""益智学校""开智学校""辅读学校"等，是对智力落后儿童实施特殊教育的专门机构。本文中的"培智学校"是指成都市青白江区特殊教育学校，其教学对象是以中重度智力残疾、多重残疾、肢体残疾（脑瘫）、精神残疾、言语残疾、情绪行为障碍（如，孤独症、ADHD）等类别为主的特殊儿童，学校的教学对象称为"培智学生"。

2016年9月，笔者重新担任培智新一年级的班主任兼生活语文老师，总结前两届毕业生的生活语文教学发现，绝大部分学生毕业时的语文基础知识和基本技能都很弱，具体表现在：识字量少，组词、造句、看图说话都不能独立完成，沟通能力弱，书写能力差，不具备初步的阅读能力和写话、习作、综合性学习的能力等。在这届学生中如何突破，如何达到新课标要求，目前所带新班级的学生还存在智力障碍类型复杂且程度严重，国家还没有统一的培智生活语文教材，想尝试

改革和创新困难重重。

笔者便查阅资料，研读《培智学校义务生活语文教育课程标准（2016年版）》中提出关于"阅读领域"目标要求学生"具有初步的阅读能力"。"具有初步的阅读兴趣。能阅读简单的绘本或儿童文学作品，累计阅读绘本或图书18本以上……"发现阅读能力尤为重要，阅读能力既能为说话、识字奠定基础，又能促进写话与习作和综合性学习的发展。阅读能力的培养起着承上启下的作用，以重点培养培智学生阅读能力为抓手，尝试开展提高培智学生阅读能力的教育教学。

二、绘本阅读符合培智学生的特点

绘本是图文合奏的艺术，具有图文并茂、直观形象、内容精练易懂、文字简洁明快、主题明确突出且富含哲理、充满趣味的特点。绘本没有强迫孩子学习的特性，可以通过一个个故事让孩子学习知识、辨别对错、欣赏美丑、感知喜怒哀乐等了解世界，它是世界上公认的最适合儿童阅读的读物，培智学生也不例外。

特殊教育辞典中讲到，培智学生心理发展特点为：感知觉速度缓慢、范围狭窄、不够分化、积极性差；言语发生晚、发展慢、词汇贫乏、句法简单、发音不清；思维具体直观，不善抽象概括；识记慢、保持差，再现不完整，识记过程不完善；情感不稳定，体验不深刻，控制能力差，高级情感形成困难；个性不成熟，兴趣和动机系统差，缺少主动性。在实际的教学中，他们还常表现出注意力维持困难、任务执行持久度差、主动性差、学习成效低等现状。

第一，绘本语言简洁、精练，易于模仿，符合培智学生语言发展水平较低，通过绘本阅读培养培智学生的语言能力，同时也可以促进其智力发展。第二，绘本兼具趣味性和儿童性契合培智学校学生的兴趣取向和身心特点，能够充分吸引他们的注意力，提升其阅读兴趣。第三，绘本的阅读大多不需要文字方面的深刻理解，以最直观的图画讲述故事、传达信息，符合培智学生对事物感知缓慢，多以形象思维、无意注意为主的感知觉和思维特点。绘本阅读不仅为智障儿童提供了广阔的思维空间，同时也对他们的感知觉、记忆力等诸多能力有极大的促进作用。第四，绘本图文的完美结合能激发孩子的想象，有利于孩子创造力的培养。不仅为已经在生活中积累了一定经验的儿童服务，同时也可以为直观形象思维为主，生活经验贫乏，不同理解水平，尚未掌握书面文字的培智学生提供多层次的阅读。第五，绘本作为一种以轻松快乐为格调的文学形式，没有强迫孩子学习的特性，加之其富有哲理的内涵、幽默风趣的格调、跌宕起伏的故事情节、优美艳丽的画面，符合培智学生情绪和情感的体验比较原始、体验不深刻的特点，绘本阅读可以促进培智学生想象力和审美能力的培养，从中获得积极的情绪、情感体验，利于形成良好的品格，且在快乐中扩宽知识面。

可见在培智班级中开展绘本阅读是切实、可行、有必要的，但"哪些绘本适合培智学生""怎样用绘本才能既实现课程目标要求，又让绘本发挥更大的教育价值，促进培智学生的全面健康发展"等问题需要在实践中探索。

三、开展绘本阅读的实践探索

（一）绘本阅读的时间安排

1. 校内时间安排

本班在一、二、三年级时每周安排一节早会和一节绘本阅读课，四年级至五年级每周安排一节早会和两节绘本阅读课。学校于2019年秋季将绘本阅读课正式纳入课表，全校开展绘本阅读。

2. 校外亲子阅读时间

学校和班级老师倡导家长利用周末和寒暑假的时间进行亲子阅读，时间较灵活。

（二）选择适宜的绘本

智障儿童绘本阅读策略中提到：智障儿童绘本阅读不仅要选择合适的优秀作品，同时要兼顾智障儿童身心发展的特点。笔者在开展绘本阅读时一般采取以下几种方式选择适宜的绘本。

1. 根据年段来选择绘本

一至三年级（低段）的学生生活经验贫乏，并不具备文字阅读能力以及认知能力差。选择情节单一、人物少、直观形象、语言简洁重复且难度系数低的绘本。例如，"小熊宝宝"系列绘本，图大、字少、色彩鲜艳，故事中的小熊、小兔子的形象可爱，而且它涵盖了孩子生活各方面的习惯，包括吃饭、睡觉、交友等，非常适合刚入学阅读起点低的培智学生，孩子们能从中学到良好的生活习惯，以及一些沟通交往能力。还有《母鸡萝丝去散步》《抱抱》《鳄鱼怕怕牙医怕怕》等都符合这个年龄段的孩子。

四至六年级（中段）的学生已经养成了一定的阅读习惯，具备听绘本和一定阅读能力，可以选择有一定难度且经典的绘本。在这个阶段我们主要阅读一些与动物相关的绘本。如《好饿的毛毛虫》、《小猪变形记》、《动物绝对不应该穿衣服》、《逃家小兔》、"艾玛"系列、"可爱的鼠小弟"系列等。

七至九年级（高段）的学生已经养成了良好阅读习惯，引导学生独立阅读和分享阅读，可以选择中等难度且主题明确、富含哲理的经典绘本。如《爱心树》《从前有个月饼村》《花婆婆》《爷爷一定有办法》等。

2. 根据教学主题来选择绘本

培智学校的教学以主题单元的形式开展，绘本的选择也会根据班级的教学计划进行选择。

（1）学习"我的家人"主题时选择《我爸爸》《我妈妈》《我喜欢自己》等。

（2）学习"春节"主题时选择《过年了》《团圆》《饺子和汤圆》等。

（3）学习"爱护牙齿"主题时选择《鳄鱼怕怕牙医怕怕》《牙齿的故事》《牙齿大街的新鲜事》等。

（4）学习"认识身体"主题时选择《可爱的身体》《身体有个小秘密》《我们的身体》等。

（5）学习"关于死亡和生命"主题时选择《爷爷变成了幽灵》《活了100万次的猫》《獾的礼物》《祝你生日快乐》等。

3. 根据学生自身的需要来选择绘本

教育教学中倡导以学生为主体，充分发挥教师引导的作用。我们可以根据学生自身的需要来选择绘本，例如：出示两三个绘本让全班学生投票选出本节课要讲的绘本。再如二年级时班里转入一名普通小学来的孩子，他一开始很难适应培智学校的生活，加之他由于家庭的关系，情绪特别暴躁，易怒、易发火还伴有攻击行为，班级老师通过个别化会议商量决定从绘本入手进行干预，当时选择了《菲菲生气了》《杰瑞的冷静太空》《生气汤》《再见，坏脾气》《生气的阿瑟》《我变成一只喷火龙了》等关于情绪管理的绘本进行教学，通过一段时间的实践，学生情绪行为有明显改善。

（三）开展绘本阅读的形式

1. 视听结合的听赏模式

由于培智学生认知能力限制，感知、观察、思考等方面的能力落后，特别是对于抽象的文字很难进行认读和理解。加之刚进校或者入学一段时间的低年级孩子，他们的识字量还无法支撑他们进行流畅的自主阅读，绘本的学习又还需以口头的方式来传播，老师讲读绘本，学生边看边听。视听结合地进行听赏绘本故事，学生才知道绘本中文字和图画的内容，才能引导学生结合图片内容理解对应的词语或句子的内容，从而培养学生朗读简单句子的能力。

例如：一、二年级，纵使文字再简单的故事，依然有孩子不认识的字，学生在朗读上必然存在困难，有困难就一定不能流畅阅读。而老师生动的"读"，则有效地规避了这一客观难题，降低了学生参与阅读的门槛，学生在听的同时得以专心致志地"看图画""获感悟"。

教师在讲读的过程中要注意表情、语气语调的变化，老师把自己融入绘本故事中，绘声绘色地讲故事，学生才会更加喜欢听绘本故事，常常会听得入迷。一次次的反馈证明当初的选择是正确的，绘本深受培智学生的喜欢和热爱。

2. 电子绘本多媒体呈现

绘本是以图画为主来叙述故事的，图画比文字更形象、生动，即使不识字，也可以通过观察图片来完成阅读。观察认识和了解绘本中所描述的事物、事件，整个故事内容尤其重要。由于纸质绘本较小，不能在全班孩子面前清晰完整地呈现，并且纸质绘本的获得受时间、数量、及时性等限制，作者通常以电子绘本的形式，将声、形、意、色整合于一体，以动态方式呈现给小读者，让阅读活动变得更加生动有趣符合培智学生学习特点，学生可以在轻松愉悦的环境中通过大屏幕来进行绘本阅读。笔者所带班级现目前是培智五年级，班级学生四年多来一共读有100多本绘本，目前利用电子绘本讲故事时，班级绝大部分孩子通过电子白板观察图画，进行学习。电子绘本多媒体呈现已经成为班级学生学习的一种有效模式。教师在阅读教学中要根据学生的需要选择、制作、使用电子绘本，从而促进其能力的提升，提升阅读教学的效果。

3. 纸质绘本阅读

绘本通过画面来感知故事，演示快乐，表达情感，是世界上公认的最适合儿童阅读的读物。近一年学校打造书香校园，先后购置了近千本绘本，一部分放置在图书馆供师生借阅，一部分发到各班级，供班级学生阅读。2019年11月当地一家读书会为学校各班捐赠50本绘本和一个爱心书柜。一下班级的纸质绘本近百本，并且有固定的书柜和阅读区角。孩子们阅读的条件更加完善，受限制更小了。常常在课堂之外的时间看着孩子们或一个人认真地阅读，或是两个同学相互谈论这绘本中的故事情景，又或者三五个学生惬意地躺在阅读垫子上自由阅读。

4. 绘本精读

绘本精读这指的是绘本教学。绘本教学是教师利用绘本材料，用讲故事的方式来完成教学目标的过程。从班级学生进入四年级后，一部分绘本阅读是以绘本精读的形式展开的。前面低段从大量的绘本听赏到泛读再到精读，在螺旋式反复中感知整个故事；按次序呈现图片和文字，在充分的观察后理解故事的语言；多种方式进行提示，在抓住关键点后发现故事的线索；巧妙设置提问，在深入地思考后加深对故事的理解；层层递进地推导，在充分理解故事后促进情感的升华；丰富多彩的延伸活动，在阅读后加深体验、学会迁移。例如，开展《我喜欢自己》《章鱼先生卖伞》《独一无二的自己》《毛毛毛》《好大的苹果》等绘本的精读，并与生活数学、生活适应、音乐律动、绘画手工等相关联的学科结合开展系列活动，收效良好，学生的潜能也得到挖掘。特别是以绘本《好大的苹果》为主题的系列精读课得到西南大学江小英教授的肯定。

四、开展绘本阅读的成效

（一）提升培智学生的语文素养

培智学生通过绘本学习、模仿等形式，结合自己的生活经验进行遣词造句、积累自身的语言知识。教师在教学过程中要调动全班同学思维的积极性,在思考及回答问题的过程中引导学生进行思维拓展,逐步训练培智学生的思考能力。绘本阅读可以促进培智学生良好品格和行为的塑造。学生在欣赏与阅读绘本的过程中学习传统文化。《过年了》这本绘本以立体书的形式,让学生了解年的来历以及过年的习俗。《饺子和汤圆》直观让学生了解到南方和北方不同的习俗。

四年多的绘本阅读实践发现,本班学生的组词、造句、口语交际等语文综合能力高于往届同年级水平,也优于现目前学校六、七年级大部分学生的水平。绘本阅读在培养培智学生热爱阅读的同时激发情感、习得语言、提升观察力、培养想象力,获得表达力,提升儿童语文素养。

(二)促进培智学生多元智能的发展

绘本蕴含丰富的社会生活内容和复杂的情感。学生在阅读中可以自然而然地增长知识,涵养性情。阅读并设计相关的活动让学生参与,不仅能发展幼儿语言智能,同时也为发展幼儿的数理逻辑智能、空间智能、身体运动智能、音乐智能、人际智能、自然认知智能、内省智能等提供了操作运用的机会。读图的过程就是孩子视觉空间智能提升的过程,也是其"自然探索智能"发展的良好途径。

绘本很大的一个特点就是可预测性,老师不断地提问,同样的问题反复出现几次后,就会促使孩子去猜测,孩子会在中间体会和领悟逻辑顺序,这就是数理逻辑智能的发展。这个过程提高了孩子对事物间各种关系和类比、对比、因果和逻辑等关系的敏感度。例如《艾玛捉迷藏》《动物绝对不应该穿衣服》等绘本都能较好地训练学生逻辑智能。

在绘本阅读中,要让孩子去反观自己的内心世界,将焦点转向于自我,在日常生活中反思自己的言行,从而获取认识、洞察和反省自身的能力,即自我认知智能。例如,《我喜欢自己》就是一本关于认识自己、管理自己的经典绘本。

通过读、说、演、做等丰富多元的阅读形式,提高孩子阅读兴趣、提升其阅读能力;通过专业的、多元的阅读课程的学习,系统地促进幼儿语言、运动、人际交往、音乐、内省、自然观察等多元智能的开发与发展,全面帮助幼儿建构精神世界。

(三)促进培智学生语言的发展

好的绘本,图画发挥着强大的功能,文字部分的创作比较诗歌化,有的像奇幻的童话诗,有的像叙事散文诗。挖掘其中有用的语言训练点,也同样能成为培智学生语言康复的好助手,让培智学生在轻松愉悦的氛围中自觉地矫正发音,积累语言,发展语言。

相关研究显示,培智学生在语言发展方面有构音障碍,词汇量明显落后于普通儿童。绘本凭借较少的文字和形象生动的图画,能帮助培智学生掌握所表达的主要内容。

（四）拓宽培智学生的知识面和学习视角

绘本综合了图画、文字两种表现形式，为孩子营造了一个个自然的阅读情境。绘本种类繁多、知识面广，阅读不同的绘本就能学到不同的知识，日积月累地进行绘本阅读了，就能不断拓宽培智学生的知识面和学习视角。

（五）培养培智学生的阅读兴趣

通过四年多的绘本阅读，目前学生能积极地参与到绘本教学的课堂互动中，较简单的绘本班级孩子能自己独立阅读，或讨论、或交谈其内容，有时还能在阅读绘本的过程中加入自己的理解。学生经常说：老师，怎么就下课啦？今天时间过得好快啊！老师、老师快点讲故事；等等。孩子们感觉上绘本阅读课的时间过得真快，或者一节课下来孩子们还央求着老师再讲一个故事。课余时间常常看到孩子们独自安静地阅读绘本，更重要的是他们喜欢绘本阅读。通过小小的绘本，他们眼中的世界更加丰富，也更加美丽起来。

绘本阅读的世界是有趣快乐的世界，教师应进一步寻找适合培智学生的绘本，科学地阅读指导，以便更好地培养智力障碍学生的阅读兴趣和能力，让他们在小小的绘本阅读中看到一个五彩的世界。借助绘本，教给学生正确的生活态度，传递生活的智慧。教会智力障碍学生会读书，向绘本汲取知识，充分发挥教师在绘本教学中的积极作用，用我们的智慧去叩响"绘本"教学的那扇大门，并最终借助绘本教学的高效课堂引领学生爱上阅读。

好的绘本如同一粒幸福的种子，为孩子播下满心喜悦，伴其茁壮成长。四年前开始在自己的班级中尝试开展绘本阅读，就是在撒下幸福的种子、阅读的种子。当看着孩子们高举的小手，涨红的小脸，参与的热情，充满想象力的图画，听着那精彩又充满童趣的回答，相信绘本已经在孩子心中埋下了这样一颗待萌发的种子，在不久的将来，我们可以看到绘本在这群特殊孩子身上所散发出来的迷人魅力。

参考文献：

[1] 彭懿.图画书这样读 [M].2版.南宁：接力出版社，2018：15.

[2] 松居直.幸福的种子 [M].南昌：二十一世纪出版社集团，2013.

[3] 裴娣娜，刘翔平.中国女性百科全书 文化教育卷 [M].沈阳：东北大学出版社，1995：415.

[4] 中华人民共和国.培智学校义务教育生活语文课程标准（2016年版）[M].北京：人民教育出版社，2018：5.

[5] 朴永馨，顾定倩，邓猛.特殊教育辞典 [M].北京：华夏出版社，287.

[6] 刘殿波，邓猛.绘本应用于特殊教育的思考 [J].现代特殊教育，2016年第八期.

[7] 王琳琳.绘本在智障儿童教育中的应用 [J] .现代特殊教育，2011 (12)：20-21.

[8] 邹小丽，范雪贞，王林发著.绘本教学策略的探索与实践 [M] .重庆：西南师范大学出版社，2016 (12)：50-51.

[9] 刘玲.电子绘本在培智教学中的有效运用 [J] .现代特殊教育，2019 (11)：59-61.

[10] 甘霖.指导培智学生绘本阅读技巧初探 [J] .现代特殊教育，2018 (12)：52-53.

[11] 谢虹.绘本在低学段智障学生语言康复中的运用策略 [J] .小学教学研究，2018：64.

借助八大图示让作文教学思维可视化

——以统编版八年级上册第三单元写作任务为例

成都市大弯中学初中学校 刘 茜

摘要：在初中作文教学中，教师可以借助八大图示法，通过激发思维、发散联想，联系旧知、归纳方法，小组合作、完善导图，总结过程、据图成文等过程，让写作思维可视化，提升学生思维层级和写作效率。

关键词：八大图示；作文教学；思维可视化

作文教学一直以来都是初中师生最为头痛的问题，学生写作文都是随缘，往往"想到哪儿，写到哪儿"，毫无章法。为了更好地分析问题根源，我们对学校八年级的学生做了问卷调查，调查显示，学生在作文方面最大的难点是"不知道写什么，缺乏素材，没有思路"（占 47%），"千篇一律，无法写出新意"（占33.6%）。在作文教学方面，学生希望老师"讲解范文，开拓思路"（占35.3%），"多教授作文方法，引导作文思维"（占 37%）。由此可见，学生意识到作文的难点在于思维困境，希望老师能引导他们打开作文的思路。

每一次写作任务都是综合能力的体现，每一次写作过程都伴随着思维活动。思维是习作的关键。但学生思维的发展并不来自"答案的累积"，而是来自"生成答案的思维方法和过程"。由于在传统作文教学中，教师无法直观地看到学生在写作时的思维过程，不利于突破作文教学的困境。笔者借思维可视化这一高效学习策略，使隐性思维显性化，以此改进初中作文教学。

思维可视化（Thinking visualization）是指运用一系列图示技术把本来不可视的思维（思考方法和思考路径）呈现出来，使其清晰可见的过程。中小学应用最广泛的思维可视化工具有：美国人大卫·海勒（David Hyerle）开发的思维地图（Thinking maps，又称八大思维图示）、英国人东尼·博赞（Tony Buzan）开发的思维导图（mind map）、心理学家及教育技术学家诺瓦克开发的概念图（concept map）。这些图示技术不断地被研究完善，并运用于基础教育以及企业培训等广泛领域中，影响力不断扩大。下面，笔者以统编版教材八年级上册第三单元写作任务"学习描写景物"为例，探讨大卫·海勒的八大思维图示法在初中写作教学中的运用过程与策略。

一、八大思维图示法简介

八大思维图示法原名为思维地图（Thinking Maps），是美国研究者大卫·海勒创建的八种思维过程图，其以八种基本认知技能为基础，每种图示分别对应一种思维能力（见图1），也称"八大图示"。人们可以综合运用这八种具体而有特定形式的思维可视化工具，实现对复杂问题的多角度、全方位分析，将隐性思维显性化，提升学生思维层次。因为八大思维图示在训练思维方面的易用性和精准性，逐渐超越了思维导图的关注度，受到越来越多的欢迎。

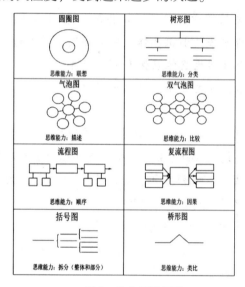

图1　八大思维图示

二、课例展示

我们以统编版八年级上册第三单元写作任务"学习描写景物"为例，探讨八大思维图示法在写作教学中的运用途径和策略。描写景物的写作教学本质问题是：如何抓住景物的特征？思维可视化工具的使用必须突出"学习者控制""主动参与""创造生成"三个关键词，因此，我们设计了"凤凰湖樱花之旅"景物描写项目式学习。驱动性任务的内容是：成都大运会即将到来，请为凤凰湖湿地公园的樱花节打造一份生动而吸引人的介绍词。此项写作任务主要从三个维度进行评价：一是根据描写对象，能够抓住樱花的主要特点；二是能够按照一定顺序描写樱花；三是融入自己的真实情感。

（一）前置作业

在进行"学习描写景物"课堂教学之前，我们布置了以下课前任务。

任务一：请利用周末时间，前往凤凰湖湿地公园，选择一种或两种，运用"定点观察"和"移步换景"的方法观察公园里的樱花，请用尽可能多的形容词或形容词短语对樱花进行描述，写在"气泡图"（见图2）周围的气泡里。

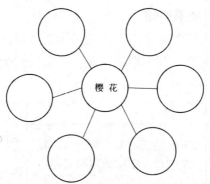

图2 气泡图

这一步目的是激发思维，通过八大思维图示中的"气泡图"写下观察到的内容，随着观察的逐步深入，学生对樱花的了解会越来越深刻，为后面的描写樱花做准备。这也是学生大脑由无思维材料到有思维材料的过程，但此时脑海里的内容还是零散的、无序的。

比如通过观察，学生可能会在气泡图里填入"粉色""重瓣""樱花雨""花茎细柔""花骨朵"等。

任务二：我们把现场观察到的樱花场景记录下来，是对眼前之景的实写描绘。但我们在观察时，往往因为眼前之景（樱花），会产生一些联想，将你联想到的内容写在"圆圈图"（见图3）圆环处，尽可能发散你的思维，以达到对樱花特征的刻画。

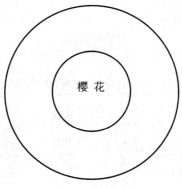

图3 圆圈图

学生由樱花可能联想到"樱桃""爱情和浪漫""蝴蝶""仙女""春天"等。

这一步主要是发散思维。选用"圆圈图"能引导学生通过联想回忆、激活大脑中储存的已有材料。学生尽可能多地激发思维，产生合理的联想，形成思维的

"全景图",为下一个阶段蓄力。在发散思维阶段,教师应始终关注学生联想内容是否与中心主题词紧密相关,也要鼓励学生多角度地思维发散。

（二）教学过程

环节一：链接课文，联系旧知

请同学们回忆学过的写景文章,思考描写景物时可以运用哪些方法抓住景物的特征,按照以下的示例表,写下你的发现,并概括归纳出景物描写的方法,用"括号图"表示。

课文	例句	方法
《春》	雨是最寻常的,一下就是三两天。可别恼。看,像牛毛、像花针、像细丝,密密地斜织着……	运用修辞手法,对景物的形状、色彩、光泽等方面进行描写
	闭了眼,树上仿佛已经满是桃儿、杏儿、梨儿	联想
《紫藤萝瀑布》	这里除了光彩,还有淡淡的芳香,香气似乎也是浅紫色的,梦幻一般轻轻地笼罩着我。	通过人的视觉、嗅觉、触觉等多种感受来描述,甚至多种感觉互通（通感）
	紫色的大条幅上,泛着点点银光,就像迸溅的水花。仔细看时,才知道那时每一朵紫花中最浅淡的部分,在和阳光互相挑逗。	远观、近望、平视等
《三峡》	(春冬) 素湍绿潭,回清倒影,绝巘多生怪柏,悬泉瀑布,飞漱其间……	俯仰结合,动静相衬,不同时段的不同形态
《雨的四季》	春雨驱走冬天……夏雨热烈而粗犷……秋雨端庄而沉静……冬雨自然、平静……	融入作者情感,赋予景物不同的性格和内涵
……	……	……

转换成以下的"树形图"：

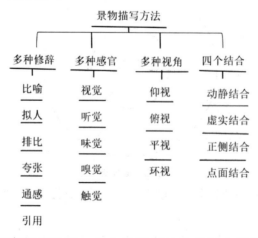

这一步主要是思维整理阶段,学生从填写的已学课文景物描写所用方法表格里提炼景物描写的具体方法,用"树形图"呈现,使思维和材料由无序走向有序。

环节二：整理思维，验证新知

请根据环节一"树形图"里景物描写的方法，选择描写凤凰湖樱花的思维流程，用"括号图"表示出来。以下是学生示例，根据构思，可以用多种思维导图呈现。

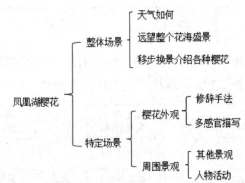

环节三：小组活动，运用新知

1. 个人探究，撰写发言提纲

发言提纲

我计划描写的樱花品种是＿＿＿＿＿，为了抓住描写对象的特征，我主要从樱花的＿＿＿＿＿＿＿这几个方面进行，我采用了＿＿＿＿＿＿的描写顺序，主要运用了＿＿＿＿＿＿＿＿＿的描写方法，重点突出了樱花的＿＿＿＿＿特征，融入了＿＿＿＿的情感。我认为我在描写景物方面的亮点是＿＿＿＿＿＿。

例如：

我计划描写的樱花品种是关山樱，为了抓住描写对象的特征，我主要从樱花的颜色、外形、象征意义这几个方面进行，我采用了从整体场景到特写镜头的描写顺序，主要运用了多种感官、多种修辞、动静结合、虚实结合的描写方法，重点突出了樱花的柔美、浪漫的特征，融入了对樱花的喜爱情感。我认为我在描写景物方面的亮点是多种描写手法的综合运用。

2. 小组合作，完成评价单，确定发言代表

组员	樱花品种	描写生动性	描写顺序	寓情于景	改进之处

3. 代表展示，反思修改，完善思维图示

学生可以根据其他小组的代表发言，结合自己的思维过程和同学的评价反馈，审视自己的作文构思，在思想碰撞中完善思维图示。

环节四：总结过程，触类旁通

根据自己的写作过程进行总结，完成流程图。

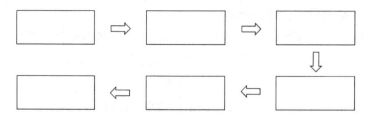

这一步是对课前准备与课堂学习的总结，有助于新旧知识的融合。借助流程图可以厘清写作的顺序和步骤，培养学生的程序性思维。以下是学生流程图展示：

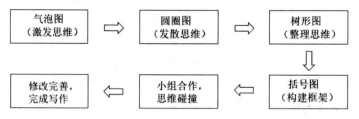

上述的四个环节围绕"学习描写景物"这一主题展开活动，展现了整个思维过程，构建了有效写作过程。

（三）写作活动

围绕你选择的樱花场景写一篇不少于600字的作文，题目自拟。老师和同学们将根据下表对你的文章进行评价。

评分维度	5	4	3	2	1	0
是否抓住特征，描写细腻						
是否思路清晰，层次分明						
是否融情于景，情景交融						

三、八大思维图示教学应用的原则

（一）坚持学生的主体地位

乔纳森认为认知工具的使用是学习者控制的、主动的创造过程，而非教师控制的、被动的呈现过程。思维工具应该体现"学习者控制""主动参与"和"创造生成"三大"建构主义"特征。教师如果仅仅是把知识内容做成思维图示在课堂上静态展示，那对于学生来说，这只是一种新型的内容呈现方式，无法实现学生自主建构知识的目的。教师应该引导学生深入参与建构知识的过程中，逐渐生成思维图示，并且在不断交流和补充中得到完善。

（二）以问题解决为目标

八大思维图示虽然有八种特定形式和用途的图示，但教师选择其中的一个或几个都是为了解决具体的问题。有了问题的导向，思维的发散就有了约束和方向，才能实现思维从数量到深度的提升。比如八大思维图示中的"双气泡图"，本身就包含了"比较相似和不同"这一具体思维策略，但如果缺乏问题导向，任何两个事物之间的异同点就太多了，全部列出来不太现实也没有意义。比如让学生"运用双气泡图对《孔乙己》和《范进中举》两篇文章进行比较"，那么可以从叙事角度、语言风格、时代背景、情感倾向等各方面来比较，但如果把问题聚焦在"运用双气泡图对造成孔乙己和范进人物命运的原因进行比较分析"，学生呈现的思维可视化作品会更精确、更深刻。

（三）结合思维策略工具

为了有效提升思维可视化作品的"思维含量"，需要结合运用思维策略工具为思维加工过程提供更为具体的元认知引导。思维策略工具是指帮助人们拓展分析问题的角度和生成想法和创意的思维策略方法，如"八何分析法(6W2H)""4Cs法"。教师在引导学生生成思维可视化作品时，应注重内在逻辑，不能为了画图而画图，或者画完思维图而不修改完善，这样生成的思维作品只能是简单信息的罗列。如让学生就议论文相关知识制作思维图，学生呈现出的更多的是"记忆"的提取和整理，但如果换成让学生"把立论文和驳论文结构进行对比"，学生的思维深度就能得到很大开拓。

八大思维图示法可以锻炼人类常用的八种思维，并且它属于元认知，是认识的认识，对于发展思维能力有着巨大的帮助。因此，教师在平时的作文教学中，应视教学目标而选择合适的可视化思维工具，帮助学生实现思维品质的提升。

参考文献：

[1] 陆云.运用思维可视化技术突破作文教学难点 [J].语文教学通讯C，2016(4)：11-13.

[2] 王斯斯.让思维可视化——八大思维图示在写作教学中的运用[J].语文教学通讯B，2022 (3)：71-75.

[3] JONASSEN D H. What are cognitive tools? [M] // KOM MERS P A, JONASSEN D H, MAYES J T, FERREIRA A. Cognitive tools for learning. Berlin, Heidelberg：Springer, 1992：1-6.

[4] 赵国庆，杨宣洋，熊雅雯.论思维可视化工具教学应用的原则和着力点[J].课程与教学，2019 (9)：59-66.

第二节

------------ >>>

科研案例

我的大单元教学之旅

四川省成都市川化中学 李 蕾

自认为不是聪慧的人，兜兜转转二十一载，艰难跋涉，终于在鸟语花香的语文大道上，寻着一段大单元教学的旅程。欣然会意，专注喜欢，为自己语文生命留一丝明白的慰藉。

懵 懂

2003年大学毕业，我背着行囊，来到离家千里之外的天府之国成都，在成都市太平中学做语文老师。从此和初中的稚气孩童穿越青春的迷惘，和职高的学生们一起做职业生涯规划，和普高的少年们追逐星辰大海。角色虽有差异，好在一直行走在语文道路上，从未偏离。

无论和哪类学生亲近祖国的语言文字，我们所捧读的教科书都是按单元组篇的。最初的那些懵懂岁月，我们无非是一篇学完再学一篇，偶尔勾连对比，全凭着自己起心动念，随意为之，没有章法。

觉 察

有时候你惊喜"柳暗花明又一村"，却不知那其实是"山重水复疑无路"。但坏到极致，它又把最好的风景呈现给你。

2015年8月，阳光透过青绿的梧桐叶将斑驳的光影洒进教室，仿佛为我的梦想镶嵌了美丽的图案。我那时以专业第三的成绩进入四川师范大学教育硕士语文教学专业学习。然而，这点自豪感并没有维持多久，我就受到前所未有的打击。在李华平教授的专业课上，我意识到自己的教学是"开杂货铺式"的，教学内容庞杂，不懂取舍。当承认自己的教学烦琐低效，不免深感挫败，陷入自我怀疑的旋涡中——我还能不能做老师？还要不要做老师？

假期学习后回到学校，我接手的班级中有一个是七中网班，新课都是学网校远程直播课。作为远端教师，我要做的无非是和学生一起观摩前端教学，负责练习跟进而已。作为教师，"教"的功能被削减了，不免心生失落。但因为每天有一至二节时间可以跟课学习，增加了"学"的契机。前端是七中林荫高中语文教师林玉蝶，她亲切和蔼，底蕴深厚。她教学各篇目，内容充实集中，明显是经过备课组研究和个人深入钻研后慎重斟酌过的。从她的课中，我领悟到：语文教学不必求全，要抓住各个篇目最值得借鉴的地方来大兴波澜，使学生在一篇课文的学习中获得深刻认知，提升学生语文素养。

启　程

　　理论和实践上的双重撬动，使我真正开始思考大单元教学。新学期伊始，我在教材目录上标识了各篇的主要教学价值，力求把单元教学目标分解到各个篇目，每课集中突破一个难点。

　　2017年8月，在老同事的引荐下，我结识了川化中学的资深语文老师冯文芬。那是一个凉爽的夏日傍晚，我们在怡湖广场散步。周围霓虹闪烁，歌声阵阵，银杏树影下的我们相谈甚欢，"一见如故"可以用来形容我们的第一次见面。冯老师耐心地问我："咱们七下有本名著《骆驼祥子》，你打算教什么?"我当时已经脱离初中教学9年，胡乱地应对。冯老师看出我的为难，说："我想与学生一起探究京味儿语言……"当天晚上，我回家研究初中统编版教材，发现七下名著《骆驼祥子》可以与它所紧邻的三单元的《老王》《台阶》两篇整合，但它们虽同是写底层劳动人民生活，但《骆驼祥子》是长篇小说。京味儿语言、曲折的情节、强烈的对比、突出的人物形象等都是很好的探究角度。

　　正是冯老师"你打算教什么"的叩问，使我后来上每篇课文之前都会明确：这篇课文在单元里处于什么地位? 主要学它什么? 该突破哪个难点?

　　有一次，我偶然听一位语文老师跟我讲，她带领全年级语文教师重构了三年六册教材。我当时非常诧异，一方面为他们创新的勇气折服，另一方面也很怀疑他们的做法。毕竟语文教材编写是无数专家呕心沥血的结果，单元人文主题、语文要素的设计具有很强科学性。一线教师要重构，必须有新的、合理的逻辑，而且这个逻辑不仅是教师认知层面的，更应该是学生认知层面的。

　　"学然后知不足，教然后知困"，困惑促使我对初中新教材再进行研究。从教以来，我论文写过很多方向，杂而不专。从2020年开始，我的重心转移到大单元教学上，想弄明白其中奥义。2020年3月，论文《指向语文核心素养的文言文教学——以部编版七年级下为例》获成都市三等奖；2020年9月，我接受研培中心语文教研员张锡惠的安排，在全区七年级语文教师教研会上发言，初步分享了大单元教学的做法；2023年5月，论文《U型学习实践及反思——以部编版语文八年级下册五单元为例》获成都市一等奖。

最近这篇获奖论文是得益于2022年的一堂公开课。当时已经临近期末，由于先前网课效率较低，我还有两个单元的教学内容没有完成。情急之下，我对八年级下册第五单元进行统整。该单元四篇课文，按传统方式单篇教授，至少需要八个课时。我进行大单元教学，采用整合策略，四篇一起上，至少能节约四个课时。公开课呈现的是第三课时，聚焦培养学生信息素养。上完公开课以后，一向不吝鼓励晚辈后学的冯文芬老师向我表示赞赏。陈露校长也亲切询问设计从何而来，并叮嘱我不能保守，要以分享促进备课组内同志共同进步。其实，这种实验型的设计，自己尚在探索阶段，完全是教学实际迫使我做出的改变。我总结提炼这次实践，才有了后来的论文获奖。也许很多同人，年纪轻轻就拿到成都市论文一等奖，然而，不太聪明的我，为这一天，努力了二十年。

我感叹自己在大单元教学中的点滴收获，深知它能落实学生整体思维、对比思维、批判思维等的培养，它是入至半山，瞭天地茫茫，抚白云悠悠，俯草树荫荫的旅程。它让我从曾经的自我怀疑中，获得了坚持下去的动力。

展　望

回顾二十一年的教师生涯，学段几经变化，论文选题几经变更，阅尽千帆，斜晖脉脉，我最终才走上了大单元教学之旅。

对大单元教学理论的学习和实践，使我能确定清晰的教学内容，使我和学生享受到语文的轻灵自由。我也感受到，教师的成长有既定的轨迹，那些懵懂无知、摸着石头过河的年月，我本是我，我应如我。走过的每一步，即使是歧途，也是宝贵的经验。在时代逼迫着我们进步的时候，要不懈努力，不负托举，完成撕裂式成长，做更好的自己。不然，怎么能报偿无数个徘徊痛苦，食不甘味，夜不能寐的日子？

我们选择了不同的旅程，但都是为了与稚嫩的自己告别，向着嬗变成长的苦行之路踽踽跋涉。雪霁风定，碧天如洗，我会继续背起行囊出发，在大单元教学这充实幸福的旅程中不断行走，去饱览旖旎风光，去和更多美好的人们相遇。

一路走来，我想感谢造就平凡之我的那些不平凡的他们——风趣犀利、耳提面命的李华平教授，从未谋面、温婉智慧的林玉蝶老师，真诚相待、始终陪伴的冯文芬老师。偶然相遇，云端致意，风雨同行，都是上天赐予我的最珍贵的礼物。

走向语文课堂的"三动"

——《指向语言实践的小学语文"学练任务单"设计与实施研究》科研实践

成都市青白江区大弯小学　杨　苗
成都市实验小学新雅校区　张晓娟
成都市青白江区大弯小学北区分校　俞　琳

2022年语文义务教育课程标准提出五大课程理念，其中包含"增强课程实施的情境性和实践性，促进学习方式的变革"，这样的变革必然催生语文课堂新的转变，基于前期实践和理论的学习，我们开启了《指向语言实践的小学语文"学练任务单"设计与实施研究》的课题研究。随着研究的深入，我们发现了走向语文课堂的"三动"——学生内心的涌动，深度建构的活动，整体生成的联动，可以借助"学练任务单"这个全新的载体，精准捕捉学生内心的困惑，引起共鸣，激发挑战，让学生时刻保持情感的涌动；以核心问题为导向，以子问题层层深入，抽丝剥茧，实现低阶思维向高阶思维的活动转变；立足教材，但又不单单是教材的大单元、大任务、大概念、跨学科等方式促成学生整体发展的联动。

一、案例背景

（一）目前小学语文课堂常见问题

1. 学生主体地位不明显

为了达成教学目标，传统的小学语文课堂更多的是教师主导，把自己对教材文本的理解通过讲授传递给学生，学生始终处于一种被动接受的状态，最终学习的结果是勤奋地记笔记，再通过读读背背，将老师对教材的理解结果直接装进脑袋。

2. 教学内容较零散，教学方式固化单一

日常的语文课堂多是按教材编排顺序一篇接一篇进行教学，没有层层深入。其实教材单元内文本是能够形成结构化整体的，平行式的教学就浪费了单元的组合价值，学生难以形成结构化思维。单篇教学模式较为固定单一，很多还是从字词句入手，再一段一段详细分解，最后回归整体总结。学生从一上课就知道下一个环节是做什么，学习没有新鲜感，于是对学习无法产生期待。

（二）政策依据

《义务教育课程方案（2022年版）》中提出了教师深化教学改革的更高要求，变革育人方式，坚持素养导向，强化学科实践。倡导"做中学""用中学""创中学"，引导学生参与学科探究活动，经历发现问题、解决问题、建构知识、运用知识的过程。对照《义务教育语文课程标准（2022年版）》，发现"实践"一词共计出现45次，"语文实践"出现21次，"语言实践"出现4次——如此高频率出现"实践"二字，足以证明在语文课堂教学中让学生参与实践的重要性。

2021年7月，中共中央办公厅、国务院办公厅印发《关于进一步减轻义务教育阶段学生作业负担和校外培训负担的意见》（以下简称"双减"）中明确提出："学校是教育的主阵地，要优化教学方式，强化教学管理，提升课堂教学质量，确保学生在校内学足学好。"

由此可见，学科实践是深化教学改革，促进课程实施的重要途径，夯实课堂是提质增效的主阵地。"学练任务单"的运用则是有序推进课堂教学的重要保障，是诊断课堂效果的最佳方式，更是提高课堂教学效率的最优举措。

（三）文献查新

国内外学者们在基于"学练任务单"的语言实践课堂教学研究中进行了积极的尝试。国外在理论层面和实践层面的研究较国内的研究时间早，国内相关研究借鉴了国外研究的一些方法，也呈现出很多不一样的语文视角和课堂。如薛法根（2014）对学生的言语智能教学的研究，管建刚（2022）对小学语文家常课任务单的教学实践等，但是在针对具体的课堂教学中的运用方面为者寥寥，尤其是在研究视角、研究内容、优化策略等方面还不尽完善；对"学练任务单"的具体设计思路、遵循原则还有待深入分析，教师对任务单设计缺乏大单元整体统筹意识，任务单承载单元任务群的功能不够完善等。因此，本课题旨在以"学练任务单"为载体，以儿童立场、学生发展作为课堂构建的根本依据，把传统教学中的"成功激励"转化为语言实践的"成长体验"，让孩子在减负中健康成长。

二、案例描述

（一）让学生内心涌动的"学练案和学练单"

从每一单元整体出发，分析语文要素和人文素养，然后统整单元学习主题，在此主题之下，结合学生的生活经验和认知水平，发布单元语言实践大任务，创设出真实的语文情境，以任务驱动学生学习的内驱力。教师以此语言实践大任务来设计每一课的"学练案"和"学练任务单"。在课堂上，以"学练任务单"为载体，把单元大任务有效分解到"语言积累""阅读鉴赏""表达交流""梳理探究""跨学科学习"等子任务中，让学生在具体的语言实践中完成任务。课后，教师通过分析学生对"学练任务单"的使用情况进行课堂反思，在小组内研究探讨，对"学练案"和"学练任务单"作出适当的调整和必要的改进，以期在接下来的课堂教学中，"学练任务单"能更好地指引学生进行语言实践，在实践中习得能力、提升语文素养。

受崔允漷教授《如何设计指向核心素养的单元学历案》的启发，课题组成员打磨了一至六年级每册一个单元的语言实践学练案，每个单元都有单元学练案和分课时学练案，每个单元学练案有语言实践大任务、语言实践纲要图、语言实践子目标和语言实践小妙招。

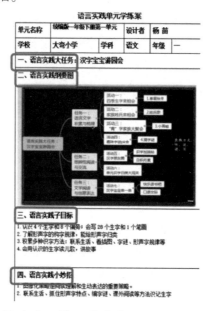

（二）实现深度建构活动的"单元学练案"

单元学练案及学练单的设计就是指向学生语文核心素养的语言实践任务群备课：围绕"语文核心素养""语言实践""学习任务群"三个关键词进行设计：以五年级上期七单元为例：语文核心素养是：体会"四时景物皆成趣"这个人文素养，初步体会"课文中的静态描写和动态描写""学习描写景物的变化"这两个语文要素。我们在设计学练任务单时，确立"寻找自然之趣"为单元大任务，单元子任务为"感受中外名家笔下的四季之趣""聆听鸟语、追寻月迹之趣""你眼前的景物之趣""拟订宣传标语"。根据语言实践的目标，设计出每一单元的学练任务单的纲要图，将语言实践活动层层落实。

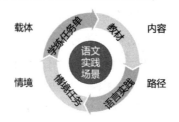

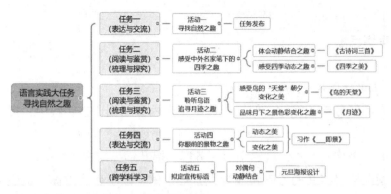

(三) 以任务整体联动的"课时学练单"

每个单元的语文教学就是一个微课程开发，在对单元内容进行整体架构中，发布"语言实践大任务"，以情景大任务为主题，设计出单元"语言实践纲要图"，然后将大任务分解为语言实践子任务，具体包括"语言积累""阅读鉴赏""交流与表达""梳理与探究"等。助推学生知识建构的结构化，系统化。子任务以可视化的"学练单"的形式，确保课堂上学什么就练什么（实践）以提升学生核心素养。

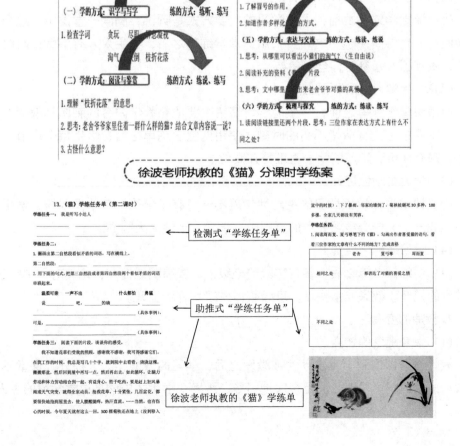

徐波老师执教的《猫》分课时学练案

检测式"学练任务单"

助推式"学练任务单"

徐波老师执教的《猫》学练单

三、案例反思

（一）认识性成果

1. 以学练任务单为载体，促进全体学生全程参与到语言实践中，提高学习自主性。

2. 以单元统整的方式，构建学习任务群，提升学生结构化思维。

3. 以指向语言实践的方向转变育人方式，体现以学生为主体，构建学练结合的学堂，让学生在充分实践中提升语文素养。

（二）操作性成果

1. 整理出了一至六年级每册一个单元、三年级上册全册、五年级上册全册"学练案及学练任务单"的试行稿。

2. 摸索出了小学低中高段语文学练单的设计原则。

3. 根据不同的分类标准，总结出了学练单的不同种类。

（三）学生、教师发生的积极变化

1. 学生的变化

（1）学生对学习的参与度明显提高。

使用课堂学练单之前，学生学习的主要方式是听讲，满满一堂课中，总会有时间段有学生游离在学习之外。采用课堂学练单之后，学生人人有事做，时时有任务，做到了人人参与，全程参与。

（2）学生学习情绪明显上升。

使用课堂学练单之前，学生的学习情绪主要依靠教学内容的刺激和教师的调控，一堂课中总会有情绪不高的时刻。使用课堂学练单之后，学生每个环节都有任务，都有评价，学习情绪一直维持在高位。

（3）学习主动性提升。

传统课堂中，学生学习的主动性参差不一。有了学练任务单作依托，学生沉浸在挑战一个又一个学习任务的氛围中，学习主动性大大提高。

（4）学习效能明显提升。

使用学练任务单之后，参与实验的班级语文成绩明显提升，尤其对于中等生、后进生的提升，效果非常明显。班级整体成绩均有所上升。

2. 教师的变化

（1）教育观念的转变。

教师逐渐认识到学生主动性被激发之后，学习的效能会大大提升。课堂不再是教师语言的精彩呈现，而是合适地引导、激发。学生才应该是课堂学习的主人。

（2）教学方式发生变革，由讲得多到讲得少，讲得必要。

课堂不再是教师的一言堂，教师讲的内容越来越少，只在最精要处进行点拨、引导，在学生学习困难处给出抓手和支架，教师的每处讲解一定是非常必要的。教师讲得少了，学生听说读写思更多了。

（3）对教材把握更精准。

为设计出匹配而有效的学练任务单，教师必须对教材进行精心解读，深入思考，并设计合理的学习活动，才能使任务单发挥出更大的效能。这样一来，教师对教材及重难点的把握更加精准。

（4）对学情更重视，分析更到位。

为了使课堂学练任务单的设计更合理，运用更恰当，教师不断观察，梳理、分析、总结学情，这样，对学情的把握更加精准。

（5）教师专业能力得到提升。

参研的教师专业能力明显提升，教师的理论实践经验更丰富，梳理出较多论文，在各类评比活动中获奖或发表；教师参与各级各类赛课，获得理想名次；在各级各类交流活动中，参研教师作讲座分享，将阶段性研究成果传播出去，受到好评。

线上直播教学，让我们成长

青白江区龙王学校　滕智勇

疫情已过，回望过去，当初为贯彻落实上级部门关于延期开学的精神要求，防止新冠肺炎的扩散，最大限度地减少教学人员的聚集，最大限度地提高学生的学习质量，我校开展了"延期不延教，延期不延学"的直播教学活动。直播教学对我来说，非常陌生，好老师加好主播的双重要求，让我辗转反侧。于是，我全真模拟线下课堂，适应线上教学方式。在线直播教学已告一段落，我们应该反思在线教学中的有益探索，将其常态化，以此来助力今后的教学质量攻坚。

一、孩子们更懂事了

以前，每期按时开学，老师站在讲台上，孩子们坐在教室，现在却"与众不同"，开学不仅延期了，上课的地点也变了；以前，当我们谈"快手""抖音"就色变，被批为浪费时间和庸俗，跟学习不沾边，是不思进取的表现，现在老师却是我们平时所见的主播，是表演者，而同学们成了观众，和其他同学一起欣赏老师的表演。好多的第一次，好多的不一样，贯穿于我们的延期教学，带着这些"不一样"的期待，我们开始了前所未有的直播教学。与我们平时的上课相比，学生会一如既往地专注和投入吗？

答案是肯定的。建立班级直播群，我们鼓励父母双方和孩子都进来（班上学生52人，学生和家长一起120人），有14位老师（含校长，跟班行政，年级组长，教研组长等），群成员共计134人，可见家长和学校领导的重视。我班时常直播的在线成员都有60—70人，已超越了班上52名同学的数量，为什么？多出来的人，基本上都是不定时来听课的热心家长和领导，这样好吗？很好。他们的关心，是我们老师前进的动力，是学生头上的达摩利斯克之剑，这样可避免偶尔有同学在直播间说一些无关当堂学习的话，调皮的孩子们时不时就会默念："我的爸爸妈妈会不会也来听这堂课，校长会不会也在我们直播间？"

以前的线下教学，老师和学生之间的互动占到了大约九成吧，我们缺少第三方（诸如学校领导层和家长委员会成员等）的有效且直接的监督。

现在，我们返校了，能否在学校每个教室安装监控呢？当然，我们的目的不是监视，而是看看孩子们的精神状态，为孩子们指出学习习惯或学习态度上的不足，哪怕是孩子们回家后，你稍微说一点有关教室内的部分场景，也会让孩子们认识到，当他们不够努力时，可能会有爸爸妈妈或校长，正在用鼓励的眼神看着他……

二、家长们更关心了

用好钉钉群中的班级树功能，让家长们每天给大树浇水，一来，这棵大树象征着自己的孩子，浇注的水越多，大树就长得越茂盛，仿佛看到了自己孩子茁壮成长。二来，在参与浇水的过程中，家长们一定会进群了解孩子当天上了哪些课，学了哪些内容，那么家长们是否应该在茶余饭后，跟孩子探讨一下所学内容呢？如果有知识上的争议，还可以调阅老师的回放视频等。三来，这也是一个契机，平时家长们是看不到老师上课内容的，看不到孩子们在学校上课表现，在家里他就会出现各种学习状况，那么家长就会用异于平时老师教导学生的方式方法，去跟孩子们沟通交流，去解决孩子们学习方法、学习习惯上的问题。以上三条，达到了家长们监督学生的目的，起到了平时班主任的作用。

我所任教的学校，属于农村地区，家长们迫于生计，几乎都外出打工，每学期一次的家长会，到齐的情况几乎没有，孩子们也顺理成章地成了留守儿童。每个孩子他所成长的环境，有学校、有家庭、有社会，我们在德育的过程中，很多时候是需要家长协助的。以前的家长被动参与，往往看着老师的电话，就会有种如雷轰顶的感觉，生怕自己的孩子在学校惹事。现在，随着智能设备的普及，网络连接千家万户，老师能否主动展示一些孩子在校的学习和生活的细节呢？为了孩子们，我们就可以跨越时空，让家长们及时详尽地了解学校的教学，尽量促进家校之间的协同。

三、老师们更强大了

教学怎样更加直观，互动怎样更加直接，怎样最大限度地将网上授课的质量和效果接近或达到线下课堂？平时我们在教室里，有什么？硬件设施：白板、电脑、投影，软件设施：学生的声音、眼神、表情、迟到、早退、厌学、作业，我的想法是：全真模拟线下课堂。我任教八年级的数学，数学课总是需要老师良好的课堂的互动和直接演示，电脑上总是没有随手写那样来的得心应手，于是自行购置150cm×100cm白板，用于直接板书数学公式数据，准备两台电脑，一台用于直播，一台用于应急备用（有一天上午第三节一台电脑的直播功能无法打开，立即切换另一台电脑，若无备用，耽搁时间不敢想象）和提示板作用（提示的目的是争取做到万无一失），家里装修时用的人字梯作为白板的支架，这样就全真模拟出了学校的教室。

课堂的互动必不可少，课后的互动也很重要。利用钉钉群中的家校本功能，老师线上布置作业，学生做完作业后上传，已做未做一目了然，老师批改作业（或文字批注，或语音留言，或以图片形式传递参考答案），优秀作业群聊展示，有不足或错误的地方老师一对一对话学生，学生收到老师的批阅意见后的疑问解答等，在线上解决，减少了老师单独辅导学生的时间，颠覆了传统的作业上交批改方式。

利用钉钉群后台的视频回放和观看数据功能，我们不强制学生打卡签到，每次直播结束后，老师打开后台数据统计表格，可清晰查阅每个孩子在线学习时长。若有学习时长异常的孩子，老师们会单独提醒家长。如果有的孩子听老师的课，当时不够清楚，可利用课余时间，查看视频回放，有助于我们降低学困生率，提高及格率和优生率。

直播教学尚属首次，每当看到屏幕上孩子们打出的"开始你的表演"，看到刷屏的点赞小红心，总会有更激烈的心跳，因为除了学生，还有好多的同事，好多的家长也可能在观看你的直播。对于每个老师，现在每一堂网课都是展示课，都是全校，乃至全区的教研示范课，优质课。只要老师明白这个道理，我想他们对于课前，课中以及课后的处理都会更加慎重，更小心拿捏。长此以往，形成习惯，对于我们今后的教学未尝不是一件好事。

总之，网络直播教学是一个契机，对于学生，改变了学习的场景和方式，不再有老师面对面的督促提示我们，改由依靠父母的监督，提高了学生自己的自觉性和自主学习能力；对于家长，通过在家的网上直播，更能深切地感受到孩子的学习效率以及在学习过程中存在的问题，在帮助孩子解决问题的同时，更好地促进了有效的亲子沟通，缓解了亲子矛盾，更加理解老师在平时教导学生时的不易；对于老师，在做好平时教学工作的基础上，网上直播教学使我们的教学更严谨，要求和标准更高。

直播教学是一种倒逼的机制，降低了老师特别是班主任的工作量，简化了老师工作流程，调动了各方参与教与学的热情。新冠疫情使师生之间的物理距离暂时更远了，但心理距离更近了。

让儿童在数学实验的过程中获得可持续生长的力量

——融合数学实验的探究性教与学模式的实践研究

成都市青白江区实验小学陆港分校 吴 杰

一、案例背景

（一）呈现的问题

以学具和学科软件为支撑的多样态数学实验活动不仅能为学生数量关系、空间关系的认知，搭建一个直观的活动场景，帮助学生实现从直观表征到本质抽象的知识建构过程，而且能让儿童在数学实验的活动中发展学科素养，获取可持续生长的能量。然而在实际教学中，数学实验开展的情况却不尽如人意。从现有的数学实验教学案例样本分析中，我们不难发现：学生数学实验活动过程与实验结论的得出过于草率，缺少从特殊到一般的归纳演绎过程，有的甚至是通过数学结论对实验过程进行反演；其次是存在课件演示代替数学实验的现象，忽略了学生对知识探究过程的体验和方法的积累，弱化了学生动手的能力，不利于实验精神、学科素养的形成；最后是实验工具的相对落后，缺少专门的学科软件赋能，导致一些复杂图形运动和变换的动态实验过程无法实现，导致数学课堂上依靠想象描述抽象的现象时有发生。缺少实验活动支撑的数学课堂，因为抽象而让学习过程充斥着无趣与焦虑的情绪，学科素养的培养可能仅仅停留在基本知识与基本技能掌握的层面。

（二）政策依据

从2019年6月23日《中共中央国务院关于深化教育教学改革全面提高义务教育质量的意见》出台，到2022年《义务教育数学课程标准》的颁布，再到2023年《中小学数学实验目录》的出台，不仅为我们当前小学数学实验的开展提供了政策依据，同时也为我们在数学课堂如何开展数学实验教学提供了行动指南。当我们把上述指导性文件与"网络画板"这一数学动态软件互为参照，我们发现在数学课堂开展融合学科软件、实物学具的数学实验，将会对我们传统的教学模式的变革提供全新的视角。

（三）文献查新

关于"数学实验"从"数学实验室的搭建"到利用学科软件开展探究性学习

都有相关的主题研究。其中王鹏远的《网络画板平台下的新一代数学实验室》对网络画板实验室搭建的基本要素作了初步的刻画；福建省福鼎市第一中学的马必武老师的《网络画板的新应用——指导学生进行研究性学习》对高中生研究性学习的选题、指导、应用、评价等方面作出相关研究。对已往的数学实验的相关研究进行系统分析，发现已有的研究大多是对某个数学实验进行教学过程的设计，缺少小学数学实验教学基本流程、课堂组织、教学评价等教学样态的系统表述。所以，我们提出"融入数学实验的小学数学探究性教与学模式的实践研究"的研究课题，以期通过该课题的研究实现从教与学两个视角对数学实验型课堂的基本样态进行系统刻画，从而找到课堂改革新的生长点。

二、案例描述

2020年以来，青白江区实验小学以落实"基于教学改革，融合信息技术的新型教与学模式"国家级实验区市级实验校的相关工作为契机，引入了"网络画板数学实验室"项目。通过将数学实验融入学生的主题活动，将学科素养目标的培养和学生问题解决的过程相融合，从"教与学"两个视角维度对融入数学实验的课堂教学的范式进行建构，改变了原有的课堂样态，逐步形成融合数学实验的新型探究式教学模式，并在区域内得到大量推广应用。下面以圆柱体侧面积教学为例，对融合数学实验的新型探究式教学范式作简单介绍。

（一）情境导问—以问定教—趣中学

通过视频动画构建"不同大小纸板制作不同大小茶叶筒"这一生活情境，引导学生提出探究的问题群："如何计算圆柱体的侧面积，圆柱侧面展开可能是什么？圆柱侧面怎样展开？展开的图形和圆柱的侧面有什么关系？"等，在此基础上引导学生围绕问题群进行大胆猜想，猜一猜圆柱的侧面展开是什么。通过"学生提问—大胆猜想"的过程，诱发学生探究的动机，让学生带着问题自主规划数学实验的目的与过程，让学生的"问"来确定教师的"教"。所以"问题与猜想"是实验型课堂的重要特征。

（二）实验探究—小心求证—做中学

大胆猜想是前提，小心求证是关键，而"做"中发现是灵魂。以"做实验"为课堂核心的数学课堂主要包含"实物操作，直观表征"到"画板操作，演绎归纳"的活动过程。学生在"做"数学实验的过程中实现具体到半具体再到抽象概括的建构过程（见图1）。

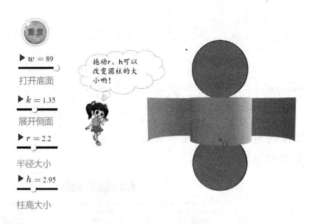

图1 网络画板圆柱侧面展开仿真实验

当学生提出"圆柱体侧面展开可能会是长方形、平行四边形、正方形、梯形、三角形"等不同的猜想时，我们可以先让学生围绕自己的猜想，自己动手将圆柱体的表面进行实物展开，并观察圆柱的侧面展开图是什么。从而为学生建立圆柱侧面、表面的直观表征。在此基础上进一步引导学生利用网络画板进行网络画板仿真实验（见图1）。实验过程中，学生通过"变量尺"操作，改变圆柱半径大小和高的长短，调控圆柱侧面展开的过程、形状等实验过程，实现从特殊到一般性的实验检验。网络画板仿真实验的具体过程包括"网络画板素材推送""扫描云码进入空间""操作画板数字探究""小组结论交流讨论"四个过程。值得注意的是，不同小组的网络画板仿真实验，可能会出现不同的实验样本和实验方法。这将为不同小组实验结论的交流汇报提供丰富的数据支撑以及可视化的思维过程，更有利于生生思维碰撞和批判性思维的发展，帮助学生通过动手实验来透过现象，看到数学本质。

（三）分析归纳—形成策略—悟中学

在学生得出圆柱体侧面积、表面积的计算方法后，传统的教学往往止步于此。而基于数学实验的课堂样态则还需在此基础上，进一步地引导学生对实验的现象、实验过程的逻辑进行进一步的梳理。本节课则还需要引导学生把圆柱、三棱柱、四棱柱、五棱柱等所有的规则柱体进行横向的联系，通过学生小组间的实验思辨过程形成所有规则柱体的侧面积计算方法，而这就是实验型数学课堂所主张的"数学实验一定要实现从特殊到一般性的归纳"，从而让学生在实验过程中获得可持续生长的力量。

（四）实际运用—形成能力—用中学

在实际运用中，我们通过推送练习菜单+素材资源的方式创新作业设计，为学生提供分层闯关活动，减轻作业的负担，提高作业的兴趣。我们还可以通过搭建学生"网络画板探究微课大赛"活动，让家长以围观点赞的方法，参与学生学习评价，丰富家校共育的路径。

三、案例反思

融合数学实验的探究性学习，通过以"做"为核心的数学实验活动的构建，不仅丰富了学校课程，同时也为学校课堂、学生、教师带来可喜的变化。

（一）形成融合网络画板的特色课程"数学实验三学堂"

"数学实验三学堂"课程图谱见图2。

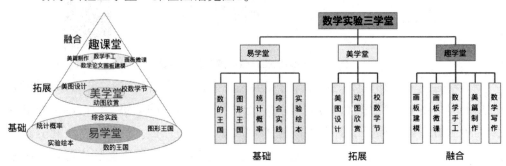

图2　"数学实验三学堂"课程图谱

（二）学校网络画板数学实验室空间数字资源形成体系

建成学校网络画板空间素材资源包60个；资源素材6562个，其中原创实验素材：5963个云端实验室素材使用次数累计达到123164人次（见图3）；单个素材使用人次，最高达到1137人次。

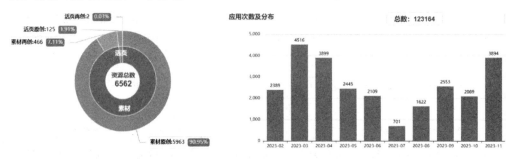

图3　学校网络画板实验室生成实时素材与应用统计

（三）课堂融合数学实验 创生技术赋能的做中学生态

数学课堂通过融入数学实验，为儿童提供"做"的机会。"做"数学实验在遵循了儿童身心发展的客观规律的基础上，尊重儿童主体的意识，"数学实验"让数学知识变得直观简单，课堂参与面大大增加，课堂更加有趣，因为释放了儿童的潜能，所以课堂有了生成（见图4）。

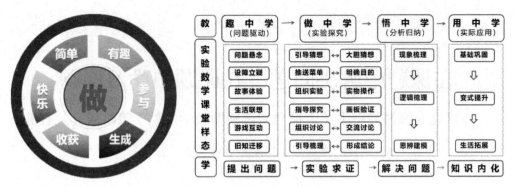

图4 融合数学实验的课堂样态

（四）学生学科素养明显提高

学生数学实验微课堂——"紫涵微课堂""佳课有约"应运而生，学生实验视频累计达到270多个，学生原创数学实验网络画板素材300多个。

综上所述，融合数学实验的课堂，让儿童在"做数学实验"的过程中，积累探究之法，体验了数学活动之趣，感受了数学之美，领悟了数学通达之易，获得了可持续生长的力量。

在课题中解决问题，在课题中学习课题

——研究《农村高中生英语报刊阅读辅助教学的教学策略研究》有感

成都市青白江区城厢中学 潘 丽

一、课题研究背景

（一）教育实践中的问题

1. 学校地理位置和管理方式：农村学校，全员住校，平时没有机会接触最新消息。

2. 当时教材内容较为过时：学生学习的英语教材还是2003年的版本，教材中的很多话题已经不能满足学生日益增长的好奇心和求知欲。

3. 教辅资料的创新性和阅读量不够。

4. 农村高中学生英语学习问题多，具有很强的个性化和特殊性，主要表现为：

（1）没有英语阅读兴趣；

（2）没有养成良好的英语阅读习惯。

（二）政策依据

《高中英语新课程标准》对于阅读的要求："通过阅读文本、分析写作结构和模仿范文，培养学生的阅读和写作能力，使其能够熟练运用英语进行阅读活动"；"教师可以选择的材料：内容丰富，涵盖丰富的主题和文化背景，培养学生的综合语言运用能力和跨文化交际能力。"

（三）文献查新

截至2020年6月1日，在网络平台通过百度进行检索，显示"英语报刊阅读"相关词条达400多万条，"英语报刊阅读辅助教学策略"相关词条有20多万条，"高中生英语报刊阅读教学策略"有2000多条，而"农村高中生英语报刊阅读辅助教学的教学策略研究"词条为零。由此可以看出，虽然对于英语报刊阅读对英语教学的影响有一定研究，但并没有针对农村高中生这个特殊群体的相关研究成果。现将相关研究现状简要综述如下。

1. 国外相关研究

英文报刊运用于教学（Newspaper in Education），即"报刊参与教学工程"，始于20世纪30年代的美国，以提高学生的阅读、写作能力为目的。报纸被当作教学质量运用到幼儿园到大学各个阶段。

2. 国内相关研究

中国此类研究起步并不早，中国日报社（《21世纪报》）与中央教科所外语教育研究中心合作的教育部全国规划课题"中小学英语课堂教学模式优化研究与试验"的子课题"英语报刊阅读辅助教学新模式研究"被列为全国教育科学"十一五"规划重点研究课题。纵观国内关于英语报刊阅读和阅读教学的研究发现，相关研究数量及成果并不在少数。

综上所述，前人研究成果为本课题提供了充分的研究背景和参考价值，但不同于这些研究的是本课题的研究对象。前人的研究对象主要以大学生，英语基础良好的初高中生以及中职生等为主，他们对于提高学生英语阅读理解能力方面的相关研究很多，有理论研究也有方法指导，但对于利用英语报刊阅读提高中学生阅读理解能力，尤其是农村高中学生的阅读理解能力方面的研究就比较有限了，其中对英语报刊阅读的研究也多致力于普适意义的探讨和共性层面的理论建构，而对于如何利用英语报刊阅读来提高高中学生尤其像我校这种农村高中学生的英语阅读理解能力的效度的研究就更少了。

二、案例描述

我校教师在发现了上述教学问题后，决定依托课题研究切实有效地提高阅读教学的效率，采取的方法和措施如下。

（一）研究措施

1. 利用科学数据分析，确定研究重点，监测研究效果

（1）利用问卷调查了解学生阅读现状，分析困难和困惑，形成调查报告，确定研究重点方向。

（2）利用成都市教科院的"乐培生"系统，本校的"智学网"系统分析数据，整理数据，为课题组微课教学提供决策依据。

（3）课题组成员以年级为单位，结合各班具体情况，确定精读和泛读材料，讨论阅读指导策略并运用。

（4）根据学生反馈的情况，反复修改、完善指导策略。

2. 提升教师重视程度，增强教师指导作用

（1）开展报刊阅读教学的相关理论学习活动。

（2）开展报刊阅读课堂教学的教研活动。

（3）为学生制订报刊阅读计划。

（4）教师先行，为学生选择合适的报刊阅读材料，确定精读和泛读材料内容。

（5）课题组成员积极参加各级各类赛课活动，展示、推广、改进课题研究成果。课题组成员参与了市、跨区、区、校级各类赛课、讲座等活动。

3. 提升学生自学意识，增强学生自学能力

(1) 教授学生自主阅读的阅读策略。

(2) 使用创新教学策略，激发学生的自学潜力。

(3) 采用积极评价策略，表扬鼓励学生。

(4) 通过提问的手段，检测学生的自主阅读效果。

(5) 要求学生做好读书笔记。

(6) 定期开展读书分享讨论会。

（二）主要研究活动

1. 组织课题组成员展开与课题有关的理论学习活动。

2. 组织课题组成员展开与课题相关的赛课活动。

3. 鼓励课题组成员开展与课题相关的讲座活动。

4. 鼓励课题组成员积极参加各种阅读研讨会、名师工作室、骨干教师培训，学习最先进的阅读教学理念。

5. 组织学生参与英语学科竞赛活动。

三、案例反思

（一）新的认识、策略

1. 有效指导教师开展报刊阅读辅助教学的实践活动。

2. 有效指导学生的报刊阅读技巧，尤其是泛读技巧。

3. 提高学生的阅读效率，变被动阅读为主动阅读，从而增大英语阅读量。

4. 增强学生的英语阅读兴趣，养成良好的阅读习惯。

5. 改变学生的英语学习方式。

大多数高中英语课堂老师还是采取满堂灌或者指导性学习的方式，但是英语是一门主动性很强的学科，报刊阅读对自主阅读的要求很高。在这个过程中，学生可以形成自我发现学习的方式，从被动转为被动。

6.提升高中英语考试阅读理解成绩。

阅读理解是高中英语应试教育中的难点。在分析阅读阶段，规则一学生需要找出重要单词，与作者达成共识。这和英语阅读理解中的词意猜测是一样的。利用上下文已经了解的所有字句，来推敲出你所不了解的那个词的意义。规则二将文章中最重要的句子勾画出来，找出其中的主旨。规则三从相关文句的关联中，设法找出构架一篇文章的基本论述。规则二、规则三能帮助学生理解文章主旨，分析出结构，从而领会文章中心，这对阅读理解解题至关重要。

7.促进教师的专业化发展。

（二）创新之处

尽管对于报刊阅读的研究可以追溯到20世纪，但大多以大学生或者英语基础较好的高中生为主，针对基础薄弱、长期住校的农村高中生的报刊阅读研究几乎没有。本课题研究对象是农村寄宿学校且几乎英语基础薄弱、缺乏英语基本素养的农村高中学生，对于类似于我们学校的同等级学校的英语教学都有一定指导意义。

（三）取得的成果

1. 认识性成果

打破固化的传统的高中英语阅读教学思想，一定程度上改变了我校英语教师阅读的指导理念与方式。

传统高中英语阅读教学思想是以每个模块一篇主课文和一篇次主课文为材料，进行固定化模式的阅读：导入—查读掌握大意—细读把握细节。缺点是阅读模式固定，学生感觉无趣；阅读方法死板，不会就问题不同而改变阅读方式；阅读内容输入不够，学生对统一汲取的知识严重不足。

而报刊阅读却具备了以下特点，从根本上转变了我校教师的阅读教学思想。

（1）大量泛读与少量精读结合。

（2）营造良好且持续的报刊阅读氛围。

（3）优化教学方案的设计。

（4）培养学生自主学习的习惯和能力。

2. 操作性成果

（1）为学生提供了精读和泛读的报刊阅读菜单。

（2）形成了一个全新的适合我校学生的课内课外相结合的英语阅读教学模式。

（3）为学生提出报刊阅读策略。

（4）高考成绩有所提升。

3. 物化成果

（1）在课题研究的不同阶段，撰写课题相关论文若干篇。

（2）重点文章编辑了相应的案例集（PPT集）。

（3）在课题研究的不同阶段，记录不同阶段的研究成果，编撰阶段性成果报告，最后形成课题成果报告和课题工作报告。

（4）促使部分课题主研人员获得课题研究相关荣誉。

（5）部分主研人员形成了报告，在全区甚至跨区分享；同时，几位主研人员均是我校英语组参与赛课的主力军，在市区校级比赛中取得好成绩。

（四）进一步深入研究的建议

本次课题研究整体来说，对阅读水平中等以上的学生促进作用较大，对于中等以下的学生促进作用有限。一方面有学生个人的基础和自觉性差异的原因，另一方面也有我们教师研究团队暂时还未找到更合适的解决办法。尽管课题研究暂告段落，但我们的英语报刊阅读绝不会停止。我们希望，未来学生不仅能读报刊，还能过渡到整本书的阅读；同时，帮扶学困生，通过精心选材、个人辅导等方式，协助学困生尽可能赶上班级的平均水平。

在这三年中，我由一个对课题完全摸不着头脑的生手，到能按课题负责人的要求去完成自己的任务，再到自己主持负责课题，这个过程虽难，但我在这个过程中确确实实逐渐摸索到了课题研究的入门方法，同时青白江领航名师工程和成都市张世民名师工作室以及我们学校都给予了大力的支持。

课题研究给我个人的最大感受就是：在教学实践的问题中提炼课题，在课题研究的过程中解决实际问题，在课题研究的过程中学习课题研究，相辅相成、相互促进！

以身教者从　以言教者讼

——我和我的科研情结

成都市川化中学　陈兴建

2006年我从大学毕业参加工作，在2006年9月我参加成都市市级课题《环境教育中融入生命教育》研究工作，我开始第一次接触并参与到教育科研中，我深刻地认识到了教育科研的重要性，因为时代在变化，教育需求在变化，新的问题就会不断出现。而我作为研究者，也需要不断磨炼提升自身的专业素养，提高自身的科研能力。2012年，我主研《普通高中地理新课程课堂教学课件应用有效性的实践研究》，研究持续了三年，在2015年正式结题，在教育教学与教育科研的过程中，我们整个地理组形成了一系列理论研究成果。作为一名高中地理教师，在多年的地理教学中，我意识到，无论是研究工作的开展，还是研究成果的推广与应用，都需要立足于客观事实，要"以身相教"，以实践为佐证，应遵循科研精神。

三人行必有我师，从行动中学习，是科研能力提升的重要路径。在我刚开始参加教育科研行动时，由于经验有限，许多工作的推进速度相对缓慢，并且难以快速找到工作开展的有效方法，尤其是在刚开始与其他同事配合开展研究时，会固执己见，仅从自身的经验出发，就开展研究，这导致科研协作受到影响。我们团队中的领路人四川省特级教师陈老师曾说，有自己的想法是好的，但是对于差异性的想法需要进行科学论证，保持严谨的科学态度。而我固执地认为，坚持自己的意见并且不断求证，才是解决问题的方法。但是后续在观察其他同事时才发现，并不是其他人没有自己的见解，而是不会固执己见，其实好多团队成员都有着各自的观点和研究倾向，但是为什么没有每个人都去追求自己的答案，或相互争论呢？因为在遇到意见分歧时，他们看待问题和见解是客观的，无论是自己的见解还是别人的见解；而对待差异，都会以科学、冷静、有效的方式进行处理。

他们严谨、科学、不情绪化的方式对我产生了极大的影响，让我在后续研究中能够保持谦逊和开放的态度，而这种态度也让我发现了其他科研人员的有效科研方法和科学思想，让我学习到了很多东西，科研是一个促进研究人员发展的重要路径，而其他同事就是导师，在行动中潜移默化地相互积极影响着。在后续研究中，我通过参加学术会议、研讨会和向其他科研人员学习，以及在2016年的成都市骨干教师培训中吸取了许多经验，教育科研能力得到了显著的提升。同时，我也形成了一种深刻的认识，就是教育科研是一件严肃的事，允许有差异，但是要找出引发差异的根源，只有方向一致，意见一致，才能保障研究结果的有效性。

以身作则，态度严谨是教育科研高效进行的保障。在早期开展科研行动时，我尝试用语言去说服别人认同我的观点，或采取我提出的方法。但是后来我发现，要对别人产生影响，比语言更有效的是行动，比如在每次对实验数据进行整理时，我都会进行多次整理对比分析，防止数据录入出错，而这种方式也确实发现了一次数据录入错误的问题。后期其他人员在进行数据录入时，也开始采用此种方式。并且在研究过程中，我们也形成了一系列自有的小技巧，如采取有效的归类方法对文献进行整理，严格遵守教育科研制度等。只有自身验证了观点及行为的正确性，才能确保这一观点或行为真正地产生影响力，才能形成科研人员共同遵守采用的规则。

在教育科研工作中，我深刻体会到事实胜于雄辩的道理。科研工作是一个求真的过程，只有通过客观事实和严谨的数据分析，才能揭示事物的本质规律。在教育科研中，只有以扎实的科研能力为依托，以客观事实为基础，才能获得他人的认同，推动科研工作的顺利开展。

事实与雄辩并不是对立的。在教育科研工作中，我还学会了如何将事实和雄辩相结合，以达到最佳的沟通效果。有时候，一些研究结果可能因为各种原因而引起争议，这时候我们需要以事实为依据，用雄辩的方式有条理地阐述自己的观点，以取得他人的理解和支持。而这一前提也是充分了解其他观点的本质，需要通过理论以及实践研究，发现问题，检验自身观点的正确性。同样的，在向他人学习借鉴时，也要学会用事实和雄辩来检验别人的观点，从而取长补短，不断提高自己的认识水平。

在教育科研过程中，我还意识到实事求是的重要性。随着教育科研工作的开展，我对这一认识也更加深刻。科研人员具备诚实守信的态度，是科研成果有效的重要前提，对待研究结果不隐瞒、不夸大，是保证论文和报告准确性的前提，在一次开展研究工作时，课题主持人就强调，如果教育科研不能遵循客观事实，那我们参考的文献就不再具有说服力，建立在错误数据上的研究，也就完全失去了研究的意义，因此秉承实事求是的态度，既是对大众的负责，也是对后续研究工作的负责，因此在研究的各个环节，我们都会反复检验成果，以保障其真实性与客观性。而我在撰写论文以及报告的过程中也会反复核对数据和观点，以确保无误。同时，我会在参考文献和案例引用上严格遵守学术规范，注明出处，尊重他人的知识产权。

在教育科研的道路上，我们的知识和能力有限，因此只有保持谦虚谨慎的态度，不断进行研究探索，不断追求科研的卓越，才能获得进步与发展。只有不断了解最新的研究动态和成果，不断阅读教育科研领域的最新文献，掌握前沿动态，才能让认识更加全面，见解更加独到。因此在研究过程中，我们需要不断反思、总结，调整研究方法和策略，力求使研究更加深入、精确。而要确保研究方向的正确性，还需要积极了解教育政策，根据实际情况调整研究方法，以确保研究结果的科学性。随着时代的发展，更多先进方法的出现也开拓了我教育科研的思路，只有持续钻研，掌握新方法，转变研究思路，才能保障研究工作的先进性，才能保障开展的研究符合学生需求，符合社会发展需求。

"以身教者从，以言教者讼。"《后汉书·第五伦传》中的这句话，对于教育科研工作的开展具有重要的启示作用。在教育科研过程中，我一定会以身作则，做出榜样，注重言传身教，以理服人。只有严谨治学，以身作则，为团队成员树立良好的榜样，坚持实事求是的态度，避免弄虚作假，才能获得他人的尊重和信任，为教育科研事业的繁荣发展贡献力量。而只有以理服人，用事实和数据作为依据，不断完善自己的认识和观点才能保障研究质量。只有保持开放的心态，尊重他人的观点和建议，才能提高研究效率，实现共同的目标。

如何优化初中物理化学作业设计的研究

成都市青白江区福洪中学 申红艳

一、案例背景

（一）政策依据

2021年4月25日，教育部召开新闻发布会，发布了《关于加强义务教育学校作业管理的通知》。2021年7月，中共中央办公厅、国务院办公厅印发了《关于进一步减轻义务教育阶段学生作业负担和校外培训负担的意见》（简称"双减"）。2021年9月27日，成都市印发了《关于进一步减轻义务教育阶段学生作业负担和校外培训负担的实施方案》（以下简称"方案"）。

（二）呈现问题

通过调查发现，我校物理化学学科学生的课外作业有以下特点：（1）作业量较大，大多数学生不能利用晚自习完成课外作业。（2）作业针对性不强，没有进行作业分层设计。（3）机械性、重复性作业较多。所以学生负担较重，导致学习动力不足，学习兴趣不高，学习效果也打了折扣。

（三）文献查新及本课题研究的价值

通过查阅国内文献，各一线教师纷纷摩拳擦掌在作业设计中探索，并书写自己的观点。如夏影、张钰两位老师在《在"双减"政策中提高教师教学效能研究》中提出，作业分层灵活，精选题型，满足不同学生学习需要，并且作业在精不在多，减少重复机械性练习；徐燕娟、鲍书洁两位老师提出作业改革应从作业设计、作业方式、作业管理、作业评价等方面出发，处理好"学科本位"与"学生立场"的关系、"基础类作业"与"拓展类作业"的关系、"单一学科作业"与"跨学科整合性作业"的关系、"作业批改"与"作业展示"的关系。侯嘉慧老师指出在"双减"政策背景下，单元作业是一条减负提质的新思路。不同学者虽然探讨同一个问题，但由于出发点不同，因此各自论述也稍有不同。

在"双减"这个大背景下，对作为学校一线教师的我们提出了更多更高的要求。在已有的研究观点中，很多都是概括性的，粗略地对作业设计进行的阐述。没有提到农村初中这一特殊环境下作业设计所面临的问题方面的研究，也没有对作业优化方面做具体研究，所以本课题在"双减"这个大背景下，着手从这两个方面进行深化研究。在充分研究了相关的政策和农村初中学生作业现状的基础上，对学科作业在"质"、作业分层、学科融合等方面进行研究，达到优化作业的目标。将中共中央办公厅、国务院办公厅印发的"双减"和成都市提出的"方案"，真正落实到平时的教学工作中，达到减负提质的目标。

二、案例描述

(一) 课题的研究内容

1.作业设计的"质"的研究。作业"量"减少了，要达到巩固学习的效果，那么作业的"质"就必须提高。我们的观点是：

（1）进行单元作业设计。在设置单元作业目标时，一要参照课程标准，体现学科本质，明确学科育人要求；二要结合教材内容，分析单元主题；三要关注学生的已有水平，思维特点和发展需求，培养学生主动学习的能力。

（2）作业设计要有针对性。要做到有针对性，就要在关键处设题、重点处设题、迷茫处设题、易错处设题、疲惫处设题，这样才能有的放矢，达到巩固提高的作用。

（3）作业的形式可以多样化。比如将作业分为：学习理解类作业、实践体验类作业、迁移创造类作业。

2.作业分层的研究。在作业设计过程中，教师一定要注意作业的分层设计、布置和反馈。首先，设计时，将作业分为必做、选做、兴趣做三类，使不同层次和不同要求的学生在作业中达到应有的学习、锻炼目的。

3.各学科作业融合的研究。学科融合型作业主要是指以某一学科为认知的对象和目标，以另一个或多个学科中的观点和思维方式为手段和方法，整合起来解决问题的过程，旨在促进学生对一个主题的基础性和实践性理解，该理解超越了单一学科的范围。教师在设计学科融合型作业时，应注意：科学性、渗透性、多样性。

(二) 阶段性成果

通过课题研究，我们已获得了一些初步的成果。

（1）建立了一套完善的科研工作制度和课题管理制度。

（2）掌握本校学生课外作业现状。进行学生课外作业情况的问卷调查，撰写调查报告，并进行研讨分析，对研究目标做到心中有数。

（3）进行理论学习，形成认识性成果。课题研究成员阅读相关著作、撰写与课题相关的论文，几位主研人员都获得了成都市的二等奖。

（4）课题组成员进行赛课、评课、研讨，对重点单元进行作业设计尝试，参加区里组织的作业设计大赛，几位主研人员分别获得了分级一等奖，形成操作性成果。

（三）学生、老师、学校的发展情况

1. 学生的变化。由于作业量少而精，学生没有了抵触心理，完成质量变得更高了，学习效果和学习兴趣增加了。在过去一年的时间里，虽然孩子们的作业量变少了，但是学习效果却提高了。我们以2020级学生为研究对象，以物理学科为例，全年级的合格率从八年级下册的48%，到初三毕业时，合格率达到90%。当然学生的成绩大幅度提高，并非课外作业这一个单一的变量，我们也需要理性分析和看待。

2. 教师的收获。确立了"以学生为中心"的作业设计理念，从学生的实际需求出发，以提高学生的学习效果为目标；提出了"任务型、探究型、合作型"的作业设计模式，这种模式旨在激发学生的学习兴趣，培养学生的自主学习能力和合作精神；收获了"学生的喜爱"，老师把以前布置的"海洋作业"变成精心设计的"点滴作业"，学生们开心的同时对老师们更是充满了感激和喜爱；增加了"专业成长"的速度，自本课题开展研究以来，老师们积极投入课题研究之中，并设计出了很多章节的优秀作业参加各级各类比赛，组内多位成员分别获得了区级校级比赛一等奖。教学成绩也都有了明显提高。梁洪老师和刘梅老师今年还分别获得了高级教师和中级教师的评选资格。

3. 学校的改变。学校根据国家教育政策和本校实际情况，制定合理的课外作业政策，明确课外作业的目的、内容、形式和时间安排。加强了对教师的培训和指导，使教师能够更好地设计和布置课外作业。同时，学校还鼓励教师进行教育教学研究和实践，不断探索和总结优化课外作业设计的有效方法。在校内形成了课题预期的氛围。

三、案例反思

在这个课题研究的过程中，我们经历了许多挑战和困难，但也收获了许多有价值的经验和教训。

首先，在研究过程中，我们发现了一些关键问题。我们的研究假设不够明确，导致研究过程中出现了偏差。我们在文献综述方面做得不够充分，对一些重要的研究没有进行充分的了解和分析。这些问题导致我们的研究工作出现了一些困难，影响了研究进度和质量。

其次，我认为我们在研究过程中需要注重实证分析。我们的研究方法和手段需要进行不断的迭代和优化，以保证我们在得出结论的过程中做到充分的测试和分析。例如，我们之前是笼统地选择初三的全体学生作为研究样本，后期可以考虑对样本人群进行多层次的选拔和分析，以提高我们的研究样本的代表性和可信度。

再次，我认为我们在研究过程中需要注重团队合作。每个人在研究团队中都有自己的专业领域和专长，我们应该充分发挥每个人的优势和潜力，以确保我们的研究进度和质量。同时，我们也应该注重团队内部的沟通和协作，以避免出现误解和不必要的矛盾。

最后，我意识到课题研究不仅是一种学习和实践的过程，更是一种不断探索和创新的过程。通过不断的研究和探索，我们可以不断地提出新的观点和想法，为优化作业设计做出自己的贡献。同时，我们也需要关注自身的成长和发展，不断地提高自己的专业素养和综合能力。

总之，在这个课题研究的过程中，我深刻认识到了科学研究需要谨慎、客观和认真。我们需要在不断地学习和实践中积累经验，以提高我们的研究水平和能力。同时，我们也应该充分认识到课题研究是一个长期而艰巨的过程，我们需要具备坚韧不拔和勇往直前的精神，以不断推进课题研究的进步和发展。

劳动让"心结"绽放

成都市青白江区龙王学校　黄文兵

前言

2022年9月30日下午5点40分，一个陌生的电话打过来："黄老师你在学校没有，我过来找你玩。"一个不是很熟悉的声音传过来。"你是谁？""曾心结，你教过的学生。"此时，一个熟悉的腼腆的面带微笑的秀气面孔出现在我的脑海。这个学生太熟悉了，给我打电话也太出人意料了，可以用"惊吓"来形容他给我打电话这个现象。一切都要从初二第一天上他们的物理课说起。

一、初识曾心结

2020年9月1日，担任八（5）班物理科第一节课，我按多年新班教学惯例，第一节课主要讲物理科要求：上课听讲、作业上交，辅导、学习小组建设等要求。突然有几个同学在下面就发声了："老师，曾心结办不到。"我说："全班同学一视同仁，没有一个例外。"就有几个同学在座位上起哄："语文、数学、英语老师对曾心结都不提任何要求，你还一视同仁，根本就不可能。"我就说，谁是曾心结，请站起来我认识下。一个秀气腼腆的个子不高的男孩从教室前门的第一排第一桌站了起来，脸上还带着微笑。我算认识了他，一个爱笑的曾心结。

二、了解曾心结

曾心结肯定很特殊，但特殊到什么样，我还是没有谱。第一个问语文老师："这个孩子不惹事，但就是不给人说话。我教了一辈子书，还从来没有教过语文得0分的，他是第一个我教语文考0分的，初三了，字都写不来。"第二个问他们的数学老师："这个孩子上课不闹，问他什么他都不说话不回答，只傻傻地对着你神秘地微笑。"我第一次叫他站起来，他脸上就带着微笑，原来他在其他科上也是这么神秘地微笑。第三个问他们的班主任："这个同学不说话，作业要交，就是全空，写不来，随便哪个同学惹他，他也不生气，叫他干吗就干吗，就是不说话。他在家里也是这样，父母亲都拿他没有办法，也去医院检查过，还是不说话，问他就傻傻地笑，他家里就他一个孩子，父母也只好将就他。"这样一个孩子，一定要尽我所能改变他，不能让兰道鑫的故事在他身上重演。必须有所行动，我心里暗暗下了决心。（兰道鑫是前几年在我校毕业的一名学生，从初一到校就没有与同学老师说过一句话，高中老师给我们反映，在高中同样不与同学老师说一句话。）

三、"拉拢"曾心结

我在原来科代表的基础上，增加一名副科代表，一名"秘书"。"秘书"就是为曾心结量身打造的，帮我收拾讲桌，帮我拿教学用具，检查遗忘的东西带到办公室。总之，想尽办法增加与他接触沟通的机会。有时，我还故意忘记部分东西叫他拿到办公室，故意找话给他聊。刚开始，他还是不说话，傻傻地神秘地笑。随便我怎么说，怎么开他的玩笑，他就是不说话。随着时间的推移，我发现他有变化了，不再只是傻傻地笑了，能对我说的话点头和摇头了。不错，有进步，有变化。当发现这一现象后，我上课就专门抽曾心结回答简单的问题，试着叫他说话，或点头、摇头表示自己的判断。鼓励他说能做还是不能做。还好，他没再傻傻地笑了，每一次都是以摇头表示，但同学们已经看到了他的进步。变化最大的是，他每节课下课都主动帮我收拾讲桌和教具，收拾东西非常仔细认真，还主动将讲桌整理整齐。这个学生已经有所改变了。

四、量变后的质变——曾心结开口了

某次，我上完课回到办公室，一个熟悉的身影出现在门口，手上拿着我忘在教室的茶杯。他总是把他要做的事记得很清楚，除了学习。我就随便说了一句，曾心结，你的责任心还不错，每次安排的事都做得很好，在家里是不是也常做劳动，平时煮饭吗？

"要，要做。"这是我听到的第一次发自他口中的话。好，太好了，他终于说话了。我又说，你做的菜怎么样，好吃吗？他说："我妈说还可以。"好，非常好，帮我收拾内务劳动让他开了口，烹饪劳动能不能让他与同学开口呢？下周刚好年级有个野炊活动，正好做文章。我找到班主任，把我的想法给班主任交流了一下：分组特别把曾心结分到一个学生比较爱说爱动的组，每组的同学必须每人做一道菜，别的同学不能帮忙。每组同学必须带组内的两道以上的菜到班级区进行展评，班级打分。组内同学要交流做菜的步骤和心得。我又把曾心结叫到办公室，叫他回去跟父母亲学习一道拿手菜，或在网上学习一道拿手菜，到时参加展

评，也好给我们品尝下，他只是一个劲儿地点头。好，我的预谋成功，期待收获。班级野炊分组，曾心结在老师的精心照顾下，被分到特别的3组。刚开始，3组的同学还不太愿意，我就说，曾心结在家什么活儿都能干，尤其是做菜，是高手，你们到时叫他做一道拿手菜给你们品尝，我也沾点光，全组同学齐声叫"好"，算是接纳了他。

正式野炊那天，曾心结做了个四川名菜——水煮肉片，很适合同学们的口味。我也沾了同学的光，品尝了一下，还真不错。组内同学还把曾心结做的菜选出来参与班级评比。当他站在他做的菜前拍照时，我还是看见了他标准的傻傻的腼腆的微笑。组内交流时，曾心结还是不说话，他一直在那微笑，但组内同学对他的态度已不再像以前。同学们显然接纳了他，重新认识了他。劳动让他得到了同学的认可，他的劳动成果也让同学们对他的态度发生改变。

五、创意劳动——曾心结找到在学校的乐趣

有一天下午，我在操场边走，看见一个熟悉的身影——曾心结。他正在角落里专心地练习拉空竹。学校将每周三和周四下午定为全员活动日——"欢乐星期三、愉快星期四"。曾心结参加的是学校组织的空竹专业社团。这孩子还看不出来有这爱好，还很投入。我问社团老师情况，回答是：他很喜欢这项运动，自愿报名，但不爱与同学交流，报名时说了要出去参加比赛，他点头同意。我问曾心结，你喜欢玩空竹吗？他还是点头。我说，你喜欢就要把它练好，争取去拿奖。也可以把自己玩空竹的想法、感受写下来，写不来可以画下来、描下来。没想到我的一句话，就让曾心结课余时间找到了新的玩法和乐趣。也不知他咋来的一本空竹书，没事就在作业本上照着书上画空竹画。一天中午，居然看见曾心结一个人在那弄草编。我就问他，曾心结，你还有这个兴趣啊，还不错，编得有模有样，你更喜欢空竹还是草编呢？如果喜欢草编我给老师说，让你转过来。他还是那标准的傻傻的腼腆的笑，不说话。我说，要不你两个都参加，到时喜欢在哪儿上就在哪儿上，我给老师说一声，但你在一个社团时你必须征得另一个老师的同意才能在这个社团上。我又特意给两位老师说了一下他的情况，叫他们在上课时相互查一下人并通报一声，保证安全。没承想正是这样的安排，让曾心结与其他老师开了口。每次上社团课，他都必须去一个老师处请假。空竹社团老师问他，你在哪边上呢？"我在草编那里"。草编老师问他，空竹社团老师那儿请假没有。"请了"。就这样，曾心结在草编社团和空竹社团间开始了自己的空竹创意草编劳动，每次社团课也必须与老师发生对话，他也找到了在学校里除了读书以外的乐趣，最关键的是他能开口与别人说话了。最难能可贵的是他能表达自己的意思，能与人交流了。他真的变了。

六、自选旅游专业——曾心结已能自立

2022年9月30日下午，我在学校见到了曾心结。"你在哪儿读书呢?" "工程校，就是祥福镇哪个。"我又问，读的什么专业？"旅游专业，我们班还有李垒和我读的相同，同一个班。"眼前的曾心结面容还是那样的腼腆，个子也没有多大变化，但已不再是我以前认识的曾心结了，他已经变了，变成了我以前一直就想让他变成的那个人。谢谢生活家务劳动，谢谢内务劳动，谢谢草编创劳动，是劳动让他发生了转变，我相信在以后的人生道路上，劳动会让他的人生更出彩。

反思感悟：劳动让曾心结巨变，我们应该重新定位劳动教育在学生全方位发展中的重要作用。多年来，劳动教育被边缘化，被排斥，劳动教育的重要性没有得到体现，尤其是通过劳动教育促进学生个人成长这一重要途径被忽略。"以劳育人，以劳促体，以劳促智，以劳促素"。让劳动教育回归学校，回归课堂，回归到学生的学习生活中，让学生通过劳动，获得全方位的发展。

我在科研中成长

青白江区福洪中学　梁　洪

2022年4月中旬，我看到了申请区级课题的通知，于是和几个也想做课题的老师商量起来，说干就干，我们很快就确定了主研团队，开始了我们的科研之路！

经过我们主研团队两周左右的努力和分工合作，我们课题的《申请书》终于完成了，自我感觉还是不错的！恰巧，这个时候领航名师培训要进行一次教育科研指导的现场会，要征集案例。于是我把我们初步做的《申请书》发给了西部教育研究院的王习老师。

首先，课题题目的确定过程——"一波三折"。最初我们选的是关于如何提高课堂效率方面的课题，但是课题组的老师们觉得这个课题已经有很多人在做了，我们又没有新的研究方向，也拿不出像样的物化成果，所以放弃了。现在"双减"是一个热点问题，如何减负又不减质，正是大家需要研究的问题，所以我们觉得这个课题很有研究价值。要减负，那么必然要减轻学生课外作业的量，而教学质量不能因此降低，就必须提高课外作业的质量，基于这样的考虑，我们决定课题题目为《优化学科作业设计的实践研究》。

那一天是2022年5月18日，在川化中学进行了这次科研指导的现场会。首先我把我们这个课题的研究方案向各位专家做了一个介绍。尽管我提前就做好了PPT，而且也预演了很多遍，但是第一次面对这么多重量级的专家，心里还是非常紧张的，手心里全是汗。讲完之后，看到专家们都面带笑容、语气平和、非常的亲切，紧张的心才稍微平复一点。（也正是经历了这次锻炼，我发现自己后来再次在一些重大场合发言的时候，都能够充满自信、游刃有余了！）专家们给我们指出了很多问题，其中一个问题就是我们的课题题目表述还不够准确，我们研究的是课外作业，但是题目中没有提到"课外"二字，于是我们的课题题目最终修改为《"双减"背景下农村初中优化学科课外作业设计的实践研究》。在这个过程中，我们体会到课题题目的表述必须非常准确，题目包含课题研究的关键词，非常重要！

然后，研究重点的确定过程——"拨开云雾见明月"。因为我们课题组的老师都没有主研过课题，所以没有什么经验，不知道如何来确定研究重点。我们请教了学校的科研分管领导，然后又查阅了与"双减""作业设计"相关的资料，经过老师们的共同努力，我们还真的查到了一些对我们有用的资料。比如《单元作业："双减"背景下作业设计的新思路》《课内巧设题，课堂提效率——"双减"背景下课外作业课内化的设计探索》《优化作业，落实"双减"——重构作业：课程视域下的单元作业评介》，等等。经过课题组老师的思考讨论之后，我们确定的研究重点有九个。但是现场会省市级的专家们提的建议是：我们的研究重点太多，到底要研究什么？有没有能力研究那么多问题？一般研究重点不超过三个。听取了专家的意见之后，我们确定了三个研究重点：（1）作业设计的"质"的研究。（2）作业分层的研究。（3）各学科融合的研究。从这个过程，我们知道了：研究重点不能想当然地来决定，而是应该在查阅与课题相关文献，了解当前已有的研究成果和研究热点问题之后，结合本校的特点和自身的能力来确定研究重点。

接下来，课题申请书的填写过程——"各自为政出纰漏"。申请书的内容很多，而且申请的时间很紧张，我们最开始是分成几个板块，每个板块由不同的老师负责填写，这样可以提高效率。这样效率确实提高了，但是有一个问题：前后不一致，比如，研究的主要内容与最终成果内容及形式不一致。因为各位老师是按照自己的理解来分头完成的，所以就造成申请书前后不一致。经过这件事，我们知道了申请书不仅仅是填一个表格那么简单，而是要主研人员厘清研究的重点、研究的思路、研究的策略、预期成果、研究计划之后，才能完成申请书。这个问题也是专家组的老师帮我们发现的，所以非常感谢他们！

经过现场会专家组老师的指导，我们课题组老师对课题申请书和研究方案进行了反复修改，于2022年6月我们的课题成功立项为区级课题，2022年10月顺利开题，并在2023年10月接受了青白江区教科室的中期检查，获得专家组的好评，并获得青白江区2023年教育科研成果一等奖！这个奖项给我们课题组老师很大的鼓舞，我们对教育科研更加充满了信心，不再是刚开始时的惶恐不安了！我们教育科研之路还有很长，现在只是刚刚开始，后面肯定还会遇到很多困难，我们一定会迎难而上、不断学习、不断提高，一定把教育科研坚持到底，圆满完成该课题的研究，并运用到实际教学中去，让学生远离题海战的同时又能够学得很好！

以前一直想做教育科研，由于没有专家指导、没有这么好的学习平台，因此一直停滞不前；而现在有幸进入领航名师班培训，听了很多专家的讲座、受到专家的现场指导、与许多优秀的老师交流，这些都是促进我不断成长的机会，我一定会珍惜这样的学习机会，努力提升自己，让自己在教育科研之路上能够走得更踏实、更有力！

这就是我的科研之路，在迷茫中探索，在学习中尝试，在尝试中成长！

我在研究中"蝶变"

成都市青白江区实验小学北区分校 何 静

展 翅

我出生在一个边远的小山村，大学毕业后，通过公招，我顺利考入了青白江区大同小学，当了一名音乐教师，从边远农村到大成都，我走了整整13年，因此，我非常珍视这样的工作机会。虽然我教的是所谓的"豆芽课"，但从我踏上讲台的那一刻起，就暗暗在心里下定决心，一定要成为自己领域的佼佼者，上好每一堂课，做好每一件事，教好每一个孩子。但那时的我还不知道当老师和科研会有什么样的交集，我的目光就仅仅是那三尺讲台和一些日常的比赛。直到一年后，学校的一些老师要评职称，我才知道很多人被论文和课题给拦在了门外，那时我才意识到，一定要早做准备，认真撰写论文，积极申报课题。

攻 关

工作后第二年，我就担任了大队辅导员一职，这时，正好有一个关于少先队方面的课题在申报，我便积极主动地申请了。由于那时候做少先队方面课题的人还很少，很快，我的第一个课题竟顺利地申报了下来，但是什么是课题，怎么做课题？我真的有点丈二和尚摸不着头脑。后来，我们几个人向有经验的老师请教，老师说："把你在教学过程中从发现问题到解决问题的过程记录下来，这就是课题研究的一部分。"听了老师的话，我好像明白了一点点，于是我们就从最小的一个点入手——如何增强少先队员的光荣感。基于这一点，我们先去查阅了有关资料，了解了少先队员光荣感的概念和指标构建，对全体少先队员做了问卷调查，采访了部分老师对增强队员光荣感的做法。最后，我们定了初步方向：第一要加强队前教育；第二要深化仪式教育；第三要优化分层激励。我们把开展各项活动的资料都做了收集、分类和汇总，与此同时，每周都召开一次碰头会，看看各自活动开展的进展程度如何。随着活动的开展，我们惊喜地发现，队员们真的有了很大的改变。以前，我以为课题就是做资料，对教学并没有任何意义，可是当把这些活动扎扎实实地开展了以后，我们发现这样的研究真的对学生有帮助。这个少先队课题结束后，我们学校的少先队工作也取得了长足的发展，我被评为青白江区优秀少先队辅导员。两年以后，我被评为四川省优秀大队辅导员，同时参加区级和市级辅导员赛课都获得了一等奖。这些荣誉的取得离不开课题研究带来的帮助，所以非常感谢第一次课题给予我的成长和改变。

突 破

尝到第一次课题的甜头后，我更加信心满满，主动积极地申报了第二个课题——《农村背景下品格教育的研究》。著名理学家朱熹有云："知之愈明，则行之愈笃；行之愈笃，则知之益明。"这一次课题，我加强了各方面的学习，不但在区域内学习，凡是和品格教育有关的专题和会议，我都积极地参加，结识了很多在品格教育方面做得好的专家和学者，学习了他们的理论知识，也增强了我们自己的实践经验。我开始有意识地去发现实践中的问题，并带着问题寻找理论支撑和解决之道，及时做好总结、提炼。从一个点，到一条线，再到一个面；从一个问题，到两个问题，再到一类问题；从发现问题，到研究问题，再到解决问题，我越来越体会到过程积累的快感。慢慢地，这种积累已经形成一个系列，我的视角也开始由"问题"积累转向"课题"研究，而"课题"研究进一步促进问题解决和效益提升，也让我们学校的品格教育在区域内有了很大的影响，教育局带队来参观我们的品格墙，我们制作的品格树和品格小精灵让同行们称赞不已，我生平第一次在全区德育工作会上做总结交流。也是因此，我才有去教育局挂职锻炼的机会。

蝶 变

2022年，我结束了两年七个月的挂职生涯，被任命到实验小学北区分校担任副校长一职。从一名音乐老师到学校的副校长，我似乎完成了生命中的蝶变，但是我清晰地认识到，这个职位意味着更多的责任和担当。一个新的学校，一群年轻的老师，没有科研课题做支撑，如何促进他们快速成长，如何让教学质量提高？基于学校"实验创新，通达未来"的办学理念，"务实务本，创新创先"的校风和"通往未来世界的中国人"的培养目标，我们围绕着"实"和"创"，提炼出了学校的办学品牌——"实·创"教育。现在，围绕"实·创"教育，学校已在实践中创新性地生成了"创·生"课程、"创·心"课堂、"创·力"教研、"创·行"德育等工作体系。2023年，我被任命为实验小学北区分校的执行校长，专职副书记。角色的转变意味着肩上的责任更重，面向未来的教育，我们应该主动识变、求变、应变,最后完成蝶变。

新　生

在管理干部与骨干教师的数十次深入交流探讨中,在学校历史文化的内涵和教师的精神内核以及学校教育价值追求的挖掘中,务实务本、实事求是、唯实唯真,成为学校老师们心中的立校之本;与时俱进、批判创新成为学校发展的永恒动力。"实"与"创"两个字在老师们的共情话语中不约而同地反复汇聚,由此学校"实·创"教育的价值体系逐渐变得清晰可辨。"实·创"教育成为我们"脚踏实地"的依托,它是对过去成功经验的守正与继承,它让我们在教育的改革进程中把握方向;"实·创"教育是对"通达未来"的憧憬,它成为解放我们教师思想枷锁的钥匙,让老师们能够穿过那既定的城垣壁垒,仰望到未来的美丽星空。在"实·创"教育办学思想引领下,学校教育教学改革破字当先,立在其中。名师引领、项目带动、课题引领、机制创新让学校的教育教学焕发出新的活力。

现在,在"实·创"教育的引领下,我校形成了崇尚科学精神,让教育研究成为一种习惯的良好风气,老师们潜心钻研业务,勇于探索创新,不断提高专业素养和教育教学水平。人人会做课题,人人能做课题,有自己的教学思考和教育理解。在这个过程中,我逐渐认识到,课题研究对教师的成长、学校的发展、课堂的深入都有着至关重要的作用。如今,我已在研究的道路上"蝶变",未来,我也会带领全体教师一起"蝶变",为教育事业添砖加瓦。

挖掘资源　创生课程　以美育人

——中小学美术教学中本土资源挖掘与实践研究

成都市青白江区教育研究培训中心　黄小明

为进一步探索青白江区美术教育特色发展，增强美术教师课程开发与实践能力，提升课堂教学质量，促进学生全面发展，结合我区美术教育教学实际，组织美术骨干教师探索本土资源课程的开发与应用。拓展美术教学资源，丰富教学内容，传承优秀文化，培养学生热爱家乡的情感，立德树人、以美育人。

一、案例背景

（一）呈现问题

1. 开展调查研究，发现问题

为进一步了解青白江区美术教育教学现状，深入了解美术课程资源开发与教学实情，积极发动学校、家庭、社会等主体力量深入开展调查。通过调查，问题逐一呈现。学生对教学内容不满意，对本土文化、乡土乡情、区域发展、民间美术等内容不熟悉，学生缺乏创作意识，缺乏传承意识，缺乏对家乡的热爱情感，学生期望在美术课中学习和了解本土资源。同时发现本土资源非常丰富，但不是所有的资源都可以进入我们中小学美术课堂，这无疑出现了新的问题。

2. 传承与保护本土文化及民间美术需要

本土资源的开发有利于丰富美术教学内容，提高美术教学的效益，突出地方美术教育的特色，也说明了文化传承与保护的重要性。然而，我们面对的现实的情况却是，目前部分学校寻求特色发展，或多或少地开始尝试挖掘本土资源开展美术教学实践，但大多停留在特色发展层面以及成果展示方面，本土资源在美术教学中的作用和美育意义的研究和关注不够。

3. 解决实际问题的需要

课程资源开发是当代教师必备的能力和素养。目前我区教师整体专业素养不高，课程开发能力不够，教学研究与实践能力有待提升。围绕新课程标准运用本土资源开展美术教育教学，可以改变学校无特色的现状，促进学校特色发展。让学生关注家乡文化和发展，能激发学生学习的兴趣，丰富学生艺术实践，陶冶学生艺术情操，培养热爱家乡的情感和解决问题的综合能力，完善人格，树立正确的价值观，真正促进学生健康全面发展。

（二）政策依据

2020年10月15日，中共中央办公厅、国务院办公厅印发《关于全面加强和改进新时代学校美育工作的意见》，鼓励特色发展，形成"一校一品、一校多品"的学校美育发展新局面。全面深化学校美育综合改革，坚持德智体美劳五育并举，加强各学科有机融合，整合美育资源，补齐发展短板，强化实践体验，完善评价机制，全员全过程全方位育人，形成充满活力、多方协作、开放高效的学校美育新格局。

义务教育《艺术课程标准》指出，为了更有效地开展综合性和探究性教学，提高学习效益，必须秉持开放的课程资源观。在保证国家课程资源切实落地的同时，地方教育行政部门、教研部门和学校应提供支持和便利，帮助教师开发和利用各种公共文化资源。鼓励学校与美术馆、博物馆、音乐厅、歌剧院、影院、青少年宫、社区和新时代文明实践中心，以及当地社区艺术家工作室和民间艺术作坊携手，开展多种形式的艺术教育教学活动，引导学生增进对中华文化的理解与认同，树立文化自信。

（三）文献查新

学术界关于本土美术资源在教学中的研究较多，但大多较散，不系统，没有形成完整的教学体系和区域课程，没有提出相应的美育及美育提升概念和策略。大概可以分为以下四类。

1. 论文类：通过输入"本土美术资源研究"主要搜索到大学毕业生论文，如山西师范大学《浅谈中小学美术教育中本土资源的开发与研究》、广西师范大学《本土美术课程资源在初中美术教学中的运用研究》，还有新疆师范大学硕士论文《泰安本土美术资源应用于高中美术教学研究》等其作者均为在校学生，研究没有实践理论支撑。

2. 校本研究：如武夷山市星村初级中学围绕解决农村初中课程资源缺乏的状况，促进学校特色的形成，进行《开发武夷山本土美术资源 充实并创新美术课堂》的校本研究。

3. 课外活动研究：浙江省舟山市沈家门第四小学《利用本土资源进行主题性美术课外活动研究》，该研究仅对主题性课外活动进行了初步探索。

4. 乐山市级课题《本土美术课程资源的开发与实践研究》。该课题也是围绕资源开发和实践，没有对美术教学中的育人功能深入研究，没有将美术教学上升到"美育"的高度。

总之，关于本土美术资源在中小学美术教育中的开发的研究较多，但多是停留在理论和概念层面，虽然有调查研究，也提出了一些问题、建议和改进措施，但很少与教学实践相结合，多是为了校本特色发展，为了教学而教学，为了作品而辅导创作，更多的是关注美术的"术"，基本没有涉及美术教学的"育人功能"领域。可见，现阶段有关本土资源在中小学美术教学中的"育人功能"的研究屈指可数，没有形成完整美育提升策略。本课题的研究旨在填补学术界的这一领域，从而将本土文化与本土美术的传承与保护落到实处，提升美术教育的育人功能，真正达成美育目的。

二、案例描述

通过前期的调查与实践，一致认为研究与实践意义重大，于是选择本区具有代表性的7所中小学校，分别为城区中小学、农村中小学、九年制学校成立课题组，成功立项成都市教育科研规划课题开展实践研究。确定了七个子课题，扎实推进课题研究，保证研究落到实处。聘请省、市、区美术教研员，高等院校的专家教授和本土优秀美术教育专家作为课题研究顾问，充分发挥专家组的把关作用、指导作用和辅导作用。

课题组明确研究的目标和价值，整体按照"现状调查—资源整合—美育实践—总结提炼—宣传推广"的思路开展研究。结合学校教学实际，对本土资源走访调查、参观学习，进行分析、论证。依据课程标准，在实践中学习本土民间美术，传承优秀历史文化，巧取城市、乡土生活，巧借地域自然景观，巧挖民风民俗，巧用社会资源，巧引名人伟绩，深挖校园文化资源等资源。积极挖掘提炼具有审美性、育人性、可操作性资源，围绕蓉欧文化、客家文化、城厢古镇文化、川化工业文化等创生课程投入研究与教学实践。在实践中反思，在反思中总结，在总结中前行。从多种因素中寻求整合开发有效途径和内容，提出相应的有效策略，并取得一定的成果和效益。

（一）案例成果

1. 认识性成果

通过本土资源开发与应用实践，我们认识到其不仅能丰富美术课程内容，激发学生学习兴趣，激活美术课堂。还有利于美育的多领域、多层次、全方位的发展，有利于繁荣校园文化，提高美术教学的质量，形成美术教育特色。同时也有利于教师的专业发展和素养提高，优秀文化的传承与推广，发挥美术的德育功能，促进美术教学中的美育实施，提升美术教学的"美育"功能。

2. 实践成果

课题组加强学习和总结，强化理论研究与实践相结合，积极开发本土资源投入教学实践，并主动参加省、市美术赛课，均获省、市一等奖。不断升华理念，总结提炼成果，编辑本土资源校本课程7册，汇编本土资源优秀案例集1本，编辑本土资源师生作品集7册；成立本土资源优秀艺术社团，2个艺术团被授予成都市优秀艺术社团；建立了7个本土资源美育工作坊，并在成都市美育健康大会上进行展出；撰写优秀成果论文，汇编优秀论文集1册；发表研究文章6篇，课题研究获得全国、省、市、区各类奖项，成果突出，汇编形成课题师生荣誉集1册。

3. 操作性成果

课题组基于本土资源教学实践，全面落实美术学科核心素养，深入研究探寻一条本土资源开发与实践的途径，总结形成本土资源在中小学美术教学中的提升美育的方法与本土资源美育模式和策略。编辑并出版《本土资源在中小学美术教学中开发与应用策略》专著，并于2021年6月在四川教育电子音像出版社出版。在2022年四川省第十二届优秀教育科研成果评选中获得二等奖。

（二）研究效益

开展本土资源美育实践，让学生了解和认识本土文化，激发其对民间美术的保护意识，自觉成为我国优秀本土文化的传播者和继承人。培养学生的民族认同感和自豪感，认识民族文化，树立民族自信，培养学生热爱祖国、热爱家乡的德育情操。激发了学生学习的兴趣，将学生的生活经验与审美学习结合起来，陶冶学生艺术情操，提高学生审美能力，促进学生的全面发展，提高教学质量和效益。

实施本土资源美育实践有助于教师进一步深入践行新课标理念，形成独特的美术教学风格和个性化的教学取向，提升教师研究素养和实践能力，促进教师向研究型、实践型教师转变。学校吸收和借鉴优秀的本土文化艺术资源，创造出既具有地方特色又符合美术课程发展要求的特色课程资源，提高了学校的美术教学质量。形成"一校一品、一校多品"美术教育特色，课题组6所学校成功创建省、市艺术特色学校。社会评价和认可度高，促进区域内美术教育的繁荣发展。

三、案例反思

课题虽然成功结题并取得一定的成绩，但之前的研究更多地注重资源的开发和教学实践，更多关注的是学校特色项目的发展，没有过多地落实特色课程建设。教学实践中注重美术的"术"，而没有把重点放在"育人"的思考上。对教师落实新课标理念，践行新课堂关注不够。

研究永不停息，接下来课题组将进一步深入理解新课标的内涵和国家美育方针政策，不断反思总结。加强对社会主义先进文化、革命文化、中华优秀传统文化特色课程资源的融合开发与实践，关注本土资源教学实践中的育人功能，促进学生全面发展。立德树人、以美育人，我们一直在路上。

第四章
Chapter 4

以主张彰显特色

>>>

　　白驹过隙，在"学思行"中的锤炼悄然临近尾声。回眸三年的修炼历程，倍感充实，丰富了知识，提高了技能，还收获了友谊。我们深刻理解"教贵在无痕，润贵在无声""有教无类，因材施教"的真谛，不断更新教育思想与教学理念，不断革新自己的教学策略与方法，用实际行动的成效验证自我的专业成长。

　　学而不思则罔，思而不学则殆。向书本学、向专家学、向名师学，学无止境；冥思苦想、见贤思齐、自我反思，集思广益。知识的内化浸润我们的心脾，成果的转化带给我们新的力量。在三尺讲台上，我们更加从容不迫、得心应手，形成清新、自然且"乐趣""兴趣""志趣"激荡的教学风格和高效率、低负担的课堂教学特色。在积淀中升华，凝练出既符合"双新"要求又聚焦"核心素养"养成的、既满足学生需求又具备自身特点的教学主张。

　　日日行，不怕千万里；常常做，不怕千万事。躬耕杏坛年复一年，诲人不倦日复一日。践行自己的教学主张，以家国情怀与学生共享生命成长，以慈爱之心与学生共筑学习园地。走进学生，激发其健康成长的内驱力，帮助其获得生命成长的自信力与创造力，感受生命的喜悦。春风化雨、润物无声，课堂上既注重知识的传习，也注重素养的生成，还注重个性的差异。循道而行，功成事遂，教学特色在教学行为的优化中越来越清晰。

　　变则通，通则达。结构化教学思想如一汪清泉流淌，带来课堂教学方式的深刻变革，我们且学、且思、且行。积累的案例有深度学习的尝试、学练合一的实践、"四有课堂"的提质增效、情景教学提升学习品质、寓健于技的体育教学、"和悦"课程校本特色教学模式、《论语》选读教学模式、STEAM理念下项目式学习教学模式……见浅意薄，聊以自慰，供同人评鉴、赐教。

第 一 节

-------------------- >>>

教学主张形成

初中语文的深度教学

成都市大弯中学初中学校 刘 鹤

一、引言

语文课程改革轰轰烈烈地开展了几十年，说实话，收效甚微。我们经历了"双基目标""三维目标""高效生动课堂""核心素养""群文阅读""整本书阅读"等诸多名词阶段，但是语文终归还是语文，它是人文性与工具性的统一，不管如何称呼，它始终都将最大限度地影响一个人一生的基本文学素养和文字功底，所以，探索语文教学的"有效性"才是回归本源的根本。

"双减"政策落地后，要求大幅度减轻中小学生的课业负担，四川省教育厅也下达文件，要求进一步降低中小学生考试难度，看起来教师似乎迎来了人生的春天，但实则对教师团队提出了更加严苛的要求，那就是：如何利用现有课堂教学时间，完成对于学生的学科素养及综合能力的培养。

在这样的大背景下，"提质增效"成为教育界的一个热词，"深度学习"也顺理成章地成为教师达成教学目标、完成教学任务的终极目标。教师"深度教学"是学生"深度学习"的前提和基础。

二、对几个关键词的阐释

(一) 深度学习：学生角度

从理论上说，深度学习是基于建构主义理论的一种学习方式，是在理解学习的基础上，学习主体能够批判性地学习新知识、新理论，学习的感受、感知与感悟有机地融入自己原有的认知结构中，进而提升学习层次，强化学习能力，去适应新情境、探究新问题、生成新能力的综合学习。它是有效学习、高效学习的必然要求。

(二) 深度教学：教师角度

语文的"深度学习"要求教师将文本深层的人文内涵挖掘出来，旨在关注学生对语文文字的深层次感悟。华中师大郭元祥教授做了这样的阐释——深度教学的本质与价值在于深度教学是追求发展性的教学；深度教学是指完整地达成知识的发展价值的教学；深度教学注重知识的转化，强调学科能力、学科思维的培养；深度教学反对教学的形式主义、知识的授受主义、教学的功利主义。

总之，深度教学是构建优质高效课堂的方法。

三、当前初中语文阅读教学现状

（一）阅读教学模式过于单一

初中阶段的学生正在面临人生中的第一个转折点，在中考形势压力下，教师将大部分精力主要集中在如何提高学生成绩上，引导学生顺利应对中考，导致大部分教师所采用的初中语文阅读教学模式过于单一。

大部分语文阅读课堂教学缺乏创新，在教学活动中，教师主要是以自身为课堂主导，通过大篇幅说教教学来尽可能多地为学生传递知识信息，进而导致学生在参与学习过程中自我思考、自我发挥空间不足，不仅影响学生在阅读教学活动中的参与热情，同时学生长时间在被动的环境下开展学习，将会造成学生对语文阅读教学活动产生一定的疲倦感，不利于学生自身阅读思维能力水平的发展。

（二）学生阅读兴趣较为薄弱

兴趣是开展一切自主活动的核心要素，学生自身的学习兴趣更是支撑学生主动参与学习、开展知识探索的首要前提。然而从大部分初中阶段语文阅读教学开展现状来看，大部分学生对文本阅读的兴趣较为薄弱。而导致学生缺乏阅读兴趣的因素相对较多。

首先，初中阶段的学生本身学习科目较多，面对繁重的学习压力，学生自身的精力较为有限，学生很难抽出更多的精力用于文本阅读。其次，初中阶段学生自身的深度阅读能力较为有限，学生对文本内容的理解、感悟不够深入，导致学生很难真正地深入文本之中，感受文本阅读带来的乐趣，进而造成学生主动开展文本阅读的主观热情较为薄弱，同时不利于对学生学习兴趣的培养。

另外，部分初中语文教师在阅读教学活动中，缺乏对学生良好阅读习惯的培养，学生的阅读热情并未得到全面的激发。因此，想要切实实现语文深度阅读教学有效开展，加强对学生自身阅读兴趣的开发与培养起着至关重要的作用。

（三）阅读教学内容过于局限

大部分语文阅读教学主要局限于教材文本，阅读教学内容过于局限，而导致这一现状的主要因素在于初中阶段的学生经过小学阶段的阅读积累，自身的课外阅读储备参差不齐，教师在推荐课外阅读材料时，缺乏对学生自身阅读积累情况的全面了解，为学生推荐的课外阅读素材缺乏一定的精准度，在一定程度上影响了课外阅读拓展效果。与此同时，部分教师虽然能够根据课文文本为学生推荐相应的课外阅读材料，但主要是以学生自主阅读为主，对学生的课外阅读效果缺乏有效跟进，导致学生的自主课外阅读活动开展并不理想，学生在课外阅读中也很难有所收获。

四、初中语文开展深度阅读教学的有效策略

（一）创新阅读教学模式，强化学生文本感知能力

在以往的语文阅读教学中，教材成为大部分教师开展教学活动的核心依据，而导致这一现象的主要因素在于书本即是绝对真理的思维模式在大部分教师与学生心里的根深蒂固。然而学生进行知识学习的过程，本身属于学生全面提升自身的认知能力与思维能力的过程，教师在教学活动中，应当转变以往照本宣科的固定教学模式，充分利用现代化教育教学手段与教学方法对文本阅读教学模式进行全面的创新，将文本内容转化为声音、图像等多种形式呈现出来，引导学生能够从多个感官角度深化对文本内涵的感知。这样不仅更有利于学生对文本内容的深度理解，同时能够有效调动学生思维活跃度，能够真正从作者的角度出发，重新审视文本人物、故事情节，让学生能够在文本阅读的过程中，受到文本深层意义的影响与启发，对自身思维发展、思想观念、理想信念的形成带来正确的指引，以此来实现学生对文本内容的深入阅读。

（二）丰富文本阅读活动，强化学生阅读兴趣

初中阶段的学生正处于自我意识形成的关键时期，教师在教学活动中，想要切实实现对学生阅读兴趣的培养，首先应当注重学生在文本阅读教学中的核心作用，从学生的角度出发，结合文本阅读教学内容，为学生创设丰富的课堂阅读教学活动，让学生在参与活动的过程中，不仅能够实现对文本内容的深入阅读，同时能够有效激发对文本阅读的主观热情，为主观阅读兴趣的形成奠定基础。其次，教师在语文深度阅读教学中，应当注重对学生的启发引导，将传统填鸭式教学转化为引导学生一同探索文本深层次内涵，利用学生对未知事物的猎奇心理，全面调动学生主动参与阅读学习活动的主观能动性，并能够在不断探索知识的过程中，实现自身阅读思维、逻辑思维、感知能力的全面提升。

（三）拓展阅读教学内容，强化学生综合阅读能力

在初中语文教材中的中外文学作品资源相对较为有限，而教师开展语文深度阅读教学的核心目标主要是能够以教材内容为例，不断强化学生的文学作品阅读能力，多方位培养学生的文学素养。因此，教师在语文深度阅读教学活动中，应当注重对阅读教学内容的拓展，结合教材文本内容，为学生深入挖掘具有一定共同智慧的课外文学作品，并为学生制订相应的课外阅读计划，让学生能够有规划地开展课外阅读活动。这样不仅更有利于对学生良好阅读习惯的培养，同时能够

有效帮助学生巩固课堂活动中所掌握的阅读技巧，为学生自身综合阅读能力的发展起到积极的推进作用。例如，教师应当注重课堂延伸阅读，并根据教材文本内容与课程进度，每天为学生推送相应的课外延伸阅读素材。

五、深度学习视野下的教学设计例谈

课例一：《背影》教学设计

朱自清先生的名篇《背影》历来是语文老师执教公开课的最爱，各路名家执教该篇的著名课例也是不胜枚举。要上出不一样的感觉来，更是为了实现学生在学习本课时独特的感受，就要突破、求新、求变。于是，笔者尝试用群文阅读的方式来进行教学设计。

第一步是组文。经过仔细筛选，最终确定了《背影》、汪曾祺的《多年父子成兄弟》、美国作家邦贝克的《父亲的爱》三篇文章形成群文。

第二步是设计学生活动。三篇文章有一个共同的主题——父亲的爱，但相同之中更多的是不同，父亲表达父爱的方式截然不同。学生通过阅读，找出三位父亲的不同之处，并结合文章品读出三位作者不同的语言风格。所以，笔者设计了：(1) 品读——挑出最能表达父爱的事例和句子进行品读；(2) 聚焦——找出你认为最能凝聚父爱的"物象"（实与虚）；(3) 比较——三位父亲不同的表达父爱的方式；(4) 拓展——写一个自己父亲表达父爱的片段并展示。

第三步是重难点预设。对于学生可能出现的问题进行评估，如聚焦的环节，学生对凝聚父爱的物象的寻找可能会有困难，就降低要求，只要言之有理即可，只是在同学的发言中，选择最好的加以明确；另外，对于学生可能不会的地方，如比较的环节，要准备备选问题，将困难分解，便于学生由浅入深地完成学习。

第四步是反复斟酌和打磨。精心设计，细致推敲，反复打磨，才能成就一堂好课。

课例二：《猫》的教学设计

作为七年级下册的一篇教学篇目，《猫》应该饱受争议。

《猫》之混不可测，首先表现在文体上的"混淆"。有人喜欢从虚构与否来判断一篇叙事文章属于散文还是小说，但这毕竟是皮相的。仅仅从语文教育的角度来观照，小说之为小说，叙事上的特征是非常鲜明的，而散文的"形散神不散"更重在意而不是叙事形式的纪律性，这一点也是鲜明的。一些小说事实上很不成功地写成了"散文"，是因为叙事学上的不成熟；一些散文则弄巧成拙地写成了"小说"，则是源于作者的匠心和匠气，结果虚构得不真切，精巧得不真诚。散文为什么要强调真实性，其实最终不是叙事虚构与否，而是是否因为暴露了虚构，影响到了文章的真诚。

《猫》是散文写成了小说，还是小说写成了散文，这个要问作者本人，但也并不重要——重要的是看清这个事实：这是一篇虚构明显，但又高度符合叙事特征的叙事性作品。

《猫》之混不可测，其次表现在主题与主旨上的复杂。弱势群体说，反省与冤屈说，宠物问题说……不一而足。

那么，我们教《猫》，教什么呢？我觉得不如带领学生探究。比如文中的"我的家人"对待猫的态度已经很熟络了，不如换个崭新的角度，我们尝试从"张妈"的角度来看看；梳理三只猫的形态、动作、结局命运已经很陈旧了，我们运用对比的方法来试试。

于是，教学设计就成了这样。

《猫》教学设计：

第一步： 通过对比，发现细节

问题：对比有以下几处，请选择一处做探究，并做好发言的准备。

A. 我和我的家人对于前两只猫的态度与第三只猫形成了鲜明的对比。

B. 张妈对前两只猫的态度与第三只猫也形成了鲜明的对比。

C. 猫的问题：第三只猫与前两只猫对比，它到底出了什么问题？

丑陋、肥胖、懒惰、不招人喜欢。

猫应该怎么活着？（猫的懒）

D. 人的问题：我和家人与张妈对比，说说你的发现。

——是主？

——是仆？

生活的优越

生活的艰辛

第二步：探究本文的主题思想

（引入资料）哲思？→人性的思考

爱活泼可爱的猫→爱忧郁难看的猫（众生平等）

爱猫→"爱人"（给予人以应有的尊重）

用黄厚江老师的话来说，就是语文老师要做的事情就是带领学生在文本中去杀它个三进三出。通过反复对比，探究发现这篇文章的主题所在。

六、结束语

语文教学，不同于其他科学学科，它具有独特的"个性"和特征。王荣生教授指出，在目前的情况下，对语文教学来说，"教什么远比怎么教更重要，语文课'教什么'永远是第一位的，它是语文教学的核心和本质，也决定着语文课程的价值取向"。作为语文老师的我们,在课程改革的今天,要参与到这场改革洪流之中,除了强大自己之外,别无他路,所以,加强自身的转变,达成深度教学,实现学生的深度学习,才能应对当下"双减"政策给教师队伍带来的冲击。

良好习惯　成就语文

成都市青白江区姚渡学校　庄万洪

一、教育理念

工作20余年，在不断的反思和实践过程中，一个教学主张在我的脑海中越来越清晰，那就是培养学生良好的学习习惯对提升学生的语文核心素养至关重要。

良好习惯是提升学生语文核心素养不可或缺的基石。教育家叶圣陶指出："什么是教育？简单一句话，就是要培养良好的习惯。"鲁迅先生"随便翻翻"的读书习惯，华罗庚教授的自学习惯等，都成为他们走上成功道路的基石。从小埋下良好习惯的种子，将使我们终身受益。

语文教学应当以课堂教学为轴心，全方位与学生的学习、生活有机结合起来，并把教语文同教做人有机结合，把传授语文知识同发展语文能力有机结合。在语文教学中，以培养学生听、说、读、写、思五方面的良好习惯为抓手，从而培养学生良好的语文能力，全面提升学生的语文核心素养，为他们学好其他课程打下基础。

二、教育目标

学生良好语文学习习惯的培养，我认为最终要落实到听、说、读、写、思五方面。只有把培养学生良好的听、说、读、写、思学习习惯作为目标，才能真正培养出学生的语言运用能力和思维能力，从而切实提高学生的语文核心素养。

《义务教育语文课程标准（2022年版）》中提出：听和说的能力是学生交流与表达的基础，读和写是学生阅读与鉴赏的基础，思维能力是学生探究与分析的基础。通过语文课堂，培养学生良好的学习习惯，使学生能正确运用祖国的语言文字，感受语言文字及作品的价值，认识中华文化的博大精深。学会多种阅读方法，具有独立阅读的能力，学会倾听和表达，能更好地与人沟通交流，准确具体地表达自己的见闻和想法。乐于探索，勤于思考，具有初步的分析与概括能力。

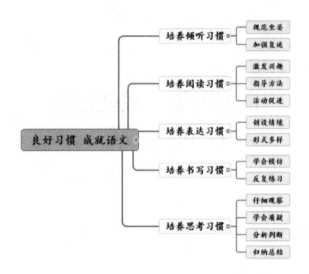

三、教学方法

（一）规范言行：培养良好倾听习惯的金钥匙

"听"，听懂别人说话是一种能力；"听"在人们的工作和生活中是须臾也离不开的。教育心理学工作者观察一般语言活动的使用频率，得到的结果是：听占45%，说占30%，读占16%，写占9%。可见人们习得知识的主要途径靠"听"。

为了培养学生良好的倾听习惯，应加强倾听方面的训练。就小学生而言，我主要从坐姿、眼神、动作等方面进行训练，然后通过复述别人的话来检测学生的倾听效果。

（二）激发兴趣：培养良好阅读习惯的指南针

"读"是语文教学最重要的环节，在要求学生读得正确、流利、有感情的基础上，还要读出文章的情、理、意来。

叶圣陶先生认为，在语文阅读教学中，教师要千方百计地把学生的阅读兴趣调动起来。学生在课前的预习阶段练习自己读书，在课内的讨论阶段又得到了切磋琢磨的实益，他们才能尝到阅读书籍的甜头。而我除了课堂上让学生多读外，还鼓励学生多进行课外阅读。

例如，在进行五年级语文课外阅读指导时，我结合书上的"快乐读书吧"，推荐同学们进行名著阅读，并通过一系列活动来激发学生的阅读兴趣，如用阅读存折来记录同学们阅读的进度，用人物名片、人物关系思维导图等来检验学生对名著人物的了解程度，用故事分享会、快问快答等方式来考查学生对故事情节的掌握情况。通过活动的推动，大大提高了学生阅读的兴趣，从而培养了学生良好的阅读习惯。

（三）创设情境：培养良好表达习惯的方向盘

"说"对每一个人来说是最重要的基本功。人与人交流，最主要的就在于表达。在学校里，教师要对学生进行说话的严格训练，否则的话，"他们出了学校不善说话，甚至终身不善说话"。

在教学中，我对学生进行说话训练，课内主要采用诵读、复述、发言、讨论等形式；还结合作文教学来训练学生的说话能力，如先说后写、写后评说和口头作文等。通过课文中的口语交际，反复进行说话训练，如慰问、接待、致辞、演讲等。通过教师的指导，学生不但提高了说话能力，而且在交际能力、思维逻辑等方面也都得到了锻炼和提高。

比如，我在二年级语文教学中教学《坐井观天》一课时，创设了这样的情境：夏天发大水，水把井灌满了，青蛙被冲出了井口，当它再次碰到小鸟的时候，会发生什么样的对话呢？在教学《我是什么》一课时，学完这课之后，我创设了情境：同学们，你对文中的水是怎样评价的？大家可以相互辩论。通过情境的创设，让学生在对话、劝告、辩论等活动中畅所欲言，提高了他们的表达能力，培养了良好的表达习惯。

（四）多仿多练：培养良好书写习惯的撒手锏

中小学生能否规范写字，与教师的关系甚为密切，我认为教师的板书和评语至少应该做到端正清楚，笔顺正确。教学中，我通过教师和学生的共同努力，加强训练，逐渐形成字端正清楚，先对后快，既对又快的良好习惯。

而写作也是一门技能，需要经过长期不断的实践。叶圣陶曾有过这样的设想：能不能从小学高年级起，就使学生养成写日记的习惯呢？或者不写日记，能不能养成写笔记的习惯呢？凡是干的、玩的、想的，觉得有意思就记。一句两句也可以，几百个字也可以，不勉强拉长，也不硬要缩短。我在语文教学中，平时就让学生认真地多写多练，养成随时作文的良好习惯，他们的写作水平都提高得相当快。

（五）观察质疑：培养良好思考习惯的急先锋

"思"是指学生在语文学习过程中的联想想象、分析比较、归纳判断等能力。在学习过程中，培养学生良好的思考习惯，对于探索未知，培养好奇心和求知欲有着至关重要的作用。

在教学中，我们首先要培养学生仔细观察的习惯，观察入微，处处留心是善于思考的第一步；其次，我们要培养学生全面思考的习惯，特别是在教学生审题和概括文章主要内容的时候，都要注重思维能力的整体性和全面性；再次，我们还要通过课堂，去培养学生提问和质疑的能力，敢于质疑就等于跨出了探索创新的第一步，这对学生的批判性思维的形成非常重要；最后，还要培养学生举一反三、触类旁通的能力，这可以训练思维的敏捷性和灵活性，我们经常说孩子聪明，往往就体现在这个方面。

我们要以培养学生良好习惯为切入点来着力提升学生的语文核心素养，让每个孩子都言之有物、行止有范、心中有光，力争用爱心温暖童心，用智慧启迪智慧，以人格塑造人格……让好习惯成就大语文！

学练合一

——感悟数学、理解数学、用好数学

成都市大弯中学初中学校 王怡静

数学源于对现实世界的抽象，通过对数量和数量关系、图形和图形关系的抽象，得到数学的研究对象及其关系，在初中数学师生教与学的课内外实践中，基于抽象结构，通过对研究对象的符号运算、形式推理、模型构建等，形成数学的结论和方法，帮助学生认识、理解和表达现实世界的本质、关系和规律。通过追踪数学知识背后的历史、数学故事，学习掌握数学知识本身，了解在科技创新的现代社会数学知识的应用，体会数学来源于生活并服务于生活的本质。

一、教学主张内涵和意蕴的解释与说明

2022年义务教育数学新课程标准中指出，数学课程要培养的学生核心素养主要包括三个方面：（1）会用数学的眼光观察世界；（2）会用数学的思维思考现实世界；（3）会用数学的语言表达现实世界。

感悟数学、理解数学、用好数学三者相辅相成。首先，课前通过数学史、数学故事、真实情景、科学情境等引入，让学生对现实世界中基本数量关系与空间形式进行观察；其次，课中数学概念、定理等知识学习的过程，通过多种形式的教学活动，逐步让学生用数学思维揭示客观事物的本质属性，建立数学对象之间、数学与现实世界之间的逻辑联系；最后，设计课后综合实践活动或者生产生活事例等活动，再次体会数学知识的应用。

二、教学主张在数学学科教育教学实践中的落实

教师和学生在教与学过程中，通过"课前情境引入—课中知识重现—课后知识应用"三个主要环节，经历用数学语言表达现实世界的简单数量关系与空间形式的过程，逐步养成学生从数学角度观察现实世界的意识与习惯，养成讲道理、有条理的思维品质，养成用数学语言表达与交流的习惯，发展好奇心、想象力、创新意识，形成理性精神和跨学科的应用意识与实践能力。

(一) 课前情境引入，发展数学学习好奇心、想象力

如《函数的概念》的教学，课前布置预习任务，让学生观察公交车 (或自行车) 从家到学校行驶的过程中路程、速度与时间的关系，或者结合物理欧姆定律的学习 (跨学科)，在物理实验中观察电压、电流、电阻的关系，并用图表的方式记录下来。学生在探索简单实例中的数量关系和变化规律的体验活动中，了解变量、常量，了解函数的概念和表示法，通过列举实例感悟数学、理解数学，初步感悟用数学的语言表达现实世界，理解用函数表达变化关系的实际意义，逐步养成学生数学抽象、数学模型的核心素养。

再如《菱形的定义与性质》的教学中真实情境导入菱形定义。解读教材，教材出示生活中菱形的图片，为了更好地凸显菱形与平行四边形的关系，展现从平行四边形到菱形的几何直观，本课利用多媒体首先展示一组生活中的几何图片，让学生找到熟悉的平行四边形，然后以视频"百名跳伞运动员呈现菱形"的方式呈现出菱形，让学生对视频产生极大震撼的同时也对菱形的学习产生极大兴趣，从兴趣出发锁定学生的专注度，而生活中的菱形其实随处可见的，学生们各自说明身边出现的菱形后多媒体展示一组菱形的图片 (装饰画、伸缩门、中国结、风筝等)，然后从图片抽象出数学图形，进一步学习菱形的定义。在定义学习中，借助网络画板的动态演示功能展示从平行四边形到菱形的转变，突出定义的同时，体现菱形是特殊的平行四边形，展现几何直观。

(二) 课中知识重现，养成用数学语言表达与交流的习惯

如《平行四边形》大单元教学，教学流程：多边形的概念及多边形的顶点、边、角、外角与对角线——平行四边形、矩形、菱形、正方形、梯形的概念以及它们之间的关系——探索并证明平行四边形的性质定理、判定定理——两条平行线之间距离的概念，度量两平行线之间的距离——探索证明矩形、菱形的性质定理、判定定理——正方形既是矩形又是菱形，理解矩形、菱形、正方形之间的包含关系——探究并证明三角形的中位线定理。在教学过程中需要引导学生理解欧几里得平面几何的基本思想，感悟几何体系的基本框架：通过定义确定论证的对象，通过基本事实确定论证的起点，通过证明确定论证的逻辑，通过命题确定论证的结果。在"动手操作—观察发现—猜想—证明"教学框架中引导学生会用准确的语言描述研究对象的概念，会用数学的眼光观察现实世界，并在经历几何命题发现和证明的过程中感悟归纳推理过程和演绎推理过程的传递性，会用数学的思维思考现实世界，同时借助图形分析问题，形成解决问题的思路，发展数学模型，会用数学的言语表达现实世界。

(三) 课后知识应用，形成理性精神和跨学科的应用意识与实践能力

综合与实践是落实教学主张"用好数学"最重要的载体。教学过程中，首先，充分利用社会生活和科学技术的真实情境，结合方程与不等式、函数、图形的变

化、图形与坐标、抽样与数据分析等内容，经历现实情境数学化，探索数学关系、性质与规律的过程，感悟如何从数学的角度发现问题和提出问题，逐步形成"会用数学的眼光观察现实世界"的核心素养；其次，学生经历分工合作、试验调查、建立模型、计算反思、解决问题的过程，用数学的思维方法，运用数学与其他相关学科的知识，综合性、有逻辑地分析问题，提升思维能力，逐步形成"会用数学的思维思考现实世界"的核心素养；最后，学生经历用数学方法解决问题的过程，感悟科学研究的过程与方法，感受数学与其他学科融合中所彰显的功效，用数学的语言将现实问题转化成数学问题，逐步形成"会用数学的语言表达现实世界"的核心素养。

鉴于数学育人目标，初中数学教学过程中着重让学生渗透"数学来源于生活并服务于生活"，尤其是在知识的导入与应用环节，充分利用大量的现实世界活动经验和生活情境，激发学生学习数学的兴趣、了解数学学科的作用，让学生在具体生活情境中感悟数学、思考数学并用好数学。思维导图的绘制也是一个让学生体会、感悟、表达并应用数学的一个重要的学习方式，如完成《勾股定理》学习之后，学生以小组合作的形式，按照知识产生（勾股定理的数学史、数学故事）—知识重现（勾股定理及其应用）—知识应用（勾股定理在现实生产生活中的应用）的逻辑顺序进行整理，培养学生的逻辑思维能力。

生本课堂　激发兴趣

成都市青白江区清泉学校　曹桂萍

作为一名数学教师，我一直坚信，数学是一门充满魅力和挑战的学科，它不仅能够帮助我们解决实际问题，还能够培养我们的逻辑思维能力和创新能力。然而，在传统的数学教学中，往往忽略了学生的实际需求和兴趣，导致学生对数学产生厌烦和恐惧。在我的课堂教学中，我一直追求以学生为中心，以激发兴趣为手段，力争让数学变得更加生动、有趣和有意义，所以我把生本课堂、激发兴趣作为我的教学主张。具体来说，我所主张的生本课堂、激发兴趣包括以下实施路径。

一、注重学生的实际需求和兴趣

我始终坚信每个学生都有学好数学的潜力。然而，我发现许多学生对数学抱有恐惧和抵触心理，对数学缺乏兴趣和热情。这让我深感忧虑，因为数学是一门极具价值的学科，对于学生的未来发展具有重要意义。为了激发学生的学习兴趣，提高他们的学习积极性，我努力从学生的实际需求和兴趣出发，让数学课堂焕发出新的活力。

要让学生对数学产生兴趣和热情，首先必须了解学生的需求和兴趣。每个学生都是独一无二的个体，他们对数学的理解和感受也是不同的。因此，我尽可能地了解学生的兴趣点和需求点，根据学生的实际情况，选择适合的教学内容和方法。例如，如果我发现学生对几何感兴趣，我就会多讲一些几何方面的知识，让他们感受到数学的奥妙和魅力。

为了更好地满足学生的需求，我尝试采用多样化的教学方法。一方面，我运用现代教育技术手段，如多媒体、洋葱数学、网络画板等，使教学内容更加形象生动，增强学生的学习兴趣。洋葱数学可在学生课前预习时使用，生动的动画让抽象的数学形象化，从而提升了预习的效果。预习效果提升了，学生在课堂上就更加有底气参与到老师组织的课堂教学活动中来，从而激发学生学习数学的兴趣。另一方面，我鼓励学生参与课堂教学，通过小组合作学习中的展示环节，让他们在课堂上发表自己的见解和想法，培养他们的思维能力和创新能力。

二、注重学生的主动参与和自主学习

在传统的数学教学中，教师往往只是简单地讲解和演示，而忽略了学生的主动参与和自主学习。这种教学方式容易导致学生对数学知识的掌握不够深入，缺乏独立思考和解决问题的能力。因此，在我的教学过程中，我会尽可能地引导学生参与教学过程，让学生主动探究和发现数学知识，培养学生的自主学习能力和思维能力。

我在课堂上常常利用问题驱动的教学方法，激发学生的兴趣和思考。例如，讲解几何时，我会让学生自己动手画图，并通过观察图形得出结论。这种方式不仅能够让学生更加直观地理解几何概念，还能够培养他们的观察力和空间想象力。

我注重培养学生的自主学习能力和思维能力。在课堂上，我不仅会讲解数学知识，还会向学生介绍一些学习方法和思考问题的技巧。例如，在解决数学问题时，我会引导学生学会分析问题，找出问题的关键点，并通过逻辑推理和数学方法来解决问题。这种方式不仅能够帮助学生更好地掌握数学知识，还能够培养他们的思维能力和解决问题的能力。

三、注重发掘学生的多元智能

在传统的数学教学中，往往只注重了学生的逻辑思维能力的发展，而忽略了学生的其他智能的发展。然而，数学教学不仅仅是传授知识，更重要的是培养学生的思维能力和解决问题的能力。因此，在我的教学过程中，我会尽可能地发掘学生的多元智能，如语言智能、空间智能、运动智能等，让学生在数学学习中得到全面的发展。

对于语言智能较强的学生，我会在教学中注重他们的语言表达能力的培养，鼓励他们用语言来描述数学概念和解决问题的过程。例如，在讲解几何问题时，我会让学生尝试用语言描述图形，以及图形之间的关系。这样不仅可以加深他们对数学概念的理解，还可以提高他们的表达能力。同时，我会组织一些数学讨论课，让学生在课堂上进行讨论和分享，以此来提高他们的语言组织和表达能力。

对于空间智能较强的学生，我会在教学中注重他们的空间想象能力的培养。例如，在讲解几何问题时，我会让学生尝试自己画出图形，或者制作立体模型，以此来帮助他们理解几何概念。这样不仅可以让他们更加直观地理解数学概念，还可以激发他们的创造力。

对于运动智能较强的学生，我会在教学中注重他们的动手能力的培养。例如，在讲解一些涉及实际操作的数学问题时，我会让学生亲自动手进行操作，以此来理解数学概念。这样既可以加深他们对数学概念的理解，也可以提高他们的动手能力。

通过发掘学生的多元智能，我发现学生的学习效果有了很大的提升。他们不仅在学习中更加积极、主动，而且还能够在学习中充分发挥自己的优势，从而提高学习效率。同时，学生的综合素质也得到了提高，他们不仅具备了扎实的数学知识，还具备了良好的表达能力、创造力和动手能力。

我把生本课堂、激发兴趣作为我的教学主张。以学生为中心，强调关注学生的需求、改革教学方法、提供个性化教育支持从而激发兴趣，让学生愿意学数学、学好数学是我一直不变的追求。

活动体验　数感生成

成都市青白江区华严小学　陈秀娟

一、教学主张的提出

在我的教学实践中，时常发现学生犯这样的错误，闹出很多笑话，如教学北师大版小学数学五年级上册练习二第8题：

1. 一套童装用布2.2米，30米布最多可以做多少套童装？
2. 每个油桶能装油4.5千克，装10千克油至少需要几个这样的油桶？

第一题有的学生答可以做13.6套。第二题有的学生解答是需要2.22个。面对学生的结果哭笑不得，试问有谁见过0.6套衣服？又有谁拿得出0.22个油桶？类似的"笑话"还有很多，是学生没有生活经验和生活常识吗？当然不是！我认为是学生头脑中的"数"游离于生活经验之外，不能把课堂上的数与实际生活中的数联系起来，缺乏必须的数感。

为什么我的学生没有数感呢？究其原因，还是和我平时的教学有不小的关系。在以往的教学中，我认为数学教学就是让学生会正确地读数、写数，比较数的大小、会计算就可以了，为了让学生学会解题，我往往用不同的形式去练习，最终达到"条件反射"的程度，结果是学生会做题了，分数上去了，但一遇到和实际生活相关联的问题笑话就层出不穷。教学中我没有意识到要引导学生用课堂上学到的数去观察生活中的数及数量间的关系，这就造成了学生未能在数学学问与生活实际之间建立起自然的联系，不会从数的实际意义去分析、说明和解决问题，也就是学生是为了学数学而学数学，把学和用完全的分割开了。基于以上思索，我在自己的教学中提出：依托体验活动、促进数感生长，并开展了如何培养学生良好数感的探究。

二、概念的界定

数感，顾名思义，是指对数的感觉。那么，什么又是对数的感觉呢？我翻阅了权威资料，《义务教育数学课程标准（2022年版）》是这样描述的："数感主要是指关于数与数量、数量关系、运算结果估计等方面的感悟。"数感是一种主动地、自觉地理解数和运用数，是人的一种基本的数学素养，它是建立数的概念和有效地进行计算等数学活动的基础，是建立数学与现实生活问题联系的桥梁。在小学数学中，数与量却是两个既有联系又有区分的概念。例如，从数的角度讲，1小于60，从量的角度讲，1小时等于60分。前者是纯粹的"数感"，后者是实实在在的"量感"，对小学生而言，数感的形成离不开量感的支持，缺了量感，数感也就成了无源之水、无本之木，没有实际意义了。所以通过培养量感来协助学生建立数感，是我培养学生数感的主要教学策略。

三、培养学生数感的方法

（一）在前置学习的实践中初步感知，培养数感

生活中，学生喝的饮料、用的墨水、教室里的桶装水的外包装上都印刷有"升"和"毫升"这两个容积单位，但是绝大部分学生对它们是视而不见的，非常陌生，只知道大瓶和小瓶的区别。为了让学生真实地从生活中去感知这两个容积单位，初步建立相应的量感，我精心设计了课前学习单（见表1），指导学生有目的地搜寻"升"和"毫升"的生活素材。通过课前活动，学生的视野开阔了，发现爸爸汽车油箱的容积是用升来表示的；家里洗衣机、冰箱的容积、洗衣液是用升来表示的；妈妈的香水、妹妹奶瓶的容积是用毫升作单位……这些丰富的教学资源为学生量感的形成和发展提供了肥沃的土壤。这样学生就能从熟悉的生活情境中对这些具体数量有了感知和体验，从而初步培养数感。

表1 容积单位课前学习单

项目	内容
温故知新	1. 长度单位是米、分米、厘米，面积单位是平方米、平方分米、平方厘米，那么容积单位用什么来表示呢？
新课先知	2. 找一找：你在哪里看见过升和毫升，请你拍摄下来，和同学课上交流。 3. 说一说：和爸爸妈妈说一说，家里有哪些物品是用升和毫升作单位的。
心中有数	4. 通过预习，我知道了：常用的容积单位有（　　）和（　　），分别用字母表示为（　　）、（　　）。

（二）在课中的探究活动中深度感知，发展数感

学生可以通过操作自主感知，产生真实体验的量感，数学实验就是我们培养学生量感的"脚手架"，在数学实验中体验"量"，感受"量"，是培养量感的重要方法。为了让学生充分感知1升水的多少，课中我们设计了如下两个实验。

实验一：先用小水杯取水，估一估1升水有多少，再用量杯量一量估的结果和实际1升水的差距，最后量出1升水。

实验二：把量出的1升水再倒入棱长是1分米的正方体容器中，看看你有什么发现。

课中让学生真正地参与，深度地感知，不仅发展了量感，还积累了丰富的数学活动经验，这正是我们渴望学生养成的学习品质和数学素养。

（三）在课后实践中反思建构再感知，提升数感

在先前感知的基础上，课后我又进一步设计实践活动——自制1升的量器。让他们自己研究制作测量工具，并用这个工具测量自己每天喝水的杯子能装多少水，同时算一算自己每天的饮水量是否达到1000~1200毫升。这种方式对学生感知能力的培养有很大的帮助，进而提高量感能力，以便在量感的发展上提供长足的支撑。很多学生在制作过程中缺少容量是1升的量杯作参照，于是他们只能去搜寻身边小容量的容器。在一次次不厌其烦的、专注的测量中，学生不仅发展了量感，也深刻体会到同类量不同单位之间的倍比关系，体验到"量其实就是计量单位的不断累加"这一深层而隐含的意义，感悟到测量的本质。

总之，数感的培养是对数学核心素养的呼应，是数学走向生活的具体体现。数感的培养离不开量感，而量感的培养更需要在实践中不断练习，在实际操作的过程中，体会和感悟生活中的"量"，在认真观察与思考下积累经验，感知并形成量感，从而形成数感，真正感受到数学在生活中的价值。

"四有"课堂　提质增效

——我的"四有"课堂英语教学主张

成都市青白江区福洪中学　叶　丽

随着经济全球化、知识与互联网+信息时代的到来，传统育人理念面临严峻挑战，21世纪学生核心素养发展研究成为国际共识。为全面落实立德树人根本任务，进一步深化课程改革，教育部颁布了《义务教育课程方案和课程标准（2022年版）》（以下简称《课标2022》）。《课标2022》绘制了未来学校育人蓝图，提出为培养学生核心素养，倡导教师在英语教学中应以学生为主体，积极地践行学思结合、用创为本的英语学习活动观。秉着英语学习活动观，"四有"课堂教学主张旨在让学生在课堂上"有料说""有别说""有理说""有法说"，从而促进学生语言能力、文化意识、思维品质和学习能力等核心素养的培养。

一、"四有"课堂教学主张的内涵

"四有"课堂倡导英语课堂教学应以学生为主体，具体内涵体现在以下四个方面。

（一）有料说

"有料说"即教师应通过教学活动的设计让学生具备该课需要的语言能力。《课标（2022）》指出："语言能力指运用语言和非语言知识以及各种策略，参与特定情境下相关主题的语言活动时表现出来的语言理解和表达能力。"英语课程具有工具性特征，只有当学生具备了基础语言知识，才能表达思想，与人交流，从而发展语言运用等能力，在课堂上"活""动"起来，做到有话能说、有话可说、有话想说。学生通过与老师的互动、与同学的交流，积极参与课堂，从而提高自身语言能力。

（二）有别说

"有别说"即教师应通过教学活动的设计让学生通过理解与比较文化内涵及异同，形成正确价值观，从而建构文化意识。《课标（2022）》指出："英语课程应聚焦中外优秀文化，思考如何基于文化知识、文化比较和批判性思维，帮助学生汲取文化精华，涵养内在精神。"学生通过理解与比较文化内涵及异同，从而学会合理分析与推理、理解与评价文化背后的思想和内涵，认识与深刻理解中西文化异同，形成尊重与包容不同文化的态度。在汲取文化精髓，坚定自身文化自信的同时，形成跨文化沟通与交际的能力，吸收外来优秀文化与传播中华文化。

（三）有理说

"有理说"即教师应通过教学活动的设计逐步发展学生逻辑思维、辩证思维与创新思维，使思维具有敏捷性、灵活性、创造性、批判性和深刻性，从而提升学生思维品质。柏拉图说："思维是灵魂的自我谈话。"思维是能力与智力的核心。《课标（2022）》指出：思维品质是英语学习的关键能力，它的提升有助于学生学会发现问题、分析问题与解决问题，从而做出正确价值判断。学生在语言学习过程中，通过理解、分析、批判、比较、推断等活动将思维发展与语言学习相融合，从而实现识记、理解、运用等"低阶思维"向分析、综合、评价等"高阶思维"的转变。

（四）有法说

"有法说"即教师应通过教学活动的设计让学生积极运用并主动调试学习策略，拓展学习渠道、提升学习的效率意识和能力，从而掌握科学学习方法，提升自身学习能力。《课标（2022）》指出：学习能力是核心素养的关键要素。当今社会是全球化、人工智能化与终身学习的社会，良好学习习惯与能力是实现终身学习的前提。学生通过积极参与学习过程，提升学习方法，主动并合理使用现代信息技术与网络资源，逐渐养成主动探索、不断自我反思与更新，提升学习效率与效果，发展自主学习能力，学会终身学习。

二、"四有"课堂教学主张的理论依据

美国当代著名教育心理学家本杰明·布鲁姆在"教育目标分类法"中指出，在认知领域，认知的水平分为六个层级：记忆、理解、应用、分析、评价、创造。该理论为"四有"课堂提供了心理学与理论依据（见图1）。

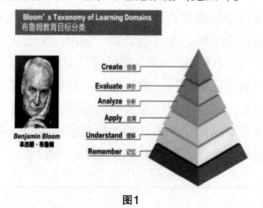

图1

在此基础上，《课标2022》提出践行学思结合、用创为本的英语学习活动观（见图2）。"英语学习活动观"是一种教学途径，是英语教学的主张和解决方案。它是以培养学生核心素养为目标、以学生为主体，由师生共同参与，一系列相互关联、循环递进的活动。这为"四有"课堂提供了理论与可行的实践依据。为了更好地践行"英语学习活动观"，教师在教学设计与实施时，应以主题为引领，以语篇为依托，通过学习理解、应用实践和迁移创新等活动，引导学生整合性地学习语言知识和文化知识，并用所学知识、技能和策略，解决真实问题，达到培养学生核心素养的目标。

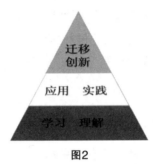

图2

三、"四有"课堂教学主张的实践和淬炼

经过"四有"课堂教学长期探索与实践，笔者不断从经验中总结与提炼，将教学经验与理论思考相结合，最终形成自己的教学特色和风格：教师在教学设计与实施过程中始终以主题为引领，以语篇为依托。基于语篇，在学习中理解，建构"有料说"课堂；深入语篇，在实践中运用，建构"有别说""有理说"课堂；超越语篇，在迁移中创新，建构"有法说"课堂。

（一）基于语篇，在学习中理解，建构"有料说"课堂

学习理解类活动具有支架性、体验性与整合性特征。教师基于语篇，运用感知与注意活动创设真实主题语境，激活学生已有知识与经验并建立新旧知识间的联系。引导学生获取与梳理语言知识、文化知识与技能，概括与整合建立知识关联，从而建构新的结构化知识。通过新结构化知识，促进学生语言能力发展，让学生在英语课堂上做到"有料说"。如人教版《英语》七年级上册Unit 7写作课中，教师基于3a语篇进行教学活动设计，学生通过感知与注意可知：语篇内容为服装销售，学生再获取与梳理语篇中关于服装与价格的信息。通过以上学习理解类活动，学生可激活自身已有结构化知识并借助信息结构图构建新的结构化知识，从而使自身具备该堂课所需语言能力，在英语课堂上"有料说"（见图3）。

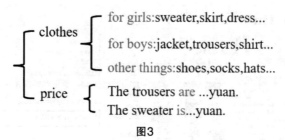

图3

(二) 深入语篇，在实践中运用，建构"有别说""有理说"课堂

应用实践类活动具有探究性、生成性和实践性特征。教师深入语篇，引导学生在学习理解结构化知识的基础上，通过描述与阐释巩固新的结构化知识。引导学生通过分析与判断将语言与文化知识转化为能力，从而实现语言的内化与运用，促进学生文化意识与思维品质发展，让学生在英语课堂上做到"有别说""有理说"。如该写作课课例中，教师深入3a语篇进行教学活动设计，学生通过分析与判断可知：语篇写作意图和价值取向为通过吸引人的广告促进服装销售，学生再通过描述与阐释广告的文本特征和语言特点，通过以上应用实践类活动，促进自身文化意识与思维品质发展，从而在英语课堂上做到"有别说""有理说"（见图4）。

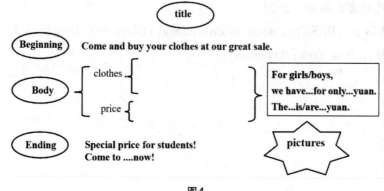

图4

(三) 超越语篇，在迁移中创新，建构"有法说"课堂

迁移创新类活动具有迁移性、创新性和融合性特征。教师超越语篇，通过创设新的真实语境，设计真实问题，引导学生运用已有知识与能力进行自主推理、合作与探究论证等，对语言进行综合运用。教师引导学生通过批判与评价，加深对主题意义的理解，促进思维多元发展，并通过想象与创造达到解决真实情境问题的目的。从而促进学生学习能力发展，让学生在英语课堂上做到"有法说"。如该写作课课例中，教师超越3a语篇设计学生活动，学生想象并为自己的服装店创作一篇广告，吸引更多顾客，促进销售，然后评价与展示自己语篇成果，通过以上迁移创新类活动，应用新结构化知识，解决真实问题，培养自身学习能力，做到在英语课堂上"有法说"（见图5）。

图5

"四有"课堂教学主张经历了探索与实践、完善与推广，促进了教师的教与学生的学。学无止境，教亦无涯，"四有"课堂教学主张仍在不断完善与精进之中，以便让更多的教师与学生受益其中。

参考文献：

［1］教育部.义务教育英语课程标准（2022年版）［M］.北京：北京师范大学出版社，2022.

［2］薛蕾蕾."义务教育英语课程标准（2022年版）"课例教学解读［M］.福州：福建教育出版社，2023.

［3］Bloom，B. S. Taxonomy of Educational Objectives：Handbook I：Cognitive Domain［M］. New York：Longman，1956.

情境教学提升学习品质

成都市青白江区福洪小学　钟英荣

在英语课堂上，我常常发现当我讲得绘声绘色时，下面的学生却一脸茫然；有时提出一个问题却如石沉大海，溅不起丝毫水花；有的小组讨论问题，积极讨论和回答问题的同学只有那几名，而其他的同学仿佛就是陪衬者。通过仔细观察，我发现课堂上有五分之一甚至更多的学生游离于群体之外，没有真正融入课堂活动之中，似乎所有的精彩和他们无关。如何让学生主动地参与课堂做课堂的主导者，如何让每一位同学都能在英语课堂上体会到成功的喜悦？经过教学实践与反思，我认为在英语课堂中运用情境教学能够极大吸引学生的注意力，提升他们的学习品质，使他们在轻松愉快的氛围中更好地理解和运用英语。

英语课堂情境教学是指在英语教学过程中，教师根据教学内容和目标，有目的地引入或创设与英语知识相关的、生动具体的场景，以激发学生的情感体验，帮助他们在模拟的英语环境中理解和运用语言。这种教学方法强调语言与情境的结合，通过模拟真实的语言交际场景，让学生在互动中学习英语，提高他们的学习兴趣和语言运用能力。

一、情境教学激发学生学习英语的兴趣，让学生不自觉地参与到课堂学习中来

爱因斯坦说："兴趣是最好的老师。"兴趣是学习英语的关键，是学习英语最重要的因素。英语作为一门重要的学科，它既和其他学科有共通性，又有其独特性，即它不仅是一门知识，也是一种语言。传统的英语课堂老师是绝对的"权威"，学生只是被动地听、记，机械地操练单词和短语，这种灌输式的教学使本来就缺乏真实语言环境的英语课堂显得更加枯燥。俗话说："授人以鱼不如授人以渔。"教师作为学生成长道路上的引路人，必须能把学生所学的知识消化吸收并转化成他们自己的能力，而不是由教师直接代替他们完成消化吸收的过程。那么如何让学生在学习过程中，能把所学知识转化成一种能力呢？这就需要让学生真正动起来、说起来，成为课堂的主人。因此在英语课堂上我们要合理地创设一些特定的情境，来提高学生对课堂的兴趣，迅速调动学生的感觉，快速吸引学生的注

意力，巧妙地激发学生的兴趣和求知欲，这样才会让更多的学生主动参与到课堂中。例如：我在教授小学四年级上册Module 2 Directions Unit 1 Go straight on时，这个单元我们主要学习三组表示方向的词：Go straight on，turn right and turn left。在学习了这三组短语后，同学们很快就掌握了这三组短语的意思以及读音。我非常高兴，于是我在黑板上画出某地的方位，再标明方位，请同学们用今天学过的这三组短语来描述到某地的路线方位。但是让我意外的是，班上只有平时几个比较积极的同学举手。我很纳闷，开始同学们在学习当中，这三组短语的意思和发音应该都掌握得比较好了，为什么大部分同学现在又默不作声了呢？难道他们还没有掌握这三组短语？还是其他什么原因？于是我故意请了一个没有举手的同学的回答，让我惊讶的是，他回答得非常正确并且非常流畅。于是我好奇地问："你回答得很好，为什么不举手呢？"他却说："不想举手。"我一直在想，为什么他明明知道答案，却是不想举手呢？那么如何才能让学生变不想举手为想举手，乐于参与到教学活动当中呢？刚好第二天，我在另一个班也正好上到了这课，在学习了这三组短语后，我想再次检测学生们的学习情况，这次我改变策略，不再在黑板上画出要去的地点，直接提出我的问题："同学们，现在我想请个同学给Miss Zhong帮个忙，你们谁愿意啊？"一听到说要给我帮忙，班上的同学都非常积极，每个孩子都举起小手说："我来，我来。"我紧接着拿出准备好的布条遮住眼睛并抛出问题："现在Miss Zhong想去我们第二组的王清同学那里，但是我现在看不见了，同学们，你们可以一起带Miss Zhong去吗？"孩子们看见我用布条遮住眼睛，更加兴奋了。纷纷回答："愿意，愿意。""Turn right，go straight on，turn left。"孩子们兴奋地齐声说道。"到了，到了，Miss Zhong。"孩子们激动地说。好像我和孩子们一起完成了一项伟大的任务。"现在谁想来蒙住眼睛，扮演Miss Zhong？"孩子都非常激动："我，我。""那么现在我再请一个同学给他带路，我们一起看看他们能不能共同完成今天的任务。"我高兴地说，我想今天已经达到了检测的一个完美的效果了。游戏还在进行，"Turn right，go straight on，turn left，"带路的孩子说，"不好，遮住眼睛的同学走得太快，已经走过了目的地了。"怎么办？带路的孩子小脸都急红了。其他的同学也很紧张地看着。"turn back"，一个声音说道，其他同学也一起说出"turn back"。最终，在孩子们的共同努力下，他们完成了任务，到达了终点。这时，孩子们有了更意外的收获，"turn back"这个短语我们从来没有学过，只在上个单元学习过"back"这个单词，孩子们能自己说出这个短语，太让我意外，也让我激动。我想其实孩子们的能力是远远超过我们的想象的，当你给他们一对飞翔的翅膀，他们一定会在天空中留下最美的身影。上完这堂课，再对比前一天的同一个内容，课堂上却是两种截然不同的效果。第一堂课，只是为了让学生练习这三组短语，一遍遍无意义地操练。"不想举手"，孩子的话还回荡在我耳际，是啊，他根本就不知道为什么要走到黑板上那个虚拟的地方去，也没有想表达的愿望。而在第二堂课中，同学们要到达目的地的愿望是急切的，甚至是争先恐后地想说出自己的想法。通过创设真实的情境，他们知道自己的目的，每个活动都是有意义的，在他们表达自己的愿望时，潜移默化地把课堂上的知识变成了自己的能力。我想这才是学习的真谛——把课本的知识变成自己的能力。

二、英语课堂上情境教学注重学生的个体差异和多元化发展

我们常常谈到因材施教。可实际教学中，又常用一样的标准去衡量每一位学生，要求每一位学生都应该掌握全部知识，要求每一位学生完成同样难度的课堂、家庭作业等。但每一位学生固有的素质，学习态度、学习能力都不一样，他们不可能在同一个领域取得相同的成功。但是他们可以在不同领域取得不同程度的成功。

无论是优秀生还是后进生，他们都是敏感的。老师的教学方法，老师对他们的态度，他们都可以感觉得到。因此一定要避免在开展分层教学时增加学生的心理负担。毕竟在分层教学的课堂上教学目标是不同的，教学方法也是多样的，教师应该有一种让学生几乎察觉不到的分层教学的艺术，无论是从课堂的教学，从作业的布置，还是从每一个环节的评价，我们都应该用我们的爱悄悄地点燃学生心中那个热爱学习和喜欢挑战的火种，每一个学生在英语课堂中都能有成功的体验。

新《课程标准》在教学实施中建议"组织多种形式的课堂互动，鼓励学生通过观察、模仿、体验、探究、展示等方式学习和运用英语，尽可能多地为他们创造语言实践机会，引导他们学会自主学习和合作学习"。课堂上的英语小对话仿编以及课文短剧排演，不仅为学生们创造了语言实践的机会，而且营造了积极合作参与的氛围，每个小组会在小组长和中心发言人的带领下进行角色分工，以实现小组人人有话说，人人有事做，人人有机会上台展演。我班的英语课堂小组合作任务明确、分工精细，并建有长效的评价机制。例如，文本简短台词划给小组学困生，偏繁台词则留给小组优秀生，或优困生合力演一角色。除此之外，还有学生会根据自己的特长和个性，自觉认领素材搜集、道具准备还有表情动作编演等任务。如此一来，全体学生都踊跃参与，特别是极个别的中差生在这样氛围的带领下，也敢于走上讲台说演了，在师生们赞许的掌声和眼光中，他们会获得很大的自信和快乐。组与组之间互比，每个学生都在为自己的组而尽力，这种"比、学、赶、帮"的风气让每个学生都能发挥其"主人翁"精神，为自己的小组增砖添瓦，尽心尽力。实践证明，通过润物细无声的表演课本短剧的方式进行分层教学，因人施教不仅能让每一个学生都参与到课堂中，更能让每一个学生都有机会表现自己，帮助其树立学习英语的信心。这样合作参与的英语课堂，不仅充分尊重了学生的主体地位，面向全体学生，更加关注了语言学习者的不同特点和个体

差异。

所以，学生通过积极地参与，在学习中获得了乐趣，获得了成就感！让每个学生都学有所得，学得都很快乐，在课堂上，自然就敢说，敢参与到我们的课堂上来。

三、情境教学促进学生的全面发展

情境教学不仅关注学生的语言知识和技能，还注重培养学生的情感态度、学习策略和文化意识等方面。通过多样化的情境活动，学生可以全面提升自己的英语素养和综合能力，实现全面发展。情境教学通过提供丰富、真实的语言环境，帮助学生将抽象的语言知识与实际情境相结合，从而加深他们对语言的理解。在情境教学中，学生需要观察、分析、推断和解决问题，这些活动都有助于培养他们的思维能力和认知能力。

情境教学强调学生之间的合作与交流，为他们提供了大量的团队合作和互动机会。在小组讨论、角色扮演等活动中，学生需要学会倾听他人的意见、表达自己的观点、协调不同的利益，从而培养他们的沟通能力和团队协作精神。这些社交技能对学生未来的生活和职业发展都具有重要意义。

此外，情境教学还鼓励学生自主探索和学习新知识，培养他们的自主学习能力和终身学习的意识。

在英语课堂情境教学中，教师可以运用多种手段创设情境，如实物、图片、音频、视频等，还可以组织角色扮演、小组讨论、游戏等活动，让学生在轻松愉快的氛围中学习英语。通过情境教学，学生可以更好地掌握英语词汇、语法和表达方式，提高他们的听、说、读、写、思能力，并培养跨文化交际能力。

托尔斯泰说："成功的教学，所需要的不是强制，而是激发学生学习的兴趣。"当然，我们不能为了追逐兴趣，而每节课都创设情境，这显然是不符合实际情况的。在教学内容需要，具有较好的效果，学生有一定的组织能力和教师充分准备的情况下，才可以开展情境教学。不然，缺乏良好的组织和准备，就不能达到预期的效果。久而久之，学生就会对情境教学失去积极性和兴趣，适得其反。

总之，英语课堂情境教学是一种以学生为主体、以情境为纽带、以实践为手段的教学方法，可以极大地提高学生的英语综合运用能力和学习兴趣。因此，英语教师应积极采用情境教学法，创设多样化的语言环境，提高学生的英语学习效果。

参考文献：
[1] 龚亚夫.英语教育的价值与基础英语教育的改革 [J].外国语，2014.
[2] 义务教育英语课程标准（2022版）[M].北京：北京师范大学出版社，2022.

教生活情景地理 育知行合一学生

成都市青白江区福洪中学 王 灿

在初中地理教学实践中，时常发现学生的学习处于消极被动局面，不积极、不主动现象突出。传统的地理教学让学生学会课本上的概念，按照既定规则完成试题，缺乏引导学生用已有的学科知识去思考，形成学生不会以地理的实际意义去分析、解释和解决生活中问题的现象。以上现象与新时代中学生地理学科素养形成了矛盾。为解决教学中的矛盾，笔者结合多年教学实践研究，吸纳相关理论，思考地理教育教学，提出"生活情景，知行合一"的观点，概括出行之有效的初中地理教学主张"教生活情景地理，育知行合一学生"。

一、"生活情景，知行合一"的基本内涵

(一) 抓住"生活情景"核心

知识源于生活，"生活即教育"，地理知识与生活密切相关，在处理生活中体现其价值。"以学生的终身发展为本"是现在地理教育的核心理念，"学习对生活有用的地理"和"教授对学生终身发展有用的地理"影响着地理课程改革和地理教学。生活实践，让学生热爱生活，解决生活中的问题，增强生活自理能力，才是初中地理学科教育的价值。以生活背景为载体来考察地理知识，促进教师开发生活中的课程资源，引导学生以地理视角观察生活和热爱生活。

(二) 促进"知行合一"转化

"培养怎样的人"是时代的需求，也是教育的方向。知行合一，是一个完整的整体，"知"指科学知识，"行"指人的实践，知行合一是相互融合互补、缺一不可。地理教学的优化，需要"知行合一"，利用霍尔三维结构通过知识维、逻辑维、时间维提高初中地理教学效果，形成初中地理教学优化系统（见图1）。

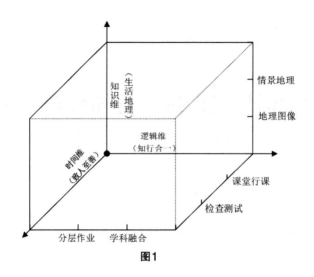

图1

二、"生活情景,知行合一"初中地理教学的实践要义

"生活情景,知行合一"教学,主张依托课堂行课确立合适的教学目标,从学生已有生活情景或者创造的生活情景中获取基础地理知识,运用地理图像夯实知识,通过分层作业和学科融合实践知识,落实检查测试评价提升初中地理学科素养,形成良性教学。

(一)在知识维度中,帮助学生提升兴趣、夯实基础

1. 生活情景,筑基学科知识

地理教学利用环境再现生活情景,实现学生学习的知识实践。这个生活情境可以是人为的,也可以是自然的,但都具有实践意义。利用多媒体创设情境、借助板书版画展示情境、借助语言描绘情境,情景越形象,效果越显著。学习生活实践的地理,就是构建了生活地理。

2. 地理图像,夯实具体知识

地图是地理学科的语言,科学地反映出地理事物的特性。地理图是地理教学中对所有出现的图像的总称,如地图、气候直方图、包含地理信息的图片等。地理图像教学系统地构建地理学科的知识体系,是一套完整的教学体系。初中地理教学中图像与生活相连,展现出生活情景中具体地理知识的夯实。

(二)在逻辑维度中,帮助学生提高效率、形成体系

1. 分层作业,全员"知行合一"

分层作业的重点在于学生可以自由选择,尊重各层次学生的兴趣爱好,鼓励创造性思维,让每个学生把知识和行动结合起来。下面展示初中地理学科分层作业设计基础模式(见图2)。

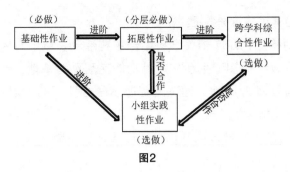

图2

基础性作业能够夯实基础，独立完成的基础性作业，减少简单记忆、重复机械的抄写。拓展性作业注重培优，提升素养。依据分层，该项作业可分为"必做作业"和"选做作业"，教师根据学生实际学习情况进行作业"取舍"。小组实践性作业注重提升，地理知识的进阶，该项作业为"选做作业"，增加利于学生思维拓展。跨学科综合作业让学生勇于解决，提出地理专题，收取探讨跨学科结果。

2. 学科融合，完整"知行合一"

学科融合形成个体成长完整性，是学科教学的"大格局"。通过初中地理学科融合（见图3），让学生用课堂所学去处理遇到的具体问题，真正践行"知行合一"。

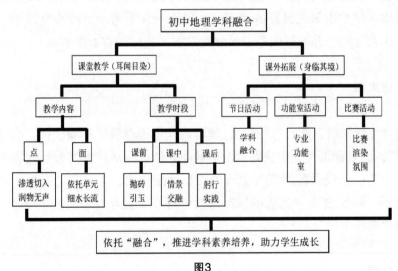

图3

（1）构建耳闻目染式课堂教学

课堂内容设计，立足生活情景，点面结合式融合。点：充分挖掘初中地理教材中其他学科教育的融合切入点，并润物细无声地将其有机结合。面：以单元主题为依托，关联其他学科，进行持续性地单元教学融合。

依据教学时间段，进行精细化教学设计。课前"抛砖引玉"，引导学生做好课前预习，让学生形成对学科融合的感性认识与理性思考。课中"情景交融"，通过创设情境，让学生在课堂活动中体验其他学科，获得该知识在不同学科中的呈现。课后"躬行实践"，"大学科"理念布置课后实践作业，提升学生对课堂内容的理解。

（2）实施身临其境式课外拓展

以班级为活动单位，开展相关学科融合主题活动。以节日为契机，通过开展活动，引导学生探索学科知识生活化。以功能室活动为基地，形成专业性知识的学习营地。以比赛活动为历练，通过比赛展示融合知识面，展示具体融合成果，体现学生个人素养和能力。

（三）在时间维度中，助力践行运用、达成教学目标

1. 课堂行课

课堂是学校教育的主场地，是教学主张的践行场所，是学生成长的地方。有效行课才能实现课堂教育的真谛。一堂堂有效的地理课，完成学科素养培养目标；每次课堂传递，逐渐培养学生的地理思维能力；在学校这个环境中，结合所有学科组建成完整的知识网络；最终形成理想课堂，实现课堂的高效，课前有期望，课中有创造，课后能审美。

2. 检查测试

学习需要有进步，"以检促学"，检测就是学生高效率的一项复习。检测反映出学生的学习状态，让其针对结果进行定点查漏补缺。检测能够实现对学生心理状态的磨炼，使学生形成良好的意识，从容面对大型考试。检测反馈老师教授成果优劣，让老师知晓近期授课是否使学生掌握，实时调整教学节奏。

三、结束语

追求"生活情景，知行合一"，让笔者对初中地理教学充满敬畏。回答"为什么这样教"，让笔者思考师生在课堂上的状态，依托生活情景对教学内容做有价值的选择和改造，让授课教师拥有适合的教学手段方式，实施有效教学。构建完善的课堂生活，师生进入"生活情景"的教学环境，让学生获得学科素养的成长，最终获得"知行合一"。

参考文献：

[1] 胡蓉，王珏慧，孙悦悦.中学地理决策教学：内涵、特征及模型构建[J].中学地理教学参考，2023（32）：21-24.

[2] 陈大伟.幸福教育与理想课堂八讲[M].上海：华东师范大学出版社，2013.6.

技术赋能　提质增效

——用信息技术推动数学深度教学

成都市川化中学　肖　成

引　言

在21世纪这个信息化时代，信息技术已经深入各个领域，教育领域也不例外。作为一名数学教师，我深信信息技术对数学教学的巨大潜力。同时，《普通高中数学课程标准（2017年版2022年修订）》指出，现代信息技术要改变学生的学习方式，使学生乐意并有更多的精力投入现实的、探索性的数学活动中去。我们要利用信息技术教育的优势，让学生通过各种现代化媒介获取信息、帮助思考、促进学习，使他们有更多动手、动脑、思考和探索的机会，充分调动学生认识与实践的主观能动性，充分发掘了学生的潜能，尊重学生的创造性，让学生真正成为学习的主人。将信息技术与数学深度教学进行有机融合，着力突破传统课堂的时空界限，实现学科渗透化，促成思维跨越和创新，丰富学生的学习经历，提升学生的学习品质，"减负增效"，实现课堂的再生与丰盈，提升教育教学质量。所以，借助信息技术实现数学学习探索与研究是数学深度教学的必然要求。结合自身的教学实践，我提出一种教学主张：技术赋能，提质增效——用信息技术推动数学深度教学。

一、信息技术在数学教学中的应用

信息技术在数学教学中的应用已经越来越广泛。例如，通过多媒体课件，我们可以更加生动、形象地展示数学概念和定理。利用数学软件，我们可以动态地展示数学问题的求解过程，使学生更加深入地理解数学知识的本质。同时，网络技术的发展也使得学生可以随时随地地学习数学，提高了学习的便捷性和效率。

二、信息技术对数学教学的推动作用

（一）激发学生学习兴趣

信息技术可以将抽象的数学知识转化为形象的图像、动画等形式，吸引学生

的注意力，提高他们的学习兴趣。例如，利用数学软件可以模拟各种数学问题，让学生在实际操作中感受到数学的魅力。

（二）提升学生数学思维能力

信息技术可以帮助学生更好地理解数学概念和定理，通过动态展示、探究学习等方式，培养学生的数学思维能力和解决问题的能力。例如，利用数学软件可以引导学生自主探究函数图像的变化规律，培养他们的数形结合思维。

（三）实现个性化教学

信息技术可以帮助教师更好地了解学生的学习情况，为他们提供个性化的指导和反馈。例如，通过在线学习平台，教师可以布置个性化的作业，满足不同学生的学习需求。

（四）促进合作学习

信息技术可以促进学生之间的合作学习，提高学习效果。例如，利用网络平台，学生可以分组讨论、合作完成学习任务，促进彼此之间的交流和成长。

三、教学实践与反思

在我的教学实践中，我积极尝试运用信息技术推动数学教学。例如，在讲解解三角形问题时，我利用数学软件进行动态演示，帮助学生更好地理解几何图形的性质和变化规律。同时，我也利用在线学习平台为学生提供丰富的学习资源和个性化的学习指导。

实践案例1

问题：在 $\triangle ABC$ 中，a，b，c 分别为内角 A，B，C 的对边，且 $b=2$，$c=2a$。

（1）若 $B=60°$，求 $\triangle ABC$ 的面积；　（2）求 $\triangle ABC$ 面积的最大值。

解法一：

（1）因为 $b=2$，$c=2a$，$B=60°$，由余弦定理：$b^2=a^2+c^2-2ac\cos B$，

可得 $a^2=\dfrac{4}{3}$，从而 $S_{\triangle ABC}=\dfrac{1}{2}ac\sin B=\dfrac{\sqrt{3}}{2}a^2=\dfrac{2\sqrt{3}}{3}$；

（2）因为 $b=2$，$c=2a$，由余弦定理：$b^2=a^2+c^2-2ac\cos B$，

可得 $a^2=\dfrac{4}{5-4\cos B}$，从而 $S_{\triangle ABC}=\dfrac{1}{2}ac\sin B=a^2\sin B=\dfrac{4\sin B}{5-4\cos B}$，

令 $y=\dfrac{4\sin B}{5-4\cos B}$，则 $5y-4y\cos B=4\sin B$，即 $\sin B+y\cos B=\dfrac{5y}{4}$，

可得 $\sqrt{y^2+1}\sin(B+\theta)=\dfrac{5y}{4}$，其中 $\tan\theta=y$，θ 的终边经过点 $(1, y)$ $(y>0)$，

因此取 θ 为锐角，所以有 $\dfrac{5y}{4}\leqslant\sqrt{y^2+1}$，解得 $0<y\leqslant\dfrac{4}{3}$，

因此，当$\theta=\arctan\dfrac{4}{3}$，$B+\theta=\dfrac{\pi}{2}$即$B=\dfrac{\pi}{2}-\arctan\dfrac{4}{3}$时，$S_{\triangle ABC}$取得最大值$\dfrac{4}{3}$。

解法二（见下图）。

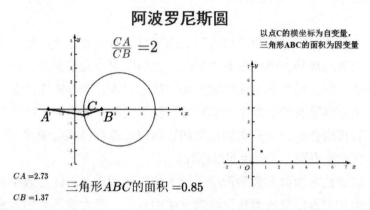

阿波罗尼斯圆

$\dfrac{CA}{CB}=2$

以点C的横坐标为自变量，
三角形ABC的面积为因变量

$CA=2.73$

$CB=1.37$

三角形ABC的面积$=0.85$

挖掘题目条件，发现三角形顶点C满足阿波罗尼斯圆的条件，利用网络画板软件，制作以上课件进行展示，学生很容易发现三角形面积的取值范围，再引导学生建模寻找该阿波罗尼斯圆的半径，从而使问题获得解决。这样不仅激发了学生学习数学文化的兴趣，而且也有助于培养学生的思维能力。

实践案例2

数学建模深度教学实施步骤：

第一步：将班级学生分成4~5人一组，明确组员的主要职责。

第二步：指导学生学习相关数学软件，如网络画板、CAS手持技术等。

第三步：介绍数学建模方法及操作过程，按提出问题、分析问题、建立模型、求解模型、检验分析、撰写小论六个环节进行例题讲解和指导。

第四步：结合教材编拟数学建模问题，设置问题要有深度。

第五步：学生实践操作，对学生成果进行评价指导。

在上述实践过程中，学生在模型求解及检验分析的环节需借助信息技术完成任务。

然而，我也意识到信息技术在数学教学中的应用也存在一些挑战。例如，过度依赖信息技术可能导致学生忽视了基本的数学技能和思维方式的培养。因此，在运用信息技术的同时，我们也要注重与传统教学方法的有机结合，充分发挥两者的优势。

四、未来展望

随着信息技术的不断发展，我期待其在数学教学中的应用将更加广泛和深入。例如，AI技术的发展可以为数学教学提供更加智能化的辅助和支持；虚拟现实技术的发展可以让学生在虚拟环境中进行数学实验和探究学习；大数据技术的应用可以帮助教师更好地了解学生的学习情况，为他们提供更加精准的教学指导。同时，我们也应该关注信息技术的道德和伦理问题，避免对学生的学习造成不良影响。

信息技术作为一种现代教育技术时，由于其自身有着巨大功能，使它与传统教学手段相比具有优势。但传统教学手段，之所以可以延续至今，是因为它有特殊的教育功能。信息技术不可简单完全地取代它。因此教学中应注意使用信息技术的同时，又合理吸收传统教学中的精华，优势互补。信息介入数学教学中，从学生的认识过程来分析，由形象到抽象的过程被计算机替代。使我们担心学生的思维会停留在形象直观上，产生思维惰性。

总之，信息技术为数学教学带来了巨大的机遇和挑战。作为数学教师，我们应该积极探索和实践信息技术在数学教学中的应用，努力提高教学效果和学生的学习体验。同时，我们也要保持对信息技术的理性思考和批判性思维，充分发挥其优势，为数学教学服务。

寓健于技的体育教学

成都市青白江区教育研究培训中心 陈 亮

寓健于技，指体育与健康学科教学以学生健康为第一要务，以培养学生运动技能为主要路径，从而促成培养学生体育与健康学科核心素养。健康，包括三个维度：生理机能、身体素质和心理品质；运动技能，包括两个层次：学生身体基本运动技能和专项运动技术及其运用能力。实现一个目标：立德树人。教育的逻辑起点是人的培养，立德树人是新时代教育的根本任务，为党育人、为国育才。结合本学科特征"因地制宜""因材施教"，找准体育与健康学科教学的立足点，培养学生运动技能，在运动技能的教与学中，学生"享受乐趣、增强体质、健全人格、锤炼意志"，在体育情感与品格、运动能力与习惯、健康知识与行为各方面得到发展。

一、体育与健康学科教学应该达到的效果

1. 促进学生心理品质良好发展，教学氛围和谐生态。立足学生品德素养、规矩意识、体育情感与品格、健康运动习惯的养成。

2. 促进学生身体健康生长。立足学生身体形态、生理机能的正常发育。

3. 促进学生运动技能有效生成。立足基本运动技能、专项运动技能的习得。

二、寓健于技体育教学策略

(一) 运动技能教学

1. 制定体育教学中运动技能目标"系"。形成科学且成完整体系的目标。例如，篮球运球技术的教学目标（见表1）：

表1   篮球运球技术的教学目标

水平一	水平二	水平三	水平四	水平五
体验篮球的弹性，增强手对球的感知，正确掌握运球的触球部位和触球点。	掌握运球用力方法等动作要领。提高触球的节奏感，提高控球能力。基本能完成行进间运球。	掌握运球高低、快慢的变化和双手交替运球。	掌握运球的手形变化并合理运用，能完成变向运球。	能合理运用篮球运球技术掌控球和突破。

2. 教学内容的选择与整合注重完整性、连贯性和科学性。构建体育教学内容"链"。避免"低级重复""遗漏重点""发展不平衡""蜻蜓点水"等现象，避免体育教学呈现"点状""碎片化"或"拼接式"等教学行为。从而实现体育高效教学、系统教学。例如，初中乒乓球技术教学主要内容（见表2）：

表2   初中乒乓球技术教学主要内容

七年级	八年级	九年级
正手发平击球	正手发下旋球	反手发侧旋球
正手攻球	反手搓球	正手削球
正手推挡	左推右攻	双打技术
移动步伐	移动步伐	移动步伐

3. 教学方法系统、合理。针对不同学段的学生和不同的教学内容选择不一样的教学方法，形成体育教学方法"架"。避免"因势就简""因循守旧"。革新教学方法对于提高运动技能教学效能至关重要，在继承传统的教学方法的基础上，充分利用现代教育技术手段，选择性开展小组合作学习、探究性学习、自主学习和分层教学、以赛促练、情景教学等。

例如：在初中健身操教学中，运用视频播放的慢动作播放，帮助学生更加全面而细致的观察；练习中采用男女生混合编组，自主学习"以优促进"共同提高；各组根据所学单个技术动作探究性创编组合动作；能很好地激发学生用好技术的主动性。

4. 有条理并契合运动技能特点的学习评价。设置运动技能教学评价"树"，每一项运动技能就是"树"的"枝"，每一个小的技术就是"枝"的"叶"。例如初中学生学练排球正面双手垫球后的技能评价指标（见表3）：

表3　初中学生学练排球正面双手垫球后的技能评价指标

考核方式	评价标准	技术规范
40秒对墙垫球	A：48个；B：42个；C：36个	A：完全掌握动作要领，动作协调、舒张、自然。
1分钟自垫球（高于头）	A：42个；B：36个；C：30个	B：动作规范，但不够协调，动作生硬。
连续移动垫球入圈（10球）	A：9个；B：7个；C：5个	C：基本完成技术动作，不够连贯。
综合评价：学生获得3个"A"评级为优秀；学生获得2个"A"评级为良好；学生有任意一项达不到"C"评级为不合格。		

（二）运动技能的习得向课后延伸

1. 课后体育作业的内容与体育课堂教学相互补益、互相促进，避免"两张皮"的现象；尤其要克服重体能轻技能的倾向。

2. 体育课堂教学中的练习方式适宜性迁移到课外练习，如：大课间体育活动、体育活动课、体育社团活动等。

3. 积极开展课余体育竞赛活动，促进所学运动技能的运用。

4. 学校体育与家庭体育、社区体育有效衔接，互为补充。

（三）运动技能教学的跨科学（领域）融合

1. 将健康知识融入运动技能教学。既解决了刻板传授健康知识的弊端，又能促进学生对健康知识的深度理解。例如：运动损伤的预防、运动卫生习惯的培养等。

2. 跨学科主题学习在运动技能教学的实践，凸显综合育人的价值。例如：安全教育与运动技能的融合教学中，挖掘各运动项目或技术动作的安全风险点，从而采取有效的安全保障措施，既保证了运动技能教学的顺利实施，又培养了学生安全意识，传授了预防安全隐患的经验。

3. 品德与规则意识培养与运动技能教学紧密结合，在体育教学中不仅增强体质、提高运动技能水平，还教做人的道理和养成良好的行为习惯。

三、寓健于技体育教学收获

（一）积累了寓健于技体育教学经验

以学定标，遵循学生身心发展规律和运动技能形成规律，严格执行体育与健康课程标准，尊重个体差异。针对不同年级制定递进目标。进行大单元（模块）设计，整体建构教学（练习）内容（含课后、校外）；统一规划教学方法与措施，统一评价标准。采用"三段五步"教学（练习）模式，学、练、赛三段加每阶段的启动、建构、巩固、运用、反思5个步骤，环环相扣形成闭环。

（二）形成了优教良学的体育教学局面

课堂教学内容丰富、形式多样，形成了愉悦、亲和的教学风格。让学生体会体育的"乐趣"，慢慢习得运动技能，逐步养成"习惯"和塑造优良品格。凝练出高密度、高"产出"的课堂教学特色。

（三）培养学生1—2项运动技能，促进学生健康

通过寓健于技体育教学，学生逐步选择性掌握1—2项运动技能，从参与到喜欢，从喜欢到热爱，从热爱到习得。在这个过程中，运动能力得以提升，健康行为得以练就，体育品德得以养成，学生健康成长，为终身体育打下了扎实的基础。

学生参与体活动需要技术和方法，体能训练需要有趣味性和载体，健康行为的培养需要路径和措施，而寓健于技教学正是抓住了体育教学中运动技能这一关键点，一通俱通，通则达。

第 二 节

- - - - - - - - - - - - - - - - - - - >>>

教学特色彰显

让阅读课型缤纷多彩，传古典文化学以致用

——关于《〈论语〉选读》的教学模式

成都市川化中学　廖　静

一、生情分析

《〈论语〉选读》模块教学是36学时，应用一个半月左右的时间完成这门选修课的教学任务，于是教学中就不得不面对学生长时间学习一门功课所必然带来的厌倦、懈怠和疲软。实践表明，学生长期学习一门课程，容易产生"审美疲劳"。教学《〈论语〉选读》，因教学行为不恰当，导致学生心理水平下降，常常出现亚状态学习表现——十分想听课，却呈现出无效学习的结果。这种现象令语文教师在进行选修课教学的过程中，有曲高和寡的感觉。

二、理论依据

《论语》是用古代汉语记载下来的以语录体呈现的中华文化的经典。从语言来说，它是古代汉语；从形式上来说，它是古代特有的对话文体；从内容上说，它是传统文化的源头。对这种有两千多年时空距离的经典作品，不只是限于了解文化，还需要通过学习，将外在的文化精神内化为学习者的心灵，成为其精神的养料，以培养学生的思辨能力和探究能力，拓宽学生的文化视野和思维空间。

心理学研究表明，对内容丰富、复杂多变的活动对象人的注意力相对稳定；而对内容贫乏、单调、静止的活动对象人的注意力就不稳定。缤纷多彩的阅读活动可以作为研读探究文本的一种延伸或一种调剂和补充，丰富学生语文学习生活，为学生营造更好地自主学习的环境，以换取学生学习的欲望，始终保持高涨的学习情绪。

三、实现条件

划分学习研读内容，分主题编排，分教学模式进行学习。为学生营造更好地自主学习的环境，以换取学生学习的欲望，始终保持高涨的学习情绪。将古典文

化经典融会贯通于当今社会，学以致用。

四、实现目标

（一）主题编排：课时安排有条理，融会贯通做小结。

（二）阅读课型：课型多姿多彩，学习有盐有味。

（三）活动体验：开放教学活动多彩，百花齐放学以致用。

五、结构框架

主题编排：课时安排有条理，融会贯通做小结。《〈论语〉选读》分阅读和实践两大板块。其中阅读和实践部分按主题编排，学时安排如下表所示。

《论语》选读	目录	阅读主题编排	课时（共36学时）
（一）政治			
第一课	为政以德	孔子的德政主张	3
第二课	克己复礼	孔子的礼治主张	3
第三课	待贾而沽	孔子积极用世的态度	课外自读
第四课	知其不可而为之	孔子坚韧不拔的奋斗精神	3
（二）修身			
第五课	仁者爱人	孔子的仁爱思想	3
第六课	君子之风	自我修养的具体内容和要求	3
第七课	求诸己	修养的关键是自身努力	课外自读
第八课	周而不比	孔子谈人际交往	3
第九课	出辞气远鄙倍	孔子的言语交际观	课外自读
（三）学习与教育			
第十课	学以致其道	孔子论学习	课外自读
第十一课	诲人不倦	孔子的教育原则和方法	3
第十二课	高山仰止	孔子的学问、人格和感人的师生关系	3
第十三课	沂水春风	孔子的教学风格、平等和谐的师生关系	3
（四）哲学			
第十四课	中庸之道	孔子关于社会和人生理想的哲学基础	3
第十五课	敬鬼神而远之	孔子的天道观	课外自读
（五）补充			
讲读课	《孔子世家》	孔子生平	3
研讨会	孔子与现代化研讨会	孔子思想的现代意义	3

每一章节后有注释和参考译文，每篇课文后有"课文解读"和"文言练习"，另有"相关链接"选取现当代学者对孔子和儒家思想的评论以开阔学生视野。

六、操作程序

阅读课型：课型多姿多彩，学习有盐有味。为了更好地达成读懂文章、积累知识、学习章法、培养能力、传承文化、提升思想的目标，我做了如下的构想。

（一）朗读背诵课型：读以悟道，诵而有情

这种课型主要是通过有感情地朗读来体会作者的感情，感悟理解课文的内容。引导学生在读中体味，在读中感悟，充分发挥学生的主动性和积极性。其课型的任务，就是让学生充分地朗读课文，于朗读中体会课文的精妙之处，并在朗读中对学生进行语调、语速、节奏、情感等技能训练。理解内容是目的，指导朗读是手段。通过指导背诵，巩固字词，理解课文，积累语言材料，提高读写能力。

朗读背诵课型模型图：

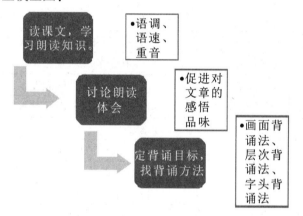

例如：第六课《君子之风》，子曰："饭疏食，饮水，曲肱而枕之，乐亦在其中矣。不义而富且贵，于我如浮云。"（7.16）叶公问孔子于子路，子路不对。子曰："女奚不曰：其为人也，发愤忘食，乐以忘忧，不知老之将至云尔。"（7.19）透过孔子的话，我们看到了一个安贫乐道、可敬又可爱的夫子形象。"饭疏食，饮水，曲肱而枕之"，短短十字，看似平淡，却把清贫的生活说得富有情味；"乐亦在其中矣"，那是一种发自内心的快乐；"富贵如浮云"，"浮云"聚散无常，富贵如过眼烟云，"浮云"远在天上，富贵与己无关，"浮云"至清至淡，富贵无足轻重。孔子把高尚的情怀寓于朴素的叙述中。"发愤忘食""乐以忘忧"说明自己得到的不是物质生活的快乐，而是追求真理过程中的高尚的快乐。

读这两章可以让学生揣摩孔子的语气，有感情地朗读，读出孔子安贫乐道、自我欣赏的态度和发自内心的快乐。以读促背，熟读成诵强调一个"化"字，即在诵读中感受孔子的高尚情怀和乐观精神，并将之化为自己的情绪，融于自己的灵魂。

（二）阅读分析课型：读文之难点，析文之重点

边读边说，按要求说课文的内容、特点，通过阅读，理解课文内容，培养说话能力、概括能力。注重对文章的思想内容、篇章结构、行文思路的分析，培养学生的分析综合能力。

阅读分析课型模型图：

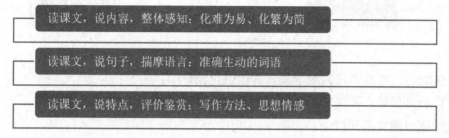

读课文，说内容，整体感知：化难为易、化繁为简

读课文，说句子，揣摩语言：准确生动的词语

读课文，说特点，评价鉴赏：写作方法、思想情感

例如，《论语》是语录体，文字相对较浅，且有注解和译文，学生阅读时障碍较少。但这并不是说教师可以不讲文言，教师应于重点、难点、争议处、忽略处作适当点拨。例如："甚矣吾衰也""久矣吾不复梦见周公""有是哉，子之迂也""野哉，由也"都是主谓倒装句。前两句我们从孔子的感叹中读出了他年老体衰、四处碰壁后的悲凉心情，对西周政治的无限思慕。第三句是子路对孔子"正名"为先的不以为然，也可由子路对老师"迂阔"的指责中看出子路"率尔"的个性。第四句是孔子对学生毫不客气的批评，孔子曾言"六十而耳顺"，64岁的孔子如此直截了当地批评55岁的学生，也可见出他对名教的重视。

新课程强调自主、合作、探究的学习方式，《论语》中的很多话，流传至今，已变成成语、熟语、格言等，有些意义发生变化，也应做好整理和归纳，文言语感可以自习而得，也可以学习而得，总之，文言结合强调一个"得"字，让学生在知识的不断积累中提高能力。

（三）讨论质疑课型：质疑经典胆大心细，讨论问题热烈深入

这种课型是在系列问题的引导下，充分发挥教师的主导作用、学生的主体作用，以生—生、师—生的讨论为主要教学推进手段的教学方法。旨在培养学生自主学习的能力和创新思维的品质，使学生在自主准备和讨论的活动中，养成一种与他人合作地读书的习惯。它可提高学生学习的主动性、创造性，增强学生口头表达能力、应变能力、创新精神等。着力于培养学生自己发现问题、提出问题、解决问题的能力。要将"质疑"引入课堂，教师首先要更新观念，还学生提问的权利，并引导学生大胆质疑，积极探索。从而形成宽松、活跃的质疑氛围。

讨论质疑课型模型图：

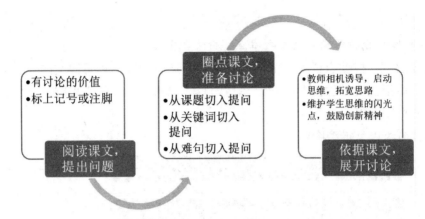

例如，《沂水春风》教学设计的质疑讨论环节：

1. 教师提问：孔子对学生志向的评判标准是什么？

2. 圈点课文展开讨论：

教师：《论语》中的礼是个人的礼，也是社会秩序的礼。人与人之间会有偏差，人与人之间会有矛盾，礼就在其中起调和的作用，它与法律互补，其作用甚至比法律更大，所以孔子说："道之以德，齐之以礼，有耻且格。"

学生：（1）冉求的志向是先富民，孔子对他志向的评论是无论国家大小，都应为国以礼。（2）公西华的志向是符合为国以礼的观点的，他比冉求更谦逊，而孔子对他志向的评论是不应该大材小用。（3）最后学生总结：孔子为什么强调礼。

又如：讨论孔子为何"与点"？

学生论点：（1）有人认为曾皙的说法体现了礼制的最高理想；（2）有人认为曾皙的说法体现了瑰丽的人生境界；（3）有人认为曾皙描绘的是学习圣人之道的快乐，符合孔子安贫乐道的思想；（4）有人认为从中可以看出曾皙志趣高远，胸怀悠然，较之其他三个学生驰心政务，已达到极高的精神境界；（5）有人认为其体现了儒家礼乐治国的理想。

（四）自学摘抄课型：自读自悟明经典，摘抄积累好作文

阅读课文，摘抄精彩的句子、语段并熟读成诵，加强语言材料积累。

（五）体验活动课型：开放教学活动多彩，百花齐放学以致用

这种课型是一种基于语言感悟、理解、表达等多种语文能力综合利用的课型，是把语文学习与活动结合起来，适合语文的开放性教学。通过活动，使学生化文字为具体的形象，既感悟课文又培养创造能力，通过活动理解课文内容，进行语言训练，培养语言表达能力。

1. 比赛：《〈论语〉选读》是语录体，它留给我们的大多是片言只语，易于背诵。各班可开展多种形式的趣味《〈论语〉选读》背诵竞赛，以强化学生对经典作品的认知与理解。

2. 畅谈会：在教材中选一些与学生联系密切的语录，涉及个人品德、修养、

择友、孝道、守法、为学诸方面，让学生课后阅读并质疑。

3. 辩论会：在对《〈论语〉选读》延伸探究过程中，学生会对某些问题得出不同的结论。教师应适时组织学生开展正方与反方的辩论。

4. 影视观摩：组织学生观看电影《孔子》。既可以作为研读鉴赏文本的辅助材料，也可以与《〈论语〉选读》原文对照，比较改编的优劣得失等；观看《百家讲坛》，听专家学者对《论语》的解读。

5. 设计项目：将《〈论语〉选读》中某个感兴趣的故事改编成话剧、小品，并进行表演。以班级为单位，在新浪、网易或其他网站申请一个免费的博客，把读、演、评等素材都放在博客里，与他人共同欣赏。

恰到好处的活动体验穿插在教学过程中，可以避免学生长期面对单一的文本教学方式而产生"审美疲劳"，这几种课型当然不是截然分开的，只是各有侧重罢了。具体教学中可以把几种课型结合起来，创造新的课型。教师既要掌握模式的基本精神，又不拘泥于模式。根据学生的实际活动，使模式有助于学生学习《〈论语〉选读》，提高阅读水平。

七、阅读课评价

提高自身素养，动员学生参与，切忌流于形式。

（一）教师要努力学习，提升自身素养

《论语》教学的首要任务是教师在尽可能短的时间内去充电，通读《论语》及其他相关的一些资料，如钱穆的《论语新解》、南怀瑾的《论语别裁》、于丹的《论语心得》等，从而走近《论语》，解读《论语》，让自己的教学有底气，变大气。在活动设计和活动过程中，教师均应以积极的旁观者、热情的支持者和朋友般的监督者的角色出现于课堂上，对活动中出现的失误及偏差及时进行矫正，使活动自始至终富有成效。

（二）学生要全员参与，全程参与，真正地动起来

美国学者格林认为活动课程应该重视学生的"参与性"，他强调学生在学校和班级的"生活世界"中主动而积极地参与，在师生围绕"主题"的对话中，开发其内在生命力与"存在体验"。学生本身就是一种能动的最富有活力的重要课程资源，只有在自己设计、组织、参与的活动中，才可能有真切地体验。

八、教学成效

1. 主题编排、分类阅读体现了对《论语》独特的语录体形式的阅读方式的思考，引导学生把分散的内容用同一主题（例如修身、学习等）加以整合，以做更深入的理解。读透文字，读出发现；读进生活，读出感悟；读进心灵，读出智慧。学生能积极阅读、参与讨论，通过多种课堂模式提高阅读文言文的兴趣和理解文言文的能力。

2. 大胆质疑、与先贤对话，并通过讨论得出结论，分清孔子思想中的进步与保守。学生接受儒家文化中优秀思想的教育和熏陶，感受到孔子那种可贵的忧患意识和社会责任感，在立身处世、情操修养、为人治学等方面得到更好的引导。

九、教学反思

做好充分的知识准备，并进行活动设计。文言文教学活动要有主题、有质量、有价值，应摒弃那种流于形式，忽视文本内涵的看似热热闹闹的活动，应提醒自己这是《〈论语〉选读》的语文探究活动。活动针对学生的实际情况，以适合学生的心智发展水平和学习能力为准则。要针对《〈论语〉选读》课程的特点进行，它是文言文，更是文化论著，了解学生的接受能力，有的放矢。

"学而不思则罔，思而不学则殆。"选修课程的教学是全新的事物，谁都没有现成的经验。整个教学过程中首先编排主题，教学中穿插多样的教学模式，同样需要在实际中边学习边思考边摸索，不断总结，逐步完善。

构建充满生长力的高效课堂

——成都市青白江区华严小学"和悦"课程校本特色教学模式

成都市青白江区华严小学 彭 涛 焦梦洁 廖家秀

一、校情分析

华严小学始建于1941年，是一所具有悠久办学历史和深厚文化底蕴的公办完全小学。学校几经行政变迁，现为一校两区。教师134名，其中非编教师53名。教师教学水平参差不齐。平均教龄17.3年，平均年龄38.6岁。近年来，教师处在生活压力最大和职业倦怠最严重的阶段。学生2364名，学校进城务工子女比例逐渐增加，目前有70%的学生为进城务工子女，学生知识获取基本是依靠教师在课堂传授。

二、理论依据

近八十年里几度行政归属变迁，华严小学紧抓机遇，勇迎挑战。华严小学专注于"阳光育人"理念建设，在教育国际化、课程多样化上大胆创新，提出"大融和，悦生长"课程理念，构建育人基础性、综合性和选择性要求的多元课程体系，开设了多个特色拓展课程，极大满足学生个性特长发展需要。

三、实现条件

近年来，随着"双减"政策落地，孩子们的作业总量和时长减少了，对课堂效率和作业质量的要求也更高了。这就更加强化了学校教育的主阵地作用，我们必须在课堂上做"加法"，课后做"减法"，探寻一种特色课堂教学模式，实现减负增效，而进行特色课堂教学有两个条件。

1. 从学生学的方面来说，必须有一个好的学案作指导，因为学生无论在导学探究环节，还是应用演练环节，都是围绕学案上的导学提纲和演练题目来进行活动的。这些提纲和题目既要体现教材主干知识，又要切合学生实际特点。而要编制出这样的学案，要求教师必须在充分把握教材和学生情况的基础上，认真进行教研，搞好集体备课，真正使学案成为全体教师集体智慧的结晶。

2. 从教师教的方面来说，教师必须选择恰当的教学方法，写好教案。要使学案上的提纲、题目"活"起来，就要把学生的学习积极性调动起来，使学生深入学习中去。教师的教案要精心设计，内容可以是如何创设情境导入新课，如何画龙点睛式地启发点拨，选择什么样的材料，设置什么样的题目，如何诱思分析，甚至采用什么样的语言和板书等。教师应采用多种教学方式和先进的教学手段。一方面，它能使学生所学的内容当堂巩固，最大限度提高课堂效率。另一方面，又能激发学生学习的兴趣，提高教学的实效性。

四、内容目标

"大融和"包含以下内容：一是共通性学习与选择性学习融和，即面向全体的共同基础课程与面向群体或个体的自主选择课程结合；二是从五育并举到五育融和，前者需要开足开齐国家基础课程，后者需要加强课程整合和整合性课程的建设；三是从综合育人到实践育人的融和，前者包括学科综合育人和多学科协同育人，其实质都是整合，而实践是课程整合的根本方式和最佳途径。

"悦生长"实则是"愉快教育"的另一形象表达，其实质是充分调动师生的积极性，创设乐学的心理氛围，唤起全体师生的求知兴趣和欲望，让他们主动地生动活泼地学习并获得全面和谐的发展。"悦生长"是把欢乐还给孩子，使全体学生的思想道德、文化科学、劳动技能和身体、心理素质得到提高，个性得到发展的一种教育模式。

"大融和，悦生长"课程理念简言之"和悦"课程，其课程目标为"心正至和，悦慧致远"，具体表述为：使每个学生都有幸福快乐的童年——就是要使每个学生都有美好的心灵，创造的才干，健壮的体魄，活泼的个性，成为德智体美劳全面发展的社会主义建设者和接班人。

五、结构框架

"双减"政策的落实，还需从课程改革入手，我校为了让"天地和悦，万物生辉"核心文化在课堂教学中落地生根，根据先进的课堂教学理念，结合学校教师教学水平，重新建构具有校本特色的"和悦"课程教学模式。

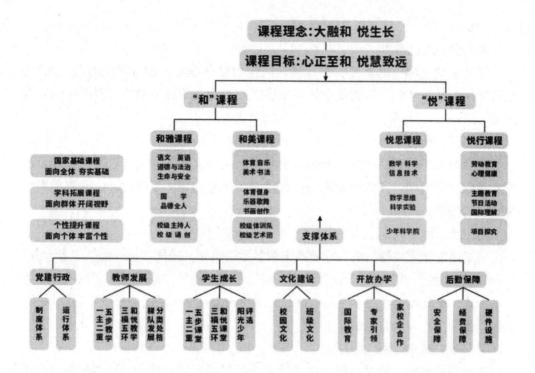

六、操作程序

（一）一至三年级六步教学和悦课堂——一主二重五步教学模式

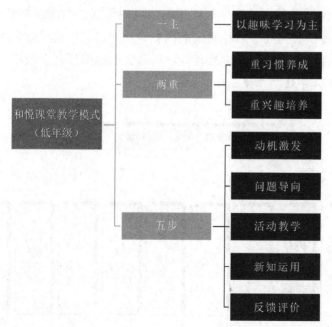

一主：以趣味学习为主

两重：重习惯养成，重兴趣培养

五步：

第一步：动机激发

了解和满足学生的需要，根据学习内容的难易程度，控制学生的动机水平，激活学生的学习动机。努力使全体学生在学习新课之前处于渴望获得新知的兴奋状态。

第二步：问题导向

让学习真正做到从"问"开始，引导学生向课文发问，向作者发问，向自己发问，向同学发问，向教师发问……调动学生思考问题的积极性，由问题引发学生学习的兴趣。

第三步：活动教学

将学生的学习兴趣与内在需要贯穿教学活动始终。采用"运一动""看一看""问一问""想一想""议一议""说一说""辩一辩""理一理""试一试"等活动形式，充分调动学生学习积极性，让学生在参与学习活动中感受学习的快乐，构建以生为主的和谐愉悦的课堂。

第四步：新知运用

设计形式多样，趣味性强，实效性高的新知巩固运用活动，让学生通过运用新知掌握知识、巩固知识、形成技能、发展思维、提高解决问题能力，从而感受学习成功的快乐。

第五步：反馈评价

充分利用课堂教学中学生学习现状与效果的反馈，运用观察学生写在脸上的表情、举手的多少、坐姿、书写的认真程度等反馈信息，及时对学生进行导向性、差异性、激励性评价，从而调控教育教学活动，提高课堂教学效率。

（二）四至六年级"三模五环"和悦课堂

1. 课堂教学的特质

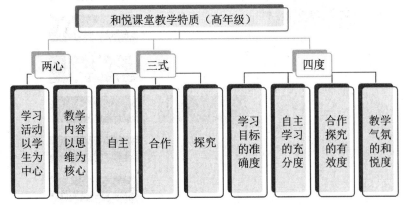

两心：教学活动以学生为中心，教学内容以思维为核心。

三式：学习形式以自主、合作、探究为主。

四度：课堂评价重点关注"学习目标的准确度、自主学习的充分度、合作探究的有效度、教学气氛的和悦度"。

2."三模五环"和悦课堂教学的模式

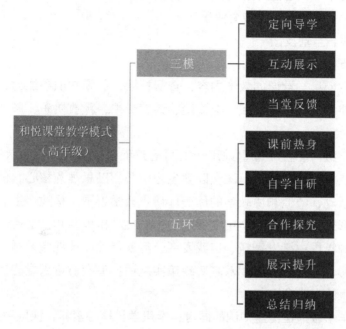

"三模"是指"定向导学、互动展示、当堂反馈"三大导学模块；

"五环"是指导学流程中要经历"课前热身—自学自研—合作探究—展示提升—总结归纳"五大环节。

第一模块：定向导学

第一环节：课前热身

以故事、演讲、抢答题、必答题、主持人等多种灵活的形式营造快乐气氛，集中注意力，让学生为导入新课做好心理上的准备。

第二环节：自学自研

以学生作为学习的主体，通过学生独立地分析、探索、实践、质疑、创造等方法来实现学习目标。老师调动并帮助学生形成强烈的学习动机，增加学习的兴趣，使其愿学和乐学。老师要强化学法指导，使学生知道怎么样学习才能省时省力效果好。

第二模块：互动展示

第三环节：合作探究

小组的所有成员开展观察、讨论、探索、操作、体验等活动享受学习的乐趣，在思维飞扬中获取新知、发现规律或发现问题。在这个过程中老师给学生指明研究方向，使其直奔研究目标，尽量多地节选一些贴近学生生活的内容作为研究素材。

第四环节：展示提升

这个环节主要是小组代表讲述本小组的发现，阐明本组的观点，提出疑惑的问题。教师把本节课普遍存在的疑难，得出规律和方法。学生们扫除了学习上的"拦路虎"，学习自然会更和谐更快乐。

第三模块：当堂反馈

第五环节：总结归纳

带领学生反思一堂课的教学内容，查漏补缺，巩固知识和能力，培养创新意识和质疑习惯。学生在谈收获、谈体验、谈感受中，释放快乐，庆祝成功，升华快乐。

一至三年级"和悦"课堂采用一主两重五步教学模式，四至六年级"和悦"课堂采用"三模五环"模式。课堂以学生为中心，以思维为核心，创设富有快乐情趣的教育活动，塑造和悦教学的优美环境、教学氛围，构建自主、合作、探究多彩的教学形式，充分调动学生在课堂的主动性、积极性和创造性。让学生在充满快乐和谐的氛围中激发智慧、自我发展、舒展灵性，让课堂教学向阳而行，焕发生命的色彩。和悦课程为"双减"政策实施后打造高质量课堂提供了保障，切实减轻了学生的学业负担。

同时，华小教师在传递知识的同时，聚焦学科核心素养，课堂中实践"和悦"课程，遵循实践—理论—实践的规律，不断改进课堂模式，进一步突出学生的主体参与性，让学生对学习拥有热情、对知识充满好奇，提高学生的综合素质。

七、课程评价

成绩来自孜孜以求，硕果来自不断探索。近年来，我校全面落实五育并举，积极探索适合小学生全面发展的阳光"和悦"评价体系，努力建构起"范、典、承、斓、拓、研"六个板块，针对不同学科，不同年段，制定了阳光课堂评价标准，用大数据对学生日常行为表现进行过程性评价，学生综合学业水平和综合素养不断提升，教育教学质量稳中有升。

学校每年举行"和悦"课程师徒同课异构活动、骨干教师"和悦"课程展示课活动、青年教师和新教师"和悦"课程赛课活动、"和悦"课程家长开放周、人人献课等一系列活动，为教师课堂提质增效提供切实的保障。

八、应用成效

"和悦"课程校本特色教学模式的构建，充分发挥了学生的主体作用及教师的主导作用，是落实因材施教理念的课堂模式，让课堂充满生长力，更加高效。同时，促进新教师自我成长、尽快站稳课堂，为老教师提供课堂反思与评课切入点，也让学生的核心素养得到提升与发展。聚焦"双减"，和谐愉悦，通过"和悦"教育体系的设置和整合让"双减"在学校落地，孩子们不仅高效完成当天作业，还在课后服务课堂上，选择了喜欢的学习课程，真正做到了学有所长，"五育"并举。

凝心聚力，创新求变，"双减"对学校和教师，都提出新目标、新要求。转变理念需要时间，转变行动需要我们共同努力，学校将推进"和悦"课程模式，丰富"养正致和 华彩未来"的办学理念，立德树人，坚守初心，敬业乐业，阳光前行，让未来相信华小！

学科融合助教改 项目活动促学习

——STEAM理念下项目式学习教学模式

成都市青白江区大同小学　付　敏　张胜清　张晓娟

一、校情分析

大同小学校是一所由乡镇小学转型为城镇小学的学校，无论教师还是学生都面临着同一个问题：我们将以一种什么样的全新方式教和学，才能更好地适应新课堂标准。项目式学习给了我们一个自我革新和前行的机会。基于学科核心素质的达成、基于真实问题的解决、基于现实可用资源的合理运用，这些目标在该项研究启动前夕就已经非常明确。15位来自不同学科的参研老师和10个实验班级作为排头兵积极参与，为项目式学习的设计与实践研究的顺利开展提供了有效保障。后期，再辐射至全校。

二、理论依据

2017年10月31日，教育部明确要求将综合实践课列为中小学必修课。2018年4月13日，教育部发布《教育信息化2.0行动计划》，明确指出教育信息化是教育现代化的重点内容和重要标志。2020年，市区教育局多次强调实现教育的均衡化、品牌化和国际化。教育质量要提上去，就必须与时俱进，借鉴发达地区经验。项目式学习有别于传统的单学科、重书本知识的教育方式，它是一种注重创新与实践的超学科教育理念，其目的在于打破学科间的壁垒，以跨学科、多元化的方法培养学生综合应用（发现问题、解决问题）的能力，从而培养全面发展的人。

三、实现条件

本研究以校园各项活动为牵引，以付敏班主任工作室为主要平台，打破原有的学科限制，将项目活动与多学科资源有效整合，从师资队伍、活动平台、技术条件等多个方面支撑学科融合建设，发挥多学科综合优势，打造多学科相互渗透、相互支撑的STEAM理念下项目式校本特色教学模式。

四、研究目标

实现教师教学思维的转变，从而改良学生的学习生态，让学生直面真实问题，习得解决问题的一般方法，促进课题组教师在研究中逐渐形成项目式设计理念，自觉运用设计思维理念解决学科问题。让学生在团队协作下，进行有效的交流，在反复研究和讨论的过程中制定、调整活动计划、内容和过程。在活动中锻炼学生的合作创新能力，克服困难的能力，把自己的方案转换成具体的操作并实现各种能力的提升，培养学生的学科核心素养，形成正确的价值观。

五、操作程序

（一）运用设计思维进行课程设计

第一步，根据生活实际和学科知识涉及的问题去"确定主题"；

第二步，从主题出发将分散的学科知识进行整合"界定目标"；

第三步，根据确定的主题与目标"设计项目"；

第四步，在项目和目标的范围内"选择知识点"；

第五步，根据知识点与项目内容"设计活动"；

第六步，使用"多元评价"对课程进行修改。

这一课程设计流程可将各学科知识有机串联起来，不仅可以按照单一流程顺序进行设计，而且可根据实际需求和设计要求调换步骤顺序。在项目式课程的学习中，设计思维作为一种思维的方式，它被普遍认为具有综合处理能力的性质，能够帮助理解问题产生的背景、能够催生洞察力及解决方法，并能够理性地分析和找出最合适的解决方案。在项目式课程设计中如何运用设计思维方法，以及如何提高参与者的设计思维水平，也是研究的一个重要内容。

（二）依靠项目实施保障课程完成

第一步：项目启动。教师根据教学内容或学生需解决的问题设计激趣入项活动，激发学生兴趣。师生共同商议出需解决的驱动性问题，根据这一问题产生一个或多个小任务，学生依自己的兴趣、特长自行组建小组。

第二步：项目分工。小组成员共同商议出本组需完成的目标，根据目标进行任务分工。为确保任务按时完成，成员商议出规则或约定。

第三步：项目执行。由各小组分组进行实践操作，在操作过程中，教师或同伴及时介入、观察，为学生的实践提供支架或及时纠偏，然后在班级进行小组交流，优化实践行为。

第四步：项目总结。进行项目成果展示，互相学习借鉴。制定评价标准，从学生自评、互评、师评或网评等多角度评价；从成果呈现、过程参与、态度与方法等多维度进行评价，让评价成为增进成长的一环。及时多角度反思、调整，让成果更具展览或推广价值。

教学模式框架如下：

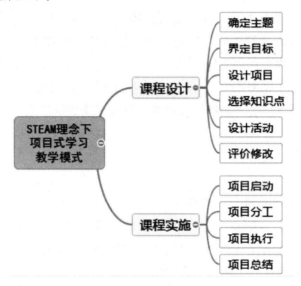

课程实施框架如下：

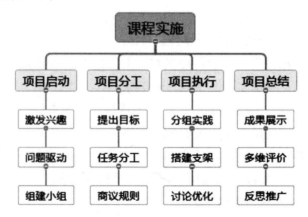

六、研究成效

（一）认识性成果显著

1. 学生的变化

（1）创造力、团队合作、领导力、动手能力、计划以及项目执行力得到培养；

（2）不仅能学到理论知识和操作技能，更重要的是培养了其独立解决问题的能力；

（3）能借助现代信息技术手段进行展示和自我评价。

2. 教师的变化

（1）能根据不同的教学内容设计活动方案，突出创新性、科学性和灵活性；

（2）能把现代化信息手段作为重要工具，能利用现代化信息手段对资源进行保存和整理；

（3）能利用设计思维进行教学设计；

（4）能在共生共创共享的过程中达成目标，获得成就感，从而自觉运用研究成果并将其分享至整个学校乃至更广的范围。

3. 学校的变化

显著提高了老师间协作教学的能力，促进了学科间交流合作，打破学科壁垒，从而达成学科间的相互融合。同时，因为活动的持续开展和广泛参与，提高了社区和家长的重视程度，为加快学校教育教学改革提供了合力。

（二）操作性成果丰硕

1. 学生层面

通过充分挖掘周边丰富的教育资源，多学科融合，探索开展综合实践活动，开发研究STEAM项目课程。如：《方阵创意我最棒》《我和爸妈比童年》《我们的校园》《我的地盘我做主》《我的改变我的成长》《凤凰涅槃，看我青白江变变变》《母校，我想更了解你……》等。学生在参与丰富多彩的项目式活动中，感受到了项目式学习的魅力，同时培养了学生团结互助的良好品质。

此外，课题组分年级开展"萌芽"项目，此项目以种植蔬菜为主，学生在《大同小学校成长项目学习学生手册》的指导下种植芋头、葱、蒜苗、花生等容易种植的蔬菜，学生在种植的过程中学会了观察并记录，最终形成了观察日记记录手册。孩子们不仅读到了书本上的知识，还能走进大自然，深入生活，融入社会。

2. 老师层面

从根本上转变了教学观念，在实验过程中，从原有的教学观念中摆脱出来，老师们逐渐意识到书本上的知识虽然丰富但它已经不是唯一的教学阵地，不能满足学生的求知愿望，更不能充分地锻炼学生的应用实践能力。通过开展项目式活动的实践研究，老师们将学生带出了教室，走出了校园，接触了社会和大自然，体验了生活。让学生学到了课本上没有的知识和生活体验，锻炼了学生各方面的能力，如操作能力、人际交往能力、语言表达能力、观察能力等。老师在课堂教学中布置的作业也走向了"实践"。如小制作、小调查、写体验日记、作品展、绘小报、数学竞赛、自编自导自演舞台剧、科技制作大赛、劳动基地种花、用自己精心培育的花草装点校园和自己的家园等。

本研究以校园各项活动为牵引，以付敏班主任工作室为主要平台，随后推广至全校，打破原有的学科限制，将项目活动与多学科资源有效整合，从师资队伍、活动平台、技术条件等多个方面支撑学科融合建设，发挥多学科综合优势，打造多学科相互渗透、相互支撑的项目式活动。

七、活动掠影

(一)"六一,我们的节日"

我们做的这次尝试,目的是想让孩子自己设计自己的节日怎么过,以年级为单位确定活动主题,有举办"跳蚤"市场的、有搞游戏大闯关的、有走秀的、有才艺展示的……这次,不一样的是我们有了主题歌、有了家长的帮忙。孩子自己设计活动主题、设计奖票,家长用饺子、土豆饼、冰粉等孩子们喜欢的食物做奖品,让孩子玩了一上午。印象深刻的是那些无偿提供食物的家长,是那些坚守岗位而错过游园活动的小小组织者,还有那些平时很少得到表扬那天又获得很多奖票的孩子。很多都不记得了,只记得一大锅饺子都被吃了个精光。

(二)"成长·变化"

经历疫情,经历人员变化,课题组开始认真地考虑要不要把它做成一个课题,有没有推广的价值。结果,"成长·变化"是我们在付敏班主任工作室的成员里开展的项目式学习的第三次尝试,经历了六次课题组讨论,暑假期间大家绞尽脑汁设计方案,设计和制定学生手册。实话实说,这是几次尝试中最艰难的一次,不再是一个年级,没有太多班科的配合,要紧扣教材解决学科问题,要配合建区六十周年迁校十周年"成长·变化"这个主题。四年级三个班做的"我们身边的变化",五年级六班做的"我和父母比童年",六年级做的"青白江大事件"。学生们在老师的指导下从如何做PPT、如何网购、如何调查,一步一步将构想变成了实践。可喜的是,这一过程得到了家长们的鼎力配合。

(三)"萌芽"计划

实施劳动教育最重要的一个方面就是要让学生切身去经历、去操作、去真正参与劳动。因此,课题组结合本校打造"花园学校"的校园建设目标,组织专人在校内专门开辟了一块花卉培育基地——"百花园",从校外专门聘请花卉培育老师全程跟踪指导,以全体课题组成员和实验班级为前期实践探索人员,在后期花卉培育过程中将逐渐扩大人员范围,最终涉及全校,全校师生都将拥有专属自己的花卉。学生会从播种到施肥浇水、移苗再到种植、养护等每一方面全程参与,并且要将每日观察情况做详细记录。在这个过程中,不仅使学生的劳动实践能力得到提升,同时也有利于学生其他方面素养的升华。

八、研究反思

经过近2年的学习,多角色的体验、多维度的学习经历使学生的学习兴趣有了大幅度提升，学习能力变强了，部分学生在项目结束后还能进一步展开自主学习与研究，项目取得了较好的学习效果。教师能根据不同的项目教学内容设计活动方案，能把现代化信息手段作为整个学习开展过程中的一个重要工具，能利用现代化信息手段对资源进行保存和整理。教师获得了职业成就感，从而自觉运用实验成果并将成果分享至整个学校。我们对教学实践中遇到的问题进行总结，有以下困惑。

困惑一：STEAM理念下项目式学习对教师综合能力程度要求较高，目前专职教师很少甚至没有，怎么办？

反思：STEAM理念下项目式学习对教师的教育教学能力和水平（包括专业知识、教学技能、思想观念等方面）以及专业化程度要求确实很高，但这是新形势对教师提出的要求，也是每个教师自身发展的需要。我们课题组教师形成教学群体开展综合实践教学活动，不同学科的教师群策群力，共同确定教学主题、设计活动方案、开展教学活动、对活动过程和成效作出评价，在项目式学习活动中提高教师整体的专业化水平。

困惑二：项目式学习没有大纲、教材、教参和教具，具体教学时怎么办？

项目式学习不同于其他学科课程，它没有教学大纲、教材、教参和教具，这样一来对教师实施教学就造成了一定的障碍，于是好多老师发出感慨："我不知道怎么当老师了！"

反思：项目式学习特点决定了不可能有全国统一的大纲、教材、教参和教具，只能在教学实践活动中，根据各校和学生的具体情况进行具体操作。

困惑三：教师在项目式学习中处于什么地位？

项目式学习强调学生是活动的主体，强调要通过学生的自主学习和实践活动获得直接经验，那么教师在项目式学习中应该处于什么地位呢？

反思：项目式学习强调的是学生的主体地位和学生的自主学习，但是并不意味着不需要教师的指导。没有教师的指导，再好的课程也很难达到预期的效果。活动的组织、内容的选择，甚至有些活动在实际操作上，都离不开教师的引导、辅导。教师对落实本课程、提高活动课质量起着至关重要的作用。教师在项目式学习中仍处于主导地位，只是对教师的指导提出了更高的要求。教师主导或指导是学生自主学习、自主发展的前提，把教师主导或指导排斥在学生的自主学习与自主发展之外，并不是"非指导性教学"的本质。松散、无序、缺乏基本规范的教师指导，容易使学生的项目式学习过程处于盲目的、无知的、无序的自发状态。

政史不分家　课堂巧融合

——《中国共产党的诞生》政史融合型作业的探究与设计

成都市青白江区祥福中学　马　琳

近期，中共中央办公厅和国务院办公厅联合印发"双减"有关文件，旨在减少义务教育时期中小学生的作业负荷和学校教育压力，以期在"双减"的框架内，更好地推动历史课程的教育改革，促使其在实践中得到更好的体现，从而有助于提高"双减"的实施效果。

一、提出背景

《有关继续降低义务教育发展阶段学生作业承担和学校培养负荷的若干意见》由中共中央办公厅和国务院办公室共同出台，意在进一步提高学生的读书速度和品质。重点强调：（1）加强对学生作业承担的监管和管理。习近平总书记提出，我们要坚持培养立德树人的价值理念，认真落实教育发展，加速构建优质教育体制，积极推动教育发展，加大对校外培训机构的监管力度，严厉打击违反公平正义的行为，营造教育公平、公正、公开的环境，努力减轻家庭的负担，推动孩子们在全面、健康的教育环境下取得更大的成就。（2）以学生的发展和需求为中心，我们致力于满足他们的需求，并确保他们得到充分的照顾和尊重。我们将继续秉承以孩子的发展和需求为中心的思想，不断完善我们的办学模式，努力满足孩子的需求，同时也努力帮助他们更好地适应新的环境。为了更好地促进学习，我们应该充分利用学校的主导地位，完善相应的支持措施，并且加强与家长和教师的合作。我们应该继续努力，以便在短期内达到"双减"的目标。（3）我们的工作目标是不断改善我们的教育环境，让我们的课程设计更具有创新性，课后的支持也能够得到充分的保障，让我们的孩子们能够在家中得到良好的成长，并且让我们的培养机构能够得到完善。

二、"双减"之下的历史学科走向

1. 初中历史属于会考科目。思想上比较轻视：总分100分，在中考计分的时候折算成20分。且初三历史会考是开卷考试，大部分学校领导、老师、家长、学生认为，只要翻书、抄书就可以了，不太重视本学科的复习。加之，中考压力在前，学生也不太可能花太多的时间来复习本门学科，会向分值更高的学科倾斜。

2. 初中历史的地位较为尴尬，时间较为紧张，每周两课时远远不能满足教学要求。"双减"以前，九年级上期我们会尽量上完九年级上下两册书，九年级下期需要复习完七、八、九年级所有内容，时间紧且任务重。而"双减"要求不能提前上完课，历史作业需在课堂内完成，对历史课堂和老师提出了更高的要求。

三、初中历史课堂效能思考

我所处的祥福中学是一所农村初中，学生知识基础较差，学习习惯养成也不是太好。为贯彻落实"双减"精神，历史属于小学科，课外不允许留作业。基于此，我校历史教研组教师经商量，一致决定课堂教学时间以35分钟为宜，留10分钟，让学生当堂学习当堂练兵，让学生的学习和练习都在课堂上完成。历史练习主要包含历史实践与探究丛书和我们历史组自己编制的导学案，包括以下几个板块：知识结构、选择题、材料题等。知识结构和选择题是所有班级、所有层次的学生都需要完成的，再根据时间灵活处理剩下的题。根据历史期末考试常考点和历史会考常考重要知识点，层次好一点的同学可以练习一些有难度的材料题、解析题等，层次较差的同学则挑选较为基础的材料题。

"三二四"教学模式中："三"指我校以"三自"（即自主管理、自主学习、自主发展）指导课堂重建。让学生养成良好的行为习惯，自己管好自己。同时调动学生学习内动力，让学生掌握好的学习方法，学会学习。最终让学生能得到发展，将来能成为有益于社会的人。将课堂还给学生，让学生做课堂的主人。坚持"成才先成人，进步即优秀"的育人理念。努力构建优质高效课堂，全面提升学校教育教学品质。"二"指课堂教学要抓住两个核心：先学后教和小组合作。"四"指课堂教学分成四个模块：预习反馈，合作探究，形成提升，小结评价。预习反馈指各小组在组长的组织下，课前结合学稿自主预习后，小组交流预习效果，并进行展示；合作探究在学生已有一定基础知识和基本能力的基础上，通过师生合作、小组合作等多种方式，将已有的知识内化为解题能力；形成提升实际是对学习效果的评价，学生当堂定时练习并及时评价，发现学生存在的问题，给一定的时间，由小组互助解决。小结评价不仅是学生对知识、方法、思想的整理，更多是对自己课堂表现、小组成员课堂表现进行评价，为今后学习找到努力方向。

1. 综合性。跨学科主题学习活动要体现不同学习领域的知识整合，多种方法的综合利用，历史学习与政治方面的现实探究有机联系，史料研习与社会实践有机配合，校内学习与校外活动有机结合，将培育学生的正确价值观、必备品格和关键能力有机融合。

2. 实践性。跨学科主题学习活动要注重历史与时事政治的现实的关系，以学生的自主性、合作性、探究性学习为主，促使学生将学科知识与社会问题的解决联系起来，实现学习的有效迁移，促进学生的全面发展。

3. 多样性。跨学科主题学习活动借助政史资源的丰富多样性，为学生提高创新精神和实践能力搭建多维度的平台，提供多样化的学习途径，以政史与社会的多领域、跨阶段为视角提出问题，探索多种解决问题的方案，通过多种途径，运用各种手段，使学生在解决问题的过程中得到多方面的发展。

4. 探究性。跨学科主题学习活动的探究主题要具有一定开放性和延伸性，提倡深度学习、项目式学习和课题式学习，形成研究性学习成果。

5. 可操作性。跨学科主题学习活动设计，要考虑地区、学校、教师、学生等实际情况，在路径选择、材料获取、活动方式、评价方式等方面要具有可操作性。

课堂时间的缩短，意味着课堂效能需要大幅提升。因此，如何提升历史课堂的教学效能成了摆在我校历史组老师面前的一个难题。经过课题研究，我们认为，在"双减"背景下，历史高效课堂的秘诀在于采用多种形式不断增强学生的活动性、趣味性、思考性，让学生真正深入地学习历史。下面，就以我结合自己使用导学案，运用小组合作教学实践以人教版八年级历史上册第14课《中国共产党的诞生》的课堂教学为例，就如何运用政史融合型实践作业模板提高历史课堂教学效能，谈谈自己的教学策略。

（一）导入新课环节——创设情境，展示目标模块

教学目的：利用多媒体播放一个大党和一条小船的视频引出本课的话题，提问：你们知道中国共产党为什么诞生在一条小船上吗？导入新课《中国共产党的诞生》，激发学生探究的兴趣，并展示学习目标模块使学生明确探究的目标。

（二）新课探究环节

教学过程：

模块一：预习反馈

提前布置；利用可支配时间首先个人独立完成（独学），后进行组内小展示（讨论即群学）并进行组内考评，最后小组收集共同性问题。上课教师引入课题后利用"班班通"由承担任务小组进行全班大展示，并展示预习困惑，其余组别可进行必要和有益补充。教师进行点评和追问及归纳。（教师活动：组织、巡视、答疑及归纳）预习反馈环节要特别重视是否完成，是否参与，它是高效课堂的前提条件。

本课导学案：

【情景创设】

2021年，共产党100周年诞辰，在党的坚定引领下，中国人民勇敢面对一切挑

战，在革新、发展、变革中取得辉煌的成就，为中华民族的崛起和发展书写出一曲又一曲令人振奋的史诗。今天，我们将深入探讨共产党这个伟大的政党，以及其背后所经历的历史。首先，必须先了解共产党，然后才能够深入探讨共产党，以及共产党能够成功地建立和发展。

第一环节：学生齐读课文，完成练习册知识建构。

根据《教育的使命——面向21世纪的教育行动纲领》，所有孩子都应该享有平等的机会来获得基本权利，并有才能达到和维持可接受水平；此外，所有孩子都有其个性、兴趣爱好、技能以及学业要求，因此，在设计和实施教育制度时，应当充分考虑到这些差异，以满足他们不断变化和发展的需要。为了让孩子更好地积极参与到教学过程中，我们应该全面、多层次地培养他们的参与意识，并且要重视参加的质量和范围，让他们有机会充分参与到教学的整个过程中，并且赋予他们足够的时间和空间来自主选择。鼓励学生质疑。

模块二：合作探究

展示小组提前布置和安排，利用课堂时间，首先个人独立完成（独学），后进行组内小展示（讨论即群学）。展示小组要安排好分工（谁板书、谁展示、谁补充）。其余组别可进行必要和有益补充。教师进行点评、追问、拓展及归纳。（教师活动：参与小组活动、巡视、答疑及归纳）合作探究是彰显学生个性与小组合作精神的环节，它是高效课堂的核心部分。

导学案内容：

第二环节：合作探究

第一篇章：红船蓄势待发——马克思主义的传播

小组合作填写：中国共产党成立的条件。

第二篇章：红船劈波启航——中国共产党的成立

1. 观看中国共产党成立的视频及历史剧，填写中国共产党一大的相关信息。

2. 探究活动：

（1）中国共产党一大提出的奋斗目标符合革命实际吗？

（2）中国共产党的成立标志着中国进入了一个全新的时代？

第三篇章：红船风雨前行——全国工人运动的高涨

1. 我是小记者，真实记录历史。

大罢工受挫！

在这段时间里，京汉铁路工会发起一场声势浩大的反抗，呼吁工人们团结一致，共同抗击压迫，把第一次中华民族的工会革命推上新的台阶。在帝国主义和直接军阀的残酷镇压下，罢工活动被迫暂时搁置。

2. 我是小记者，生动讲述历史：林祥谦英勇就义。

3. 我是小记者，认真反思历史：工人运动为何会失败？中国共产党认识到了什么？

4. 学史明理：作为新时代的青年，我们如何发扬"红船精神"？

老师的讲解应该简洁明了，避免讲到容易被学生理解和遗忘的重点内容，鼓励他们进行探讨和思考。这样可以增加他们的解决困惑的能力，并且能够感受到解决困惑带来的快乐。同时，老师还应该注意培养他们的学习能力，帮助他们找到适合的学习方法，并培养他们的自我管理能力。

模块三：形成提升

形成提升是对课堂教学效果的直观评价与反馈，是指导教师调整教学内容及进度的依据。

教师活动：提要求、巡视、展示

学生活动：独立完成，小组展示

学生各抒己见，展示自己的个性，进行生动有趣的网络对话，小组交流、师生交流，调动学生的积极性，分享探究知识的乐趣。

导学案内容：

第三环节：形成提升

1. 在1921年，中国共产党的成立由一次重要的会议确立，它是（　　）。

A. 中共一大　B. 中共二大　C. 中共七大　D. 中共十一届三中全会

2. 第一次提出全面反抗帝国主义和封建制度的民主革命理念是在（　　）。

A. 中共一大　B. 中共二大　C. 中共三大　D. 国民党一大

3. 鲁迅先生深情地称颂共产党的出现，他描述它是一艘远航的船只，是刚刚出生的孩子的第一声啼哭，是森林中的响箭，是报春的惊雷，它是共产党的开端，是我国人民解放战争的胜利，（　　）。

A. 通过思想启蒙，为社会带来了积极的影响

B. 让民主共和的理念深入人心，成为一种时尚

C. 这是中国历史上一个重大的里程碑

D. 它标志着中国共产党在历史上取得了重要的成就

模块四：小结评价

导学案内容：

第四环节：小结评价

1. 我的收获：

2. 我的不足：

3. 自评：

4. 组评：

小结评价是对课堂教学内容及目标的回顾与梳理。先小组汇总讨论，后进行全班交流展示。

教师活动：点评及总结（学生表现、小组表现）

应该重视培养学生的积极情感，以此来激发他们的智慧，并让他们形成良好的学习习惯，以便长期保持和发展。

课堂教学是学校教学的核心，是培养学生综合素养的关键。"双减"对教师提出了更高要求，督促历史课堂教学需要在思考与实践中砥砺前行，推动"双减"理念进一步落地落实。"双减"政策的实施进一步促进了教育改革的深化，而初中历史课与政治学科的融合，不仅为学生引入了更加丰富的教学内容，提高了课堂教学效率，更重要的是可以为学生综合素养的提升构建扎实的基础。

基于能力和素养提升的"说课"习题教学模式

成都市大弯中学　唐　强

　　习题既是课堂教学的重要环节，又是一种重要的教学方式，对学生的学习结果会产生直接的影响，因此，习题教学一直受到物理教师的高度重视。在习题教学中，教师试图通过各种途径形成理论知识和实际情景之间的联系，以求提升学生的分析能力。但令一线教师不解的是：教师讲了很多，方法指导也很多，但学生的掌握情况总是不尽如人意。

　　通过大量研究，我们发现：在传统的习题教学中，通过教师的引导与讲解，学生表面上解决了问题，但他们的思维方式完全为教师的讲解所替代，并没有形成独立的思维习惯，因此，当他们独自面对问题的时候，无法解决便不足为怪了。

　　可见，若要有效提升能力和素养，就必须化被动为主动，学会独立思考，而让学生通过自主探究、小组合作、绘制思维流程图等方式参与教学活动，并以"说课"的形式在轻松愉快的环境中表达自己的思想，无疑是学生养成独立学习习惯的有效途径。

一、校情分析

　　通过调查显示，我校50%以上的物理教师认为：通过教师讲解习题可以有效地培养学生的创新能力和素养，课时量应该占到总课时的一半以上，特别是高三年级，教师的讲解应该占到总课时的60%—80%。

　　可见，习题教学受到我校物理教师的普遍重视，且在教学过程中强调教师的主导地位。然而，根据教师和学生反馈，教师的讲解在解决学生知识性问题上的效果有限，而在提升学生素养和能力方面更是收效甚微。

二、理论依据

　　建构主义认为，知识不是通过教师传授得到，而是学习者在一定的情境下，借助其他人（包括教师和学习伙伴）的帮助，利用必要的学习资料，通过意义建构的方式而获得。个体在进行学习的时候，头脑中并不是空的，而是由于先前的生活经验在头脑中保存着自己特有的认知图式，在学习过程中，通过与外界环境的相互作用，建构新的认知图式，这种新的认知图式是创造性的，在性质上不是原有图示的延续。

可见，通过自身行动所形成的概念图，在面临相似问题的时候，能被迅速激活，以学生说课的方式开展习题教学，既能够有效培养学生的表述能力和逻辑分析能力，同时又可以把解决问题的思维过程图像化，暴露学生的学习问题，提高课堂教学的针对性和时效性。

三、教学目标

"说课"过程要求说课者用语言把自己解决问题的思维流程准确地表达出来，这就在无形之中培养了说课者的逻辑思维能力和表达能力。把说课引入习题教学课中，就是要让学生在"自主探究"的基础之上把"习题本身以及习题背后所隐含的知识、方法、技能"完整地呈现出来，这一过程不仅可以展示学生"解决问题的思维过程"，实现思维可视化，同时又可以培养他们阅读、信息处理、逻辑推理等关键能力。

在"说课"过程中教师的作用在于"导"而不是"教"，应该鼓励学生"大胆说""多说"，通过"会说"达到"会写、会做、会思考"之目的，让学生成为"思维"的真正主人。

四、实现条件

与教师说课相比，学生说课的重点在于：挖掘习题中的有效信息，完成物理建模，在此过程中建立起知识和问题之间的联系，从而习得分析问题、解释科学现象的方法，逐步提升他们的思维水平。

因此，学生"说课"是一个循序渐进的过程，需要教师做好以下工作：

1. 知识掌握：通过新授课让学生掌握基本概念、公式、规律、方法。

2. 学生培训：告知学生说课"说什么""怎么说"。

3. 教师示范：让学生大致掌握"审题、抓关键词、画图、写核心方程、分解问题"等说课环节。

4. 说课小组：根据学生学业水平，高低搭配，组建互助学习小组。

五、操作程序

问题的表征和解决需要一套严密的思维程序，学生说课就是要把抽象的思维程序通过语言和图像展示出来，说课的内容不仅包括解题过程，更重要的是要说出思维方法，主要包括四个方面：问题识别、物理建模、思维流程、方法归纳。

（一）教师指导，自主探究

【校情分析】在习题探究方面，我校学生普遍存在"问题"和"知识"相互割裂的现象——知识不知如何用，问题不知如何解。因此，在此阶段需要教师引导学生通过习题泛读与精读，把问题和知识结合起来，进而解决问题。

教师把习题展示给学生之后，需要给学生留下充裕的时间，指导他们通过审题，厘清习题所考查的知识点，帮助学生建立起习题和所学知识之间的联系，把问题情景转化为物理模型，在此基础上探索习题的解决方法，在这一个环节，学生需要经历以下两个过程。

1. 习题泛读——识别问题情景

初次阅读，了解习题的主要内容，以及所考查的知识点，梳理这些知识点的基本概念，规律及数学表达式，回顾应用知识解决问题的主要方法、步骤，把习题和所学知识联系起来。

2. 习题精研——建立物理模型

通过二次或者多次阅读，厘清习题的题设、结论和有效信息，抓住习题中的"关键词"，从而找到解决问题的突破口，把问题情景模型化。

3. 习题解答——规范流程表述

根据前期分析，梳理解决问题的思路，形成规范的图式、语言表达，为"说课"奠定基础。

（二）组内说课，共享共创

【校情分析】小组说课是覆盖面最大的说课，要力争每一位学生参与其中，但在实际操作中，往往会出现学生"不敢说""不愿说""省环节"等现象。因此，教师要鼓励学生大胆说，同时在小组建立的时候，教师要选出合格的小组长，组织组内说课。

当学生完成物理建模之后，基础较好的学生便能够通过"核心方程"等途径顺藤摸瓜，找到问题的求解思路，但部分学生可能在推理过程中出现思维障碍。组内说课，不仅可以共享成员的探究成果，习得解决问题的多种思维方式，同时又可以帮助他们突破思维难点，找到出现问题的关键点，为后期解决学习问题奠定基础。在组内说课中，学生需要完成以下两项内容。

1. 分享问题识别过程和探讨解题方法

个人探究完成后，围绕问题展开小组讨论和组内说课，分享个人解决问题的

"心理历程""怎样找出问题的突破口，完成物理建模"以及问题的解决方法等内容，同时也可以把个人解决问题过程中遇到的困难提出来，在组内展开讨论，这些讨论将有利于学生弄清物理概念的内涵和外延，纠正错误思维，突破思维障碍。

2. 归纳总结，绘制思维流程图

通过组内说课之后，总结各个成员解决问题的基本方法，分析各种方法的优势，在此基础上，通过分工合作把各种解决问题的思维过程图像化，形成解决问题的思维流程图。绘制思维流程图可以让学生再次体验"识别问题、破题、解题"的思维过程，逐步掌握分析问题的方法，提升思维能力。

（三）班内说课，博采众长

【校情分析】班内说课既是展示各个小组探究成果，也是展现学生个人能力的舞台，由于时间有限，在最初操作过程中，学生的表现可能不是那么令人满意，甚至花很长时间，也不能找到问题的核心。因此，为尽可能提高说课效率，教师要指导学生梳理说课流程，提炼语言表达，做到言简意赅。

通过小组交流后，各个小组可以派出一个代表参加班内说课，介绍自己的思维流程图，在更大的平台展示自己的对习题的理解以及解题过程，具体说课流程可参照图1进行。

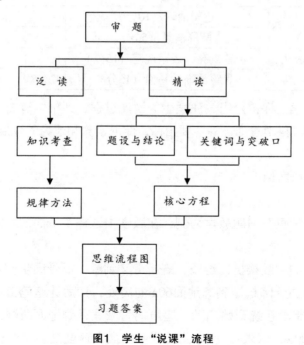

图1 学生"说课"流程

（四）师生交流，多维评价

【校情分析】对于说课评价，学生往往不知道从哪些方面评价，他们最看重的是"答案是否正确""解题思路是否清晰""表达是否流畅"，但对问题的分析过程、思维流程、规范性等方面不太重视，因此在此环节教师应当告知学生从哪些方面关注同伴的说课表现，在学习的过程中提升个人素养。

学生说课完成后，可以通过"自评""互评""师评"等方式对说课进行讨论，让学生知道自己的优势和不足，评价的过程也是思维碰撞的过程。此过程中，教师要多采用正向评价，对学生存在的问题要委婉提出并提出改进建议，以保护学生的自信心。

过程	评价项目	评价细则	自评	互评	师评	总分
问题识别 （20分）	知识定位	知识简介（5分）				
		可用公式、方法（5分）				
	核心词汇	关键词（5分）				
		隐含条件（5分）				
问题分析 （50分）	已知条件	文字与符号、图与符号转化（5分）				
	未知条件	文字与符号（5分）				
	核心方程	规范、标准（5分）				
	演绎推理	问题分解（5分）				
		逻辑清晰（5分）				
		图文并茂（5分）				
		方法合理（5分）				
	思维流程图	逻辑清晰（10分）				
		解释清楚（5分）				
整体表现 （30分）	语言表达	声音洪亮、表达规范（15分）				
	基础扎实	思路清晰、易懂（15分）				

综上所述，学生评价应当关注学生的说课过程，评价内容要关注学生"语言表达、信息提取、科学思维"等各项指标，促进素养和能力的发展。

六、学生说课案例

以"超重和失重"习题教学为例，在教学中选择了下面的习题，让学生练习说课：

成都欢乐谷的"跳楼机"游戏，既新奇又刺激，很受同学们欢迎。其原理是将巨型娱乐器械由升降机送到离地面60m的高处，然后让座舱自由下落，落到离地面20m高时，制动系统开始启动，座舱均匀减速，到地面时刚好停下。若座舱中的小李体重500N，试求：（1）此过程中的最大速度是多少？当座舱落到离地面30m的位置时，水平支持面对小李的支持力是多少？（2）当座舱落到离地面15m的位置时，小李对水平支持面的压力是多少？（取$g=10m/s^2$）。

给出问题后，先让学生自主探究和小组交流，在此基础上让学生在班内展示以下内容：

（一）识别问题，找准问题突破口

说课内容	内容展示
习题考查知识点及可用公式及方法	自由落体运动：$v=gt$；$h=\frac{1}{2}gt^2$；$v^2=2gh$等 匀变速直线运动：（二）$V=v_0+at$；$x=v_0t+\frac{1}{2}at^2$；$v_t^2-v_0^2=2ax$等 牛顿第二定律：$F=ma$，受力分析找合力算加速度，或用加速度算合力 超重和失重：重力本身不变，实质是竖直方向有加速度
关键词及隐含条件	自由下落：第一个过程用自由落体运动规律解决问题 离地20m制动系统启动：可计算加速过程和减速过程的位移 地面时刚好停下：落地速度为零

（二）分析思路及思维流程图

说课内容	内容展示
核心方程及演绎推理	问题1：此过程中的最大速度是多少？ 总过程包括自由落体和减速运动两个过程，最大速度必然出现在开始减速之时，核心方程：$v_m^2=2gh_1$。 问题2：离地30m时，小李所受的支持力是多少？ 离地30m时，小李做自由落体运动，处于完全失重状态。 问题3：离地15m时，小李对支持面的压力是多少？ 此时，小李在做减速运动，不能直接求压力，需转换研究对象求解支持力。 通过受力分析可知，小李只受重力和支持力，核心方程：$N-mg=ma$。 可见，求解支持力的关键在于找出加速度，分析减速过程可知，位移、初末速度都已知，因此运用公式$v^2-v_0^2=2ax$便可求解加速度。
思维流程图	问题1和问题2的思维流程图： 问题3的思维流程图：

通过以上的说课过程，学生不仅可以巩固基本概念和规律，习得解决问题的基本思路和方法，同时也可以培养学生的表达能力，而这些良好的思维习惯将为他们解决实际问题提供重要的智力支持。

七、应用成效与反思

从"做题"到"说题"极大地转变了学生的学习方式，我们在"习题说课"过程中引导学生通过探究学习、合作学习、体验学习等多样化的方式进行学习。

对习题的分析可以锻炼学生的思维能力，说课过程不仅是梳理知识体系和解决问题的思维流程的过程，也是学生之间相互交流、取长补短的过程。

学生能力的培养可以通过多种途径来实现，而让学生通过"说课"活动呈现自己的思维过程，不仅有利于他们厘清解决问题的基本思维过程，同时也可以训练他们的表述能力。这种教学方式可能会占用部分教学时间，并且学生说课也可能出现错误，但是只有让学生把问题充分地暴露出来，教师才能找出他们产生思维障碍的原因，今后的教学才有针对性。因此，与其"因追求教学效率而忽视能力"带来的教学弊端，不如把时间用于夯实基础、提升能力。

参考文献：

［1］Anita Woolfolk.教育心理学［M］.何先友，等译.北京：中国轻工业出版社，2008：32-33.

［2］禹禄君.浅析说课［J］.长沙通信职业技术学院学报，2009（3）：77.

《景区讲解技巧》实景化教学模式
——以《三星堆博物馆的讲解》为例

成都市工程职业技术学校　庄剑梅　邓　涛

习近平总书记提出，教育要培养学生践行社会主义核心价值观，贯彻党的教育方针，抓好新时代劳动教育。本项目认真研判文旅融合、产业提档升级对中职旅游创新人才的能力提出的新需求，以培养传统文化为特色的景区讲解员为目标，采用项目导向、任务驱动、全流程式教学策略，通过实地探究手段完成景区讲解，将文化和劳动育人融入认识三星堆、讲解三星堆、实地感受三星堆、职业素养全过程，通过文化和劳动育人使学生从"认识讲解三星堆"到"文化自信"，培养学生敬业精神和家国情怀；从三星堆文物的制作工艺和文物修复上体现工匠精神。

一、校情分析

根据中职学校旅游服务与管理专业校本课程教学和学生发展的需要，实景化教学模式在于找到一种合适于旅游服务与管理专业校本课程实践教学模式。以《景区讲解技巧》实景化实践教学为例，在高仿真或真实工作环境中，以现场资源和现实环境作为学习场域，进行现场实景化教学。通过创新教法，改变学法，使学生培养与行业、企业要求紧密结合，充分发掘师生的潜能，增强师生的兴趣，提高学生的实践操作能力和综合素养，提升教师的业务能力和教育教学水平，提高教学质量。因此，实景化教学模式成为我校旅游服务与管理专业教学改革探索的新试点。

二、理论依据

实景化教学模式让学生有真实的职业体验，在实景化教学中提高专业知识和技能水平，提升情感服务能力，确保学生在顶岗实习后能够尽快地适应企业要求。内连外接的实景化教学模式，即对内衔接理论知识和平时校内实训，对外和学生的顶岗实习无缝接轨。理论指导实践，实践之后的经验总结可以指导之后的顶岗实习。这样双循环实景化模式从感性—理性—感性—理性，学生对实践呈螺旋式上升的状态，有效地促进学生尽快地适应顶岗实习。

这一模式在《景区讲解技巧》课程中实践运用后，可以继续推广到该专业的其他实践性学科的教学实践中，以提高学生专业技能学习的有效性。

三、教学目标

实景化教学是一种现场教学方式，即工作场景就是课堂，以现场为中心，以现场实物为对象，以学生活动为主体的教学方法。让学生在真切的工作场景和环境氛围中学习，体验实际工作岗位的职责和要求，掌握岗位的知识和技能，领悟服务的理念和技巧，达到良好的教学效果。以校本课程《景区讲解技巧》实景化教学的有效实施，创新旅游服务与管理专业校本课程教学，让实景化教学模式推广拓展，带动旅游服务与管理专业其他课程实景化教学模式的开展，促进我校旅游服务与管理专业人才社会适应能力的提升。

四、实现条件

该模式侧重于以提高教师教学技能，提高学生学习效果，改善校本课程教学为主，走"实践—研究—行动—反思—发展"的行动研究技术路线。所以该模式实现的重要条件是有一批愿意深入探索实践的教师团队。其次是资源条件成熟，校园作为讲解基地、青白江旅游资源作为实践场所、三星堆和都江堰景区作为实景资源为实景化提供了丰富的资源。最后，学校的大力支持是坚强的后盾，为教学改革提供了必要条件。

五、操作程序

（一）单元整体设计

1. 标准引领，确定教学内容

本项目坚持政治引领、立德树人，落实《国家职业教育改革实施方案》，依据教育部普通中等职业教育专业教学标准，对标全国技能大赛导游服务项目、景区讲解员职业标准和岗位工作流程，以培养具有文化自信、具备创意思维的高素质技术技能型讲解员人才为目标，使学生能够创作景点导游词并推广具有文化特色、满足客人个性化需求的景区讲解，提高创新创意能力，培养工匠型旅游人。

课程与国家"十三五"规划教材《景区讲解技巧》内容衔接，将景区讲解技巧和人文旅游资源三星堆的学习进行整合，设置为一个单元。

本次教学设计，选取"识景点、写景点、讲景点、感景点"四个学习任务从而策略性地进行景区讲解技巧的学习。

职教改革/行业标准/岗位标准/课程标准（见图1、图2）。

图1　教材体系和教学内容

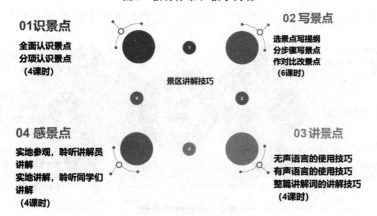

图2　单元内容设计

2. 三维分析，确定教学现状

（1）学情分析

知识与能力：通过高一阶段学习，进一步掌握了普通话的发声要领；学生了解了导游业务等基础知识；具备了一定的讲解基本技能。

特点与兴趣：善于操作动手，喜欢实践、乐于体验式学习；乐于沉浸体验，喜欢新颖、互动式教学；敢于实验创新，喜欢模拟、情境式设计。

不足与提升：劳动精神需内化、讲解技能需精进、文化内涵需深入、创新思维需培养。

（2）教师分析

由校内专任教师、校外兼职教师构成专兼职教师团队，专任教师均拥有研学旅行证书、2人具有中小学高级教师职称，兼职教师来自行业一线技术能手，三星堆专职讲解员。

（3）资源分析（见图3）

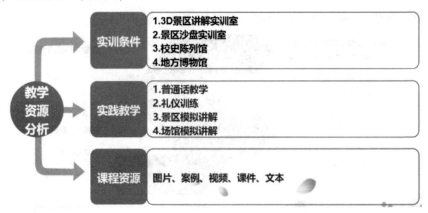

图3　资源现状分析

3. 结合现状，确定教学目标

结合教学现状分析，确定学生"三维"成长目标和课程教学改革目标（见图4）。

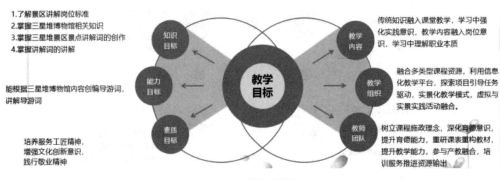

图4　单元教学目标

4. 根据实情，确定教学重难点

结合三维分析和三维目标，确定教学重难点如下。

教学重点：掌握三星堆景点的全面认识；能够选择一个点，完成讲解词的撰写；能够运用恰当的讲解技巧讲解自己的讲解词。

教学难点：讲解词的撰写和讲解词的讲解。

5. 根据任务，确定教学策略

贯穿"做中学，学中做"的理念，实施"一条主线、二种模式、三大平台、四种方法"的课程教学策略（见图5）。"识—写—讲—感"一条主线贯穿课堂全过程；校企合作实施项目导向、任务驱动，探究式全流程解决重难点；依托校企合作融合行企真实项目，运用教学平台融合资源技术，使用对易分融合课前、课中、课后；翻转课堂、情境教学学习知识技能，启发实验、头脑风暴实现创意设计。

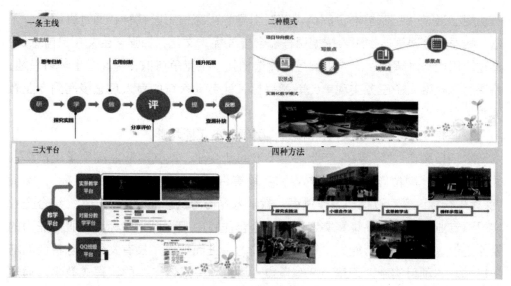

图5 教学策略设计

(二) 教学实施过程

坚持文化自信，传承和创新中华传统优秀文化是文化自信的基石，信息技术、探究实践为学习创新打下技术基础。为了达到培养适应行业需求的讲解人才的目标，本项目融入文化创意实施课程文创赋能；融入信息技术、探究实验实施技术赋值。课程教学与岗位职业标准、行业需求标准对标，创设全方位认识景点、分小组探究写景点、实景模拟讲景点、实景化示范展示感景点解构成"识、写、讲、感"四大学习任务，实施项目进课堂、课堂学技能、课后组团队、实景去检验的项目导向任务驱动、全流程式教学整体设计（见图6）。

图6 单元整体实施设计

1. 落实立德树人，坚持劳动育人，引领敬业精神培养

课程以新时代劳动教育为主线把课程思政纳入人才培养全过程，以社会主义核心价值观"敬业"为核心，以"劳动教育"为主线贯穿工匠精神、文化自信、技术技能、职业精神培养。

联系时代发展、社会生活，培养学生在学习时关注新闻热点、行业动态、政策法规。通过"听三星堆讲解员讲解"引导学生深植工匠精神；通过青铜器、玉器、陶器、金器等器物深入挖掘课程蕴含传统优秀文化，加强学生文化自信意识；通过选用优秀讲解词、优秀讲解员的评选加强学生竞争意识，提高学生学习兴趣；将课程思政融入子任务实现单元教学目标，让劳动教育的育人理念浸润到专业教育教学全过程。

2. 坚持产教融合，改革培养模式，引领服务工匠培养

本项目融合 "旅游+"产业融合发展的新变化，及其对职业高中学生创新人才培养定位、岗位能力、教学内容和手段等带来的新要求。融通"三标"，实现"课标与行标、学习过程与工作过程、教学内容与考试标准"三个一致，结合企业实习、专业服务过程采集真实案例。校企合作将中职强调学生标准化服务能力的培养定位，提升到创新能力、市场开发能力，进而形成了具有文化创意特色的培养模式。本项目实施"识景点—写景点—讲景点—感景点"的流程式教学。通过学校、企业、市场"三方融合"，使教学、研发、生产三位一体，人才培养适应旅游市场新需求。

3. 坚持项目导向，实施任务驱动，引领创新能力培养

教学中贯穿"做中学，学中做"的理念，按照"课前发布资源自主学习—课中发布任务探究实验—课后发布作业提升成长"设计教学过程。按照"识写讲感"四个环节全面覆盖景区讲解技巧的全过程（见图7）。

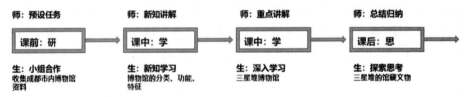

图7　课堂实施流程设计

4. 整合资源技术，优化手段方法，引领技术能手培养

通过校企合作，与企业合作开发课程资源和校外实训基地；校企共同完成课程资源包，形成课程案例、图片、视频等教学资源，通过三星堆博物馆微信公众号平台、三星堆VR真人讲解平台、三星堆VR精灵导览等直播视频，微博三星堆专题、云上博物馆等App等信息化教学资源（见图8）。

根据学习知识点采用穿插翻转课堂和情境教学，针对"识"和"写"学习任务重难点采用探究式实验教学法，针对"讲"和"感"学习任务重难点采用头脑风暴教学法。不同教学方法对重点、难点进行解析，达到最佳教学效果。

图8 教学资源整合

5. 实施多维考评，注重劳动技能，引领综合素质培养

校企结合，建立过程考核体系；运用项目导向知识与技能结合，建立学习成果考核体系；运用任务驱动劳动教育与文化创意结合，建立综合素养考核体系。

依托实景化教学全程记录学生的学习过程，实现多人、多角色、多任务的实施教学过程，关注学生学习动态，有针对性地进行学习监管和引导，进行数据深挖掘，实施过程性评价；通过项目作品、企业实习、社会服务组织开展劳动技能和劳动成果展示、劳动竞赛活动，校企多方评定项目作品，综合信息平台市场反应体现终结性评价，全面客观记录课内外劳动过程和结果，加强劳动技能培养。

六、模式应用成效

（一）教学效果

1. 多元教学，正向培养敬业工匠

融入实景现场直播整合学习资源、线上线下的优化教学组织；翻转课堂解决知识重点、探究实地解决教学难点；教学过程强化学生团队合作意识，分组进行实践，重视自我学习表现。学生参与各级大赛成为技术能手、树立先进典型；优秀作品转化为参赛作品、企业产品，浸润学生创新意识，实现了专业技能和综合素质提升；学生综合能力不断得到提升，高考成绩显著，先后有200多人考上四川农业大学等本科院校学习，位列全省前茅（见图9）。

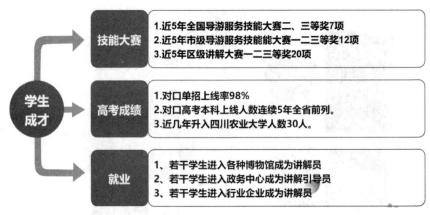

图9 学生培养成果清单

2. 教学相长，正向促进教学改革

课程团队围绕专业课程建设，推进"三教"改革，积极参加行业调研、教师能力比赛、教学研讨，获得成都市成果奖1项、完成规划教材1本，校级精品资源课程1门；教师团队1名特级教师，全部拥有高级技能证书、发表课程相关文献10余篇；团队通过不断进行教学反思强化自身劳动意识，通过优化教学设计、提升教学能力提升实施劳动教育的自觉性（见图10）。

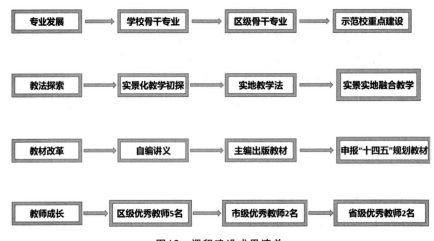

图10 课程建设成果清单

（二）教学特色

1. 立德树人，融入思政德技并修

坚持培育和践行社会主义核心价值观，以新时代中国文化教育和劳动教育为主线，把课程思政纳入人才培养全过程。融入课程知识映射的文化自信案例，通过校内外实训增强文化自信思想，加强诚实劳动意识，积累职业经验，提升升学和就业能力；从敬业为小我扩大为敬业服务国家战略，实现学生家国情怀培养。

2. 实景教学，探究创新教学模式

采用实景化教学模式，引导学生全面实景认识景区、掌握导游词创作方法、

提升讲解技巧、近距离感受景区和景区讲解。以翻转课堂进一步掌握学情找准学习重点，以实景探究解决教学难点，实施 "教学做"一体化，真、仿、实切实提高学生职业技能（见图11）。

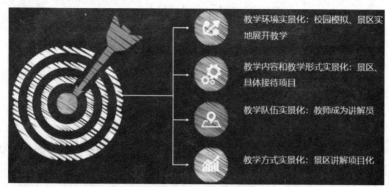

图11　实景化教学模式结构图

3. 对准三标，文化自信创意设计

以景区讲解岗位为需求，以工作任务为逻辑起点，依据岗位标准和对口高考标准，融入地域传统文化，提升文化自信；实现教学内容改革和以工作过程重构知识序化任务，通过单元内外任务进阶增加创意挑战，培养学生根据岗位需求进行作品创新的意识与能力。

七、模式应用反思

通过三标融通、三方融合，文化赋能、探究实地实景实施教学，学生能够根据顾客文化体验需求设计导游词，进入企业再把学生作品转化成企业产品，解决人才培养与企业不接轨、利用特色文化资源创新创作的作品的职业能力不足、脱离行业需求的问题。

文化和旅游的融合创新深刻改变了传统讲解课程纸上谈兵的事实，如何实现文化创意特色转化为学生从业和高考技能。

在课程建设中，依托学校旅游专业教学资源库建设丰富文化创意素材，开发《景区讲解技巧》工作手册式实训教材，推进课程建设。依托景区，服务学生高考和学生技能提升，多措并举探索结构化、标准化的教师教学创新团队。

后 记

———◇○○◇———

一个学校、一个区域，提高教育教学质量的关键是教师，教师教育思想的改变，将会引起教育行为的变革。

青白江教育落实"一流教育强区"的战略目标，自2021年开始将"青白江领航名师工程"作为提升区域教育质量、促进教育均衡发展的重要抓手。努力探索课程课堂改革与实践。我们深知，优秀教师始终是推动教育不断进步的核心力量。为了充分激发教师们的潜能，给予他们更广阔的舞台，我们不遗余力地搭建平台，广泛整合各类优质资源，积极创新管理机制。我们的目标明确而坚定，那就是为教师们开辟出一片充满无限可能的发展空间，铺设一条通往卓越的成长路径。而这本精心编纂的著作的顺利出版，无疑是对这一系列不懈努力与勇敢探索的生动见证。

在编写过程中，我们深入挖掘了每一位名师的成长故事，从初出茅庐的青涩到成为行业标杆的成熟，每一个阶段都充满了挑战与坚持，每一次跨越都凝聚着汗水与智慧。书中收录的每一篇文章、每一个案例，都是青白江区名师们在教育教学实践中的真实记录。他们在这片充满希望的土地上，不懈探索着教育的真谛，勇于创新教学方法和理念，始终以追求卓越为目标，用自己的行动书写着教育的辉煌篇章。

我们欣喜地看到，通过系统的培养机制、丰富的实践平台以及宽松的创新环境，青白江区的教师队伍中如雨后春笋般涌现出了一大批教学理念先进、专业素养深厚、教学成果显著的名师。他们不仅在教学一线默默耕耘，更在教学、科研、管理等多个领域发挥着引领作用，成为推动区域教育高质量发展的中坚力量。他们以自己的智慧和才华，为青白江区的教育事业注入了强大的动力。

最后，我要衷心感谢所有为本书编纂工作付出辛勤努力的同人们，是他们的智慧与汗水汇聚成了这本沉甸甸的书籍。我也期待社会各界能够给予这本书更多的关注与支持，共同为青白江乃至全国的教育事业贡献我们的力量。

在教育的征途上，我们携手并进，共创辉煌！

主 编

2024年10月8日